Lisa Schumi

Einfach bestickt

Kreative Ideen für eine individuelle Garderobe

stiebner

Inhalt

MIX
Papier aus verantwortungsvollen Quellen
FSC® C107574

Layout und Satz: Guter Punkt, München
Covergestaltung: Danai Afrati
Fotografie & Illustrationen: Lisa Schumi, David Spiegl
Produktmanagement & Lektorat: Stefanie Klapetek
Druck: BALTO print, Litauen

Bibliografische Information der Deutschen Nationalbibliothek:
Die Deutsche Nationalbibliothek verzeichnet diese Publikation in der Deutschen Nationalbibliografie; detaillierte bibliografische Daten sind im Internet über http://dnb.dnb.de abrufbar.

ISBN 978-3-8307-2123-9

Wir produzieren unsere Bücher mit großer Sorgfalt und Genauigkeit. Trotzdem lässt es sich nicht ausschließen, dass uns in Einzelfällen Fehler passieren. Auf unserer Webseite finden Sie bei dem jeweiligen Titel eventuelle Hinweise und Korrekturen. Sollten Sie in diesem Buch einen Fehler finden, so bitten wir um einen Hinweis an verlag@stiebner.com. Für solche Hinweise sind wir sehr dankbar, denn sie helfen uns, besser zu werden.

Dieses Buch liegt auch als ebook vor, mit ISBN 978-3-8307-3069-9

www.stiebner.com

Vorwort

Sticken liegt voll im Trend! Und es ist viel facettenreicher, als man es vielleicht aus Schulzeiten noch in Erinnerung hat. Diese Form von modernem Sticken, das im Englischen sehr treffend als »Needle Painting« bezeichnet wird, lässt dir alle Möglichkeiten offen, deiner Fantasie und Kreativität freien Lauf zu lassen. Dabei hast du unzählige Möglichkeiten der Darstellungsarten: Viele Stiche lassen sich auf verschiedene Arten einsetzen und kombinieren und ergeben immer wieder neue Mustervarianten für deine individuelle Arbeit.

Die Grundtechniken werden in diesem Buch Schritt für Schritt beschrieben, sowohl Anfänger:innen als auch erfahrene Sticker:innen finden hier neue Tipps und Kniffe. Kleine Projekte für den Beginn, aber auch große Projekte mit detailgenauen Elementen führen Neulinge langsam, aber zielgenau an das Sticken heran und Fortgeschrittene finden hier Herausforderungen, ihr Niveau auf das nächste Level zu heben.

Für mich ist Sticken eine wunderbare Beschäftigung, egal ob man es als Hobby oder Beruf ausübt. Es fördert die Kreativität und lässt einen während des Arbeitens zur Ruhe kommen. Das bedeutet neben dem positiven Einfluss von Geschicklichkeit und Koordination auch Stressabbau und Abschalten. Wie auch viele andere Hobbies kann es ein Ventil für Emotionen sein. Gerade diese positiven Eigenschaften habe ich zuerst während meiner Ausbildung zur Mode- und Textildesignerin, bei der mir das Sticken nach langer Zeit wieder untergekommen ist, schätzen gelernt. In Kombination mit dem grenzenlosen Einfallsreichtum, den ich in die Stickereien einfließen lassen kann, ist es für mich eine der schönsten Beschäftigungen, die man ausüben kann.

Benutze dieses Buch, um deine Kleidungsstücke ganz individuell zu gestalten! Experimentiere mit verschiedenen Stoffen und Materialen, um herauszufinden, was dir am besten liegt. Denke immer daran: Um besser zu werden, muss man so viel wie möglich sticken. Die beste Gelegenheit also, um dir eine einzigartige Garderobe zusammenzustellen.

Ich hoffe, in diesem Buch findest du viele unterhaltsame Anregungen, um deine Stickkünste auszuprobieren und zukünftig einzigartige Dinge zu erschaffen!

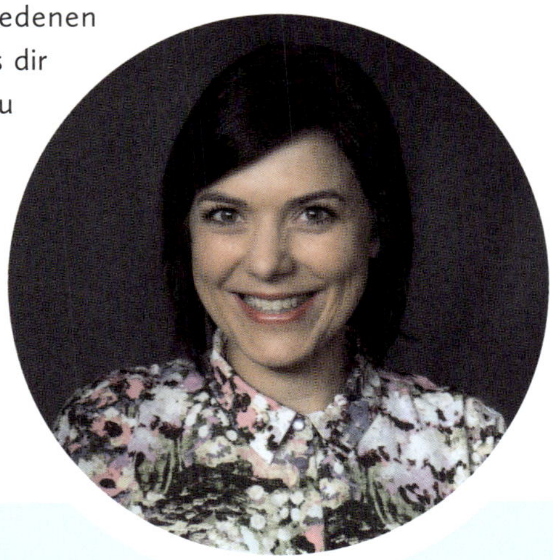

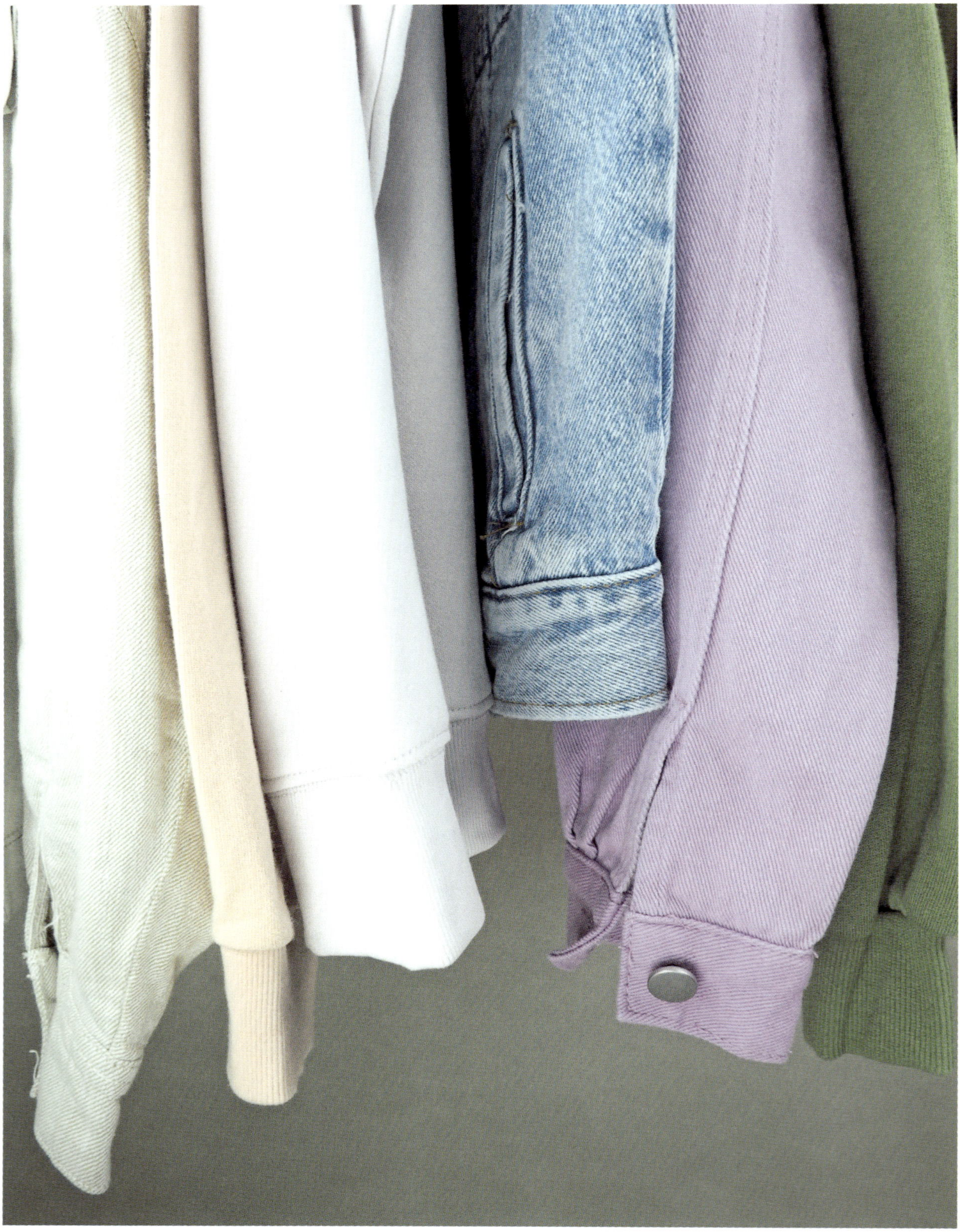

Material & Utensilien

Damit du mit dem Sticken beginnen kannst, brauchst du nicht viel: ein Kleidungsstück, ein Motiv, eine Nadel, Schere und Stickgarn. Schon kann es eigentlich losgehen! Es gibt allerdings einige Feinheiten, auf die du achten solltest, damit deine Stickerei besonders schön und langlebig wird. In den folgenden Kapiteln erfährst du alles, was du rund um deine Lieblingsstickerei wissen musst!

Verschiedene Stoffe als Grundlagen

Wenn du Kleidung besticken möchtest, wirst du mit verschiedenen Materialien konfrontiert sein. Schaue dir den Stoff gut an, bevor du loslegst, damit du auch das richtige Motiv, die optimalen Stiche und das perfekte Finish wählst! Jedes Material hat seine Herausforderung, grundsätzlich kannst du aber alles besticken, was dir gefällt.

Warum ist das so? Stoffe haben unterschiedliche Grammaturen. Sprich, sie sind pro m^2 oder pro laufendem Meter (lfm.) unterschiedlich schwer. Je nach Stoff kannst du, bevor du das Projekt startest, einige Tests durchführen, welche Technik sich für das Übertragen, Sticken usw. am besten eignet.

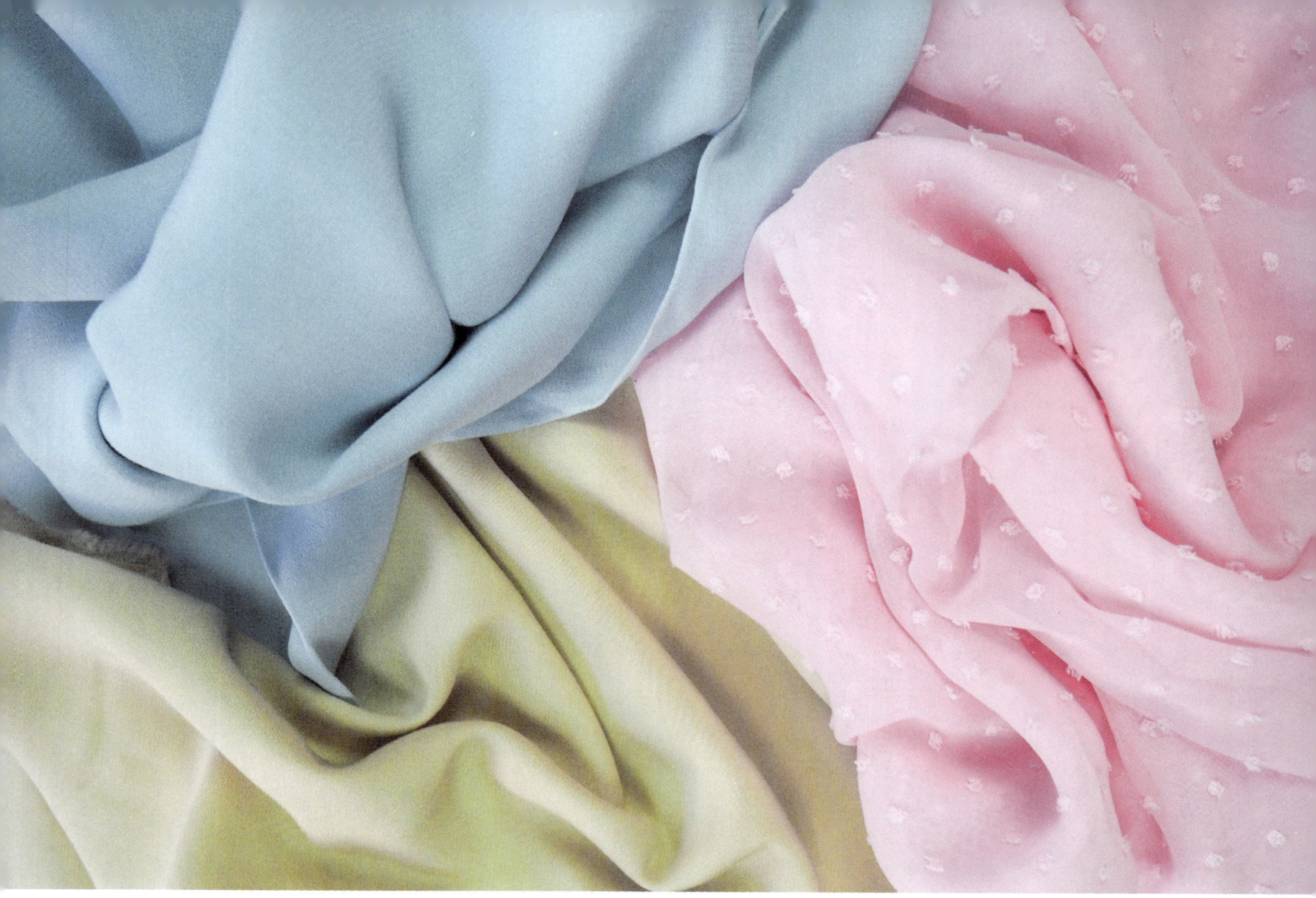

Sticken auf sehr dünnen Stoffen

Das Besticken von Kleidungsstücken aus besonders dünnen Stoffen bedarf einiges an Übung und ist im Gegensatz zu den anderen Materialgewichtungen die größte Herausforderung. Das liegt zum einen daran, dass sehr leichte Stoffe nicht nur mit großer Sorgfalt behandelt werden sollen, sondern auch teilweise durchscheinend sind. Grundsätzlich ist es aber möglich, auch diese Kleidungsstücke zu besticken. Arbeite mit einem dünnen Stabilisierungsvlies für die Rückseite (mehr Tipps dazu im Kapitel »Verschiedene Stickvliese als Grundlage«), aber teste zuerst auch, ob man dieses durchsehen wird. Ein weiterer Punkt, der hier auch eine gravierende Rolle spielt, sind die Stickfäden auf der Rückseite, die eventuell auf der rechten Seite zu sehen sind. Ist das der Fall, muss jeder gestickte Abschnitt vernäht werden. Auch die Nadelstärke bekommt eine spezielle Rolle: Ist sie zu dick, bleiben unschöne Löcher auf dem Stoff zu sehen.

Sehr dünne Stoffe sind besonders empfindlich und meist auch noch rutschig, deswegen solltest du vorher ein paar Stickübungen gemacht und bereits Erfahrung mit den verschiedenen Stichen gesammelt haben. Außerdem empfiehlt es sich, an einer kleinen, unauffälligen Stelle zu testen, wie sich die Stickerei auf dem dünnen Stoff verhalten wird. Dann steht deinem Meisterwerk nichts mehr im Weg!

Beispiele für sehr dünne Stoffe:
Seide, Chiffon, Voilé, Satin etc.
Stoffgewicht: ca. 40 bis 100 g/m²

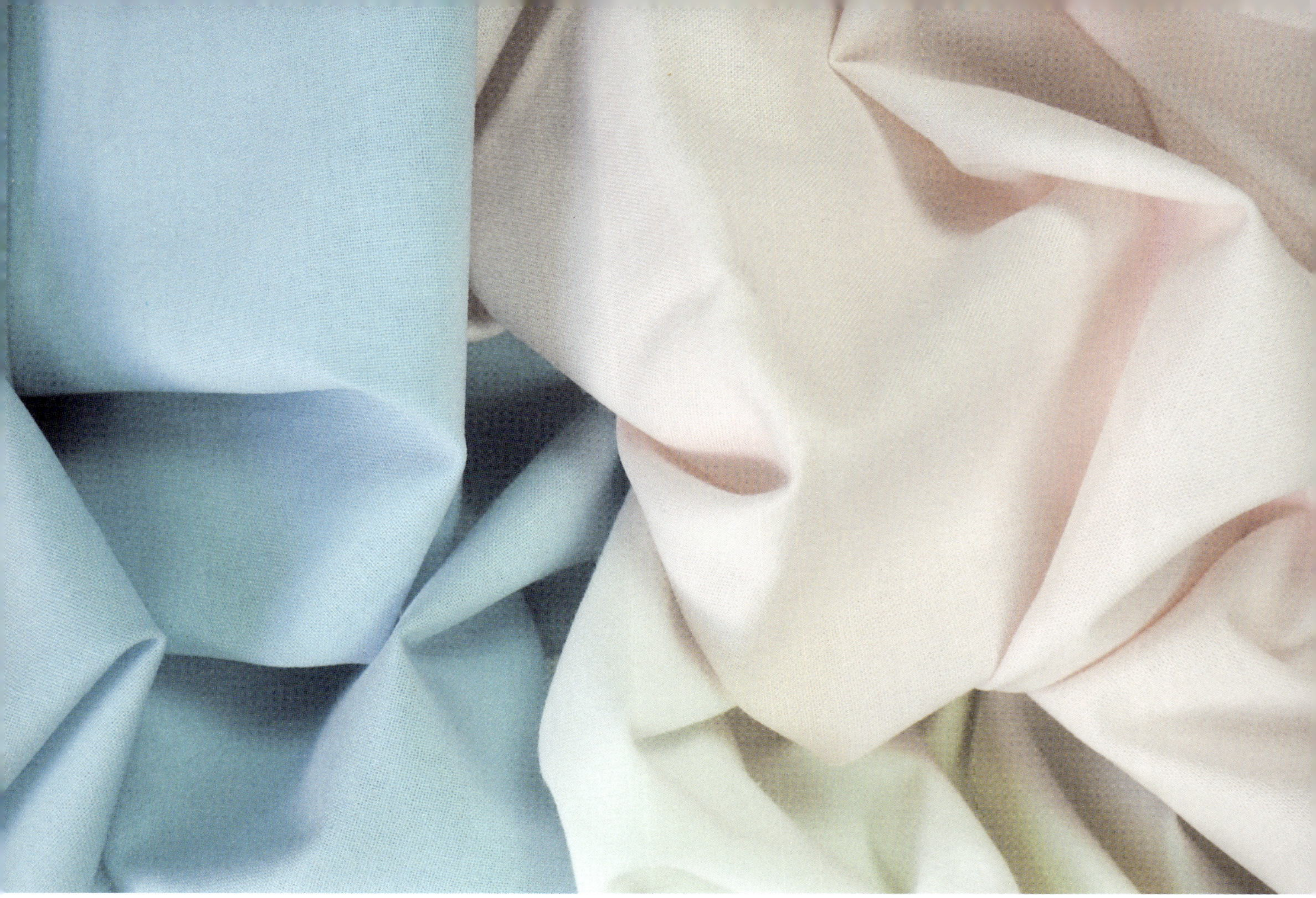

Sticken auf mittelschweren Stoffen

Gerade für Anfängerprojekte oder wenn du das erste mal ein größeres Stickprojekt ausprobieren möchtest, eignen sich mittelschwere Stoffe besonders gut. Sie sind die Allroundtalente unter den Stoffen und geben dir den Freiraum, dass du dich voll und ganz auf deine Stickkunst konzentrieren kannst. Gerade Baumwollstoffe aus Webware eignen sich ganz hervorragend. Viele Stofftaschen, dünne Jacken usw. fallen in diese Kategorie und werden dir beim Sticken viel Spaß und tolle Ergebnisse bereiten.

Beispiele für mittelschwere Stoffe:
Blusenstoffe, nicht dehnbarer Sweat,
leichte Jackenstoffe
Stoffgewicht: ca. 100 bis 220 g/m^2

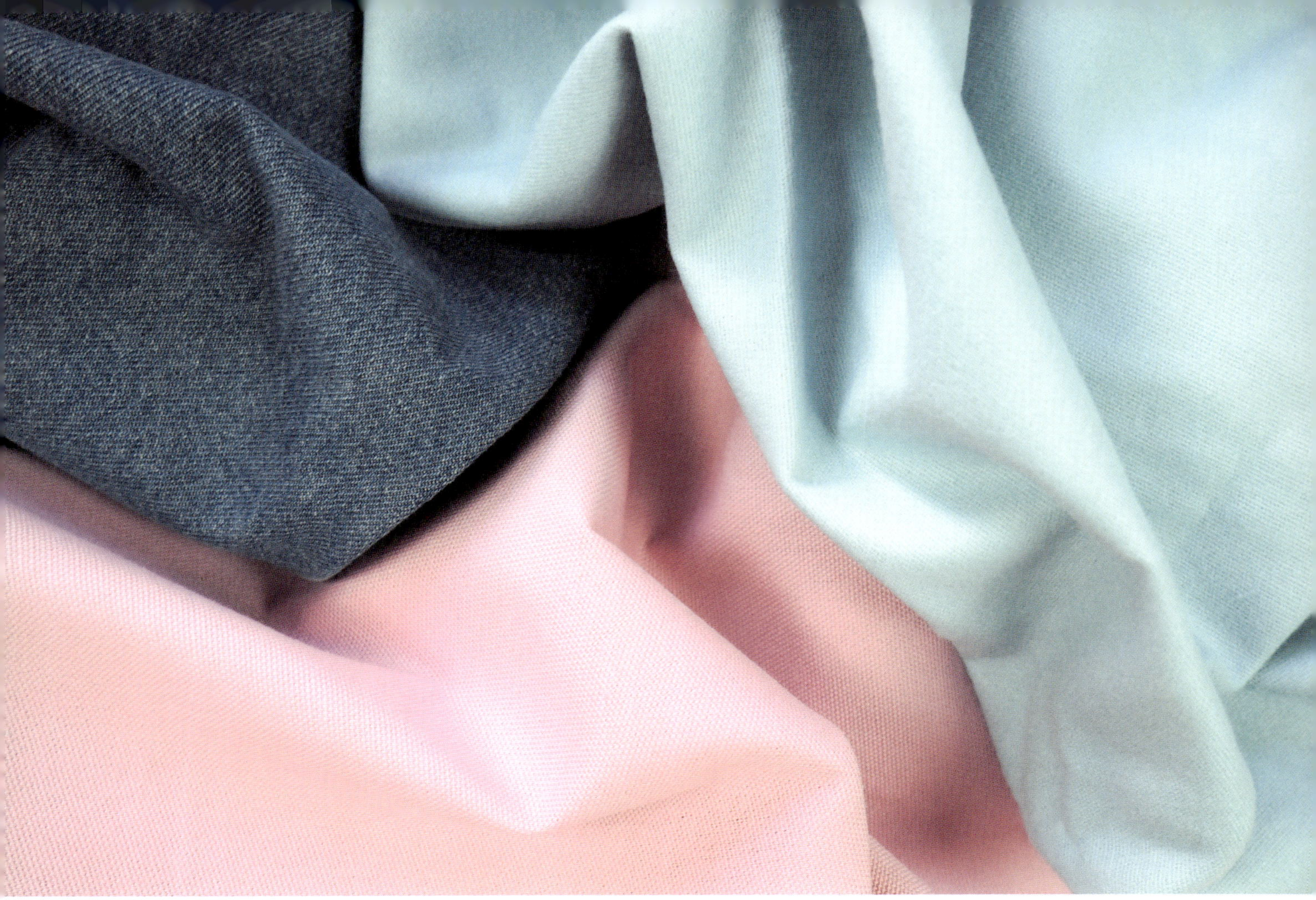

Sticken auf schweren Stoffen

Prinzipiell kannst du auch mit schweren, nicht dehnbaren Stoffen dein Stickprojekt starten. Der einzige Nachteil, den man eventuell hat, ist, dass du ein bisschen mehr Power brauchst. Wenn du mit einer dickeren Nadel durch einen Jeansstoff sticken möchtest, dann ist das anstrengender als bei einem dünneren Baumwollstoff. Die Mühe wird sich aber lohnen, denn gerade Stickereien auf Jeansstoffen sehen besonders schick aus und machen echt was her! Eine gute Idee ist, wenn du zuerst mit einem kleinen Projekt beginnst, dann kannst du abschätzen, wie intensiv die Arbeit wird.

Vorsicht ist geboten bei fast undurchlässigen Stoffen wie Neopren, Softshell, wasserabweisenden Stoffen oder Leder/Kunstleder. Durch das Sticken verletzt du die Oberfläche des Materials, wasserundurchlässige Stoffe verlieren dadurch ihre Funktion. Auf der anderen Seite verzeiht z. B. Leder/Kunstleder keine Fehler, denn die Nadel hinterlässt ein Loch an der Oberfläche. Wenn du Leder/Kunstleder besticken möchtest, dann sollte jeder Stich sitzen, da ein Ausbessern kaum möglich ist.

Beispiele für schwere Stoffe:
Jeansstoffe, Canvas etc.
Stoffgewicht: ca. 220 bis 300 g/m²

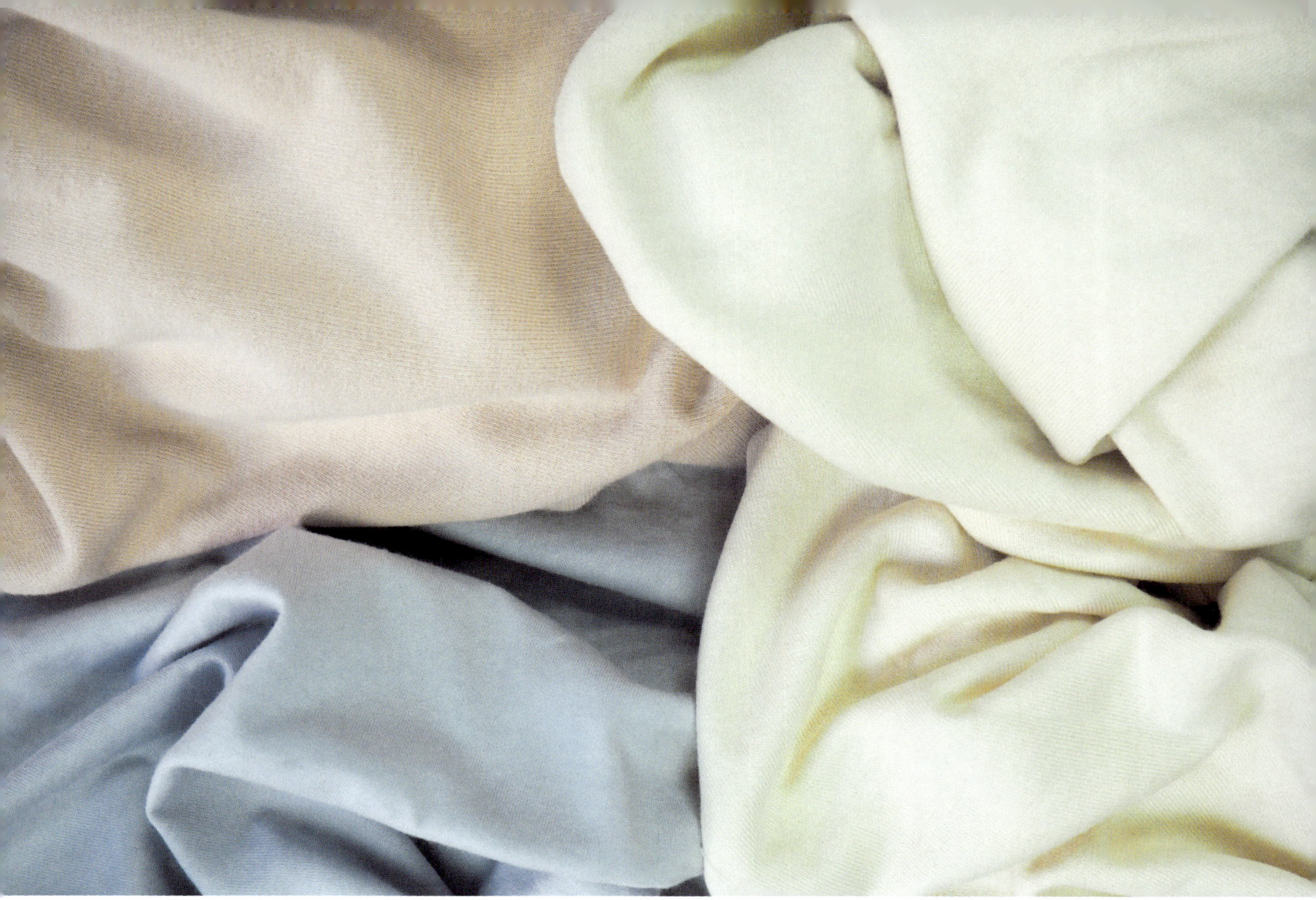

Sticken auf dehnbaren Stoffen

Stickereien auf T-Shirts kommen richtig gut zur Geltung und stehen auf der Liste von allen, die gerne sticken! Bevor du mit Jersey usw. loslegst, gilt es, Folgendes zu beachten: Wenn du auf einem dehnbaren Stoff stickst, dann kommen unterschiedliche Kräfte zusammen, denn Dehnbarkeit verträgt sich nicht optimal mit den festen Stichen des Stickens. Hier helfen ein Stabilisierungsvlies auf der Unterseite (siehe Kapitel »Verschiedene Stickvliese als Grundlage«) und vorsichtiges Arbeiten. Es empfiehlt sich, nicht zu stark am Garn zu ziehen, da es sonst leicht zu Wellen auf dem Stoffstück kommen kann. Die Stoffspannung im Rahmen sollte sorgfältig hergestellt werden, um ein optimales Ergebnis zu erreichen. Generell eignen sich Kleidungsstücke mit festen, engen Maschen besser als locker gestrickte Stoffe. Rippware oder grobe Maschenware ist für feine Stickereien nicht optimal.

Auch hier wäre es gut, wenn du ein Probestück machst, bevor du mit einem großen Projekt loslegst.

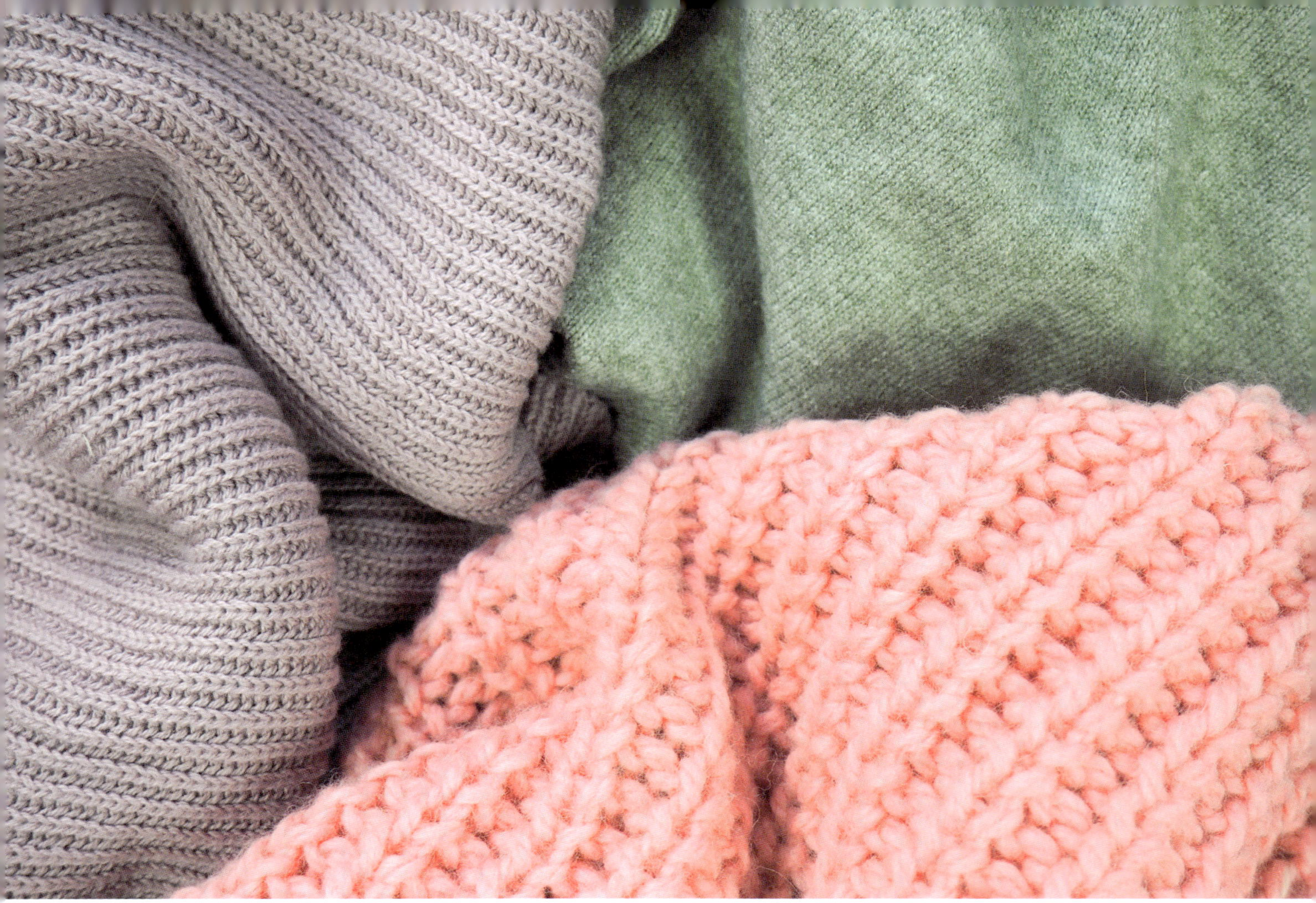

Sticken auf Wollstoffen

Stickereien auf Wollstoffen sind ein wunderbarer Blickfang! Arbeite auch hier mit einem Stabilisierungsvlies auf der Rückseite und mit einer möglichst gleichmäßigen Fadenspannung. Für die Übertragung des Motivs auf Wollstoffe eignet sich auswaschbares Vlies, da der Transferg mit Stiften oder Prägepapier nicht gut funktioniert. Engmaschige, feste Wollstoffe lassen sich leichter bearbeiten als grobmaschige, lockere Stoffe.

Weil auswaschbares Vlies auf einer Seite klebt und jeder Wollstoff verschieden ist, sollest du testen, ob sich diese Art der Übertragung für das Kleidungsstück eignet.

Übersicht Stickgarne

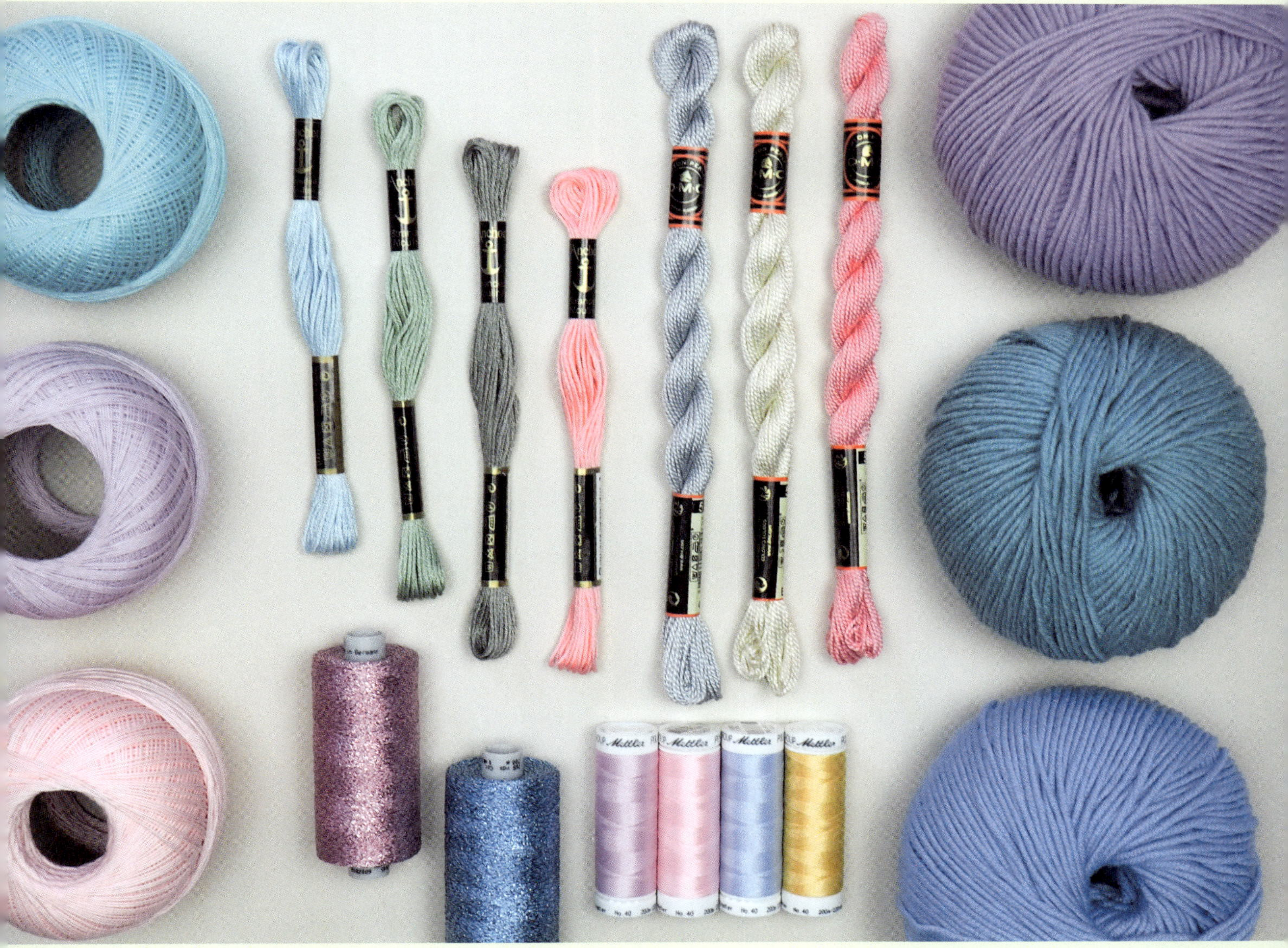

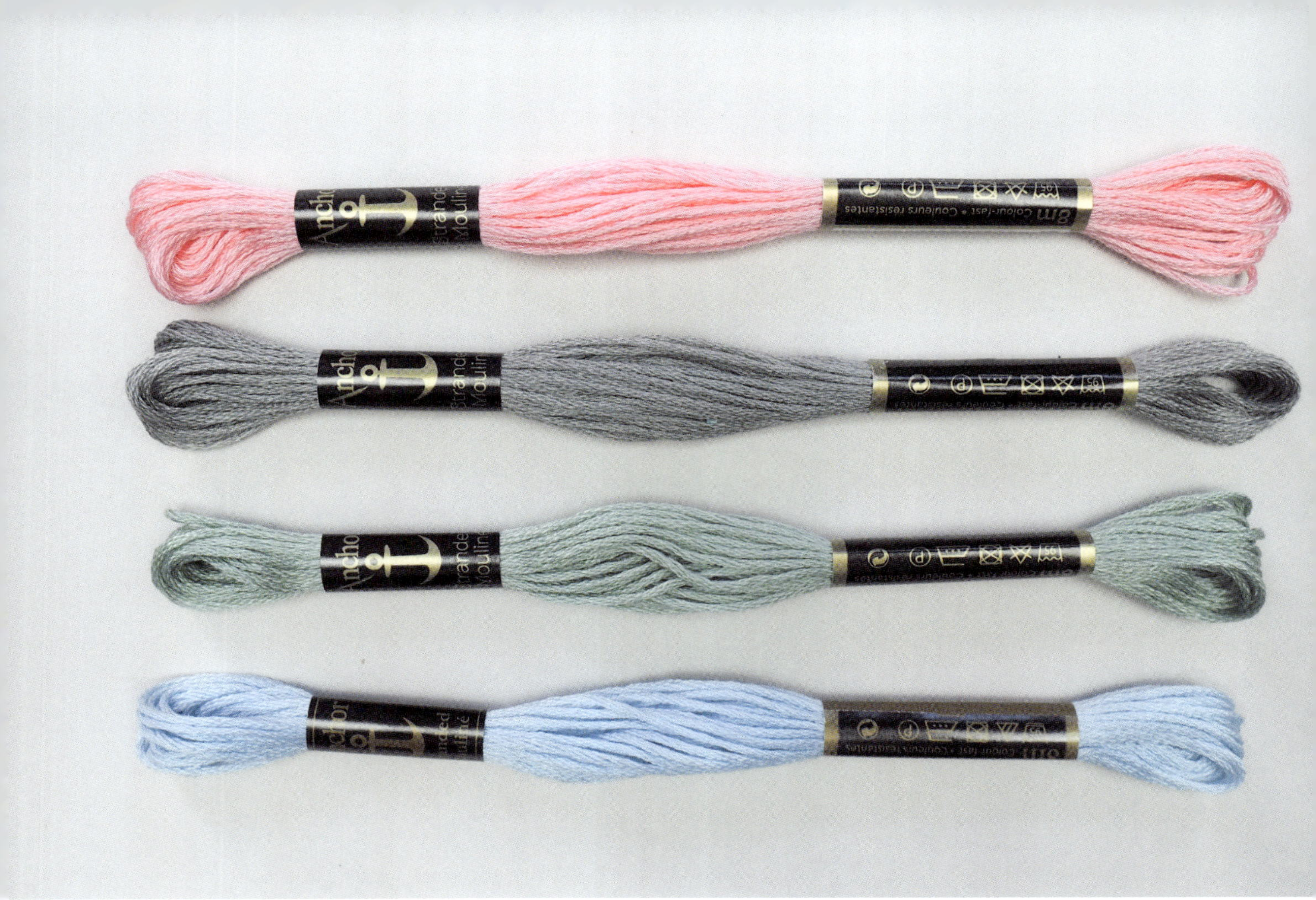

Stickgarn aus Baumwolle

Das gängigste und vielfach günstigste Stickgarn ist Sticktwist. Es ist ein sechsfädiges Garn aus Baumwolle, dass sich auch in ein-, zwei- oder dreifädige Stränge teilen lässt. So kannst du das Garn für so ziemlich alle deine Arbeiten benutzen, entweder im ganzen Strang oder geteilt. Der Sticktwist ist auch für fast alle Materialen einsetzbar. In allen Projekten in diesem Buch ist dieses Garn verwendet worden. Wenn man allgemein von Stickgarn spricht, ist dieser Sticktwist gemeint, die Begriffe werden gleichbedeutend verwendet.

Perlgarn

Die glänzende Alternative zu Sticktwist ist das Perlgarn. Es ist ein zweifädig gekordeltes Garn aus merzerisierter Baumwolle. Beachte, dass das Perlgarn nicht teilbar ist. Du kannst es sehr gut für schimmernde Akzente verwenden oder für Stiche und Arbeiten, wo du alternativ mit dem ungeteilten Stickgarn arbeiten würdest.

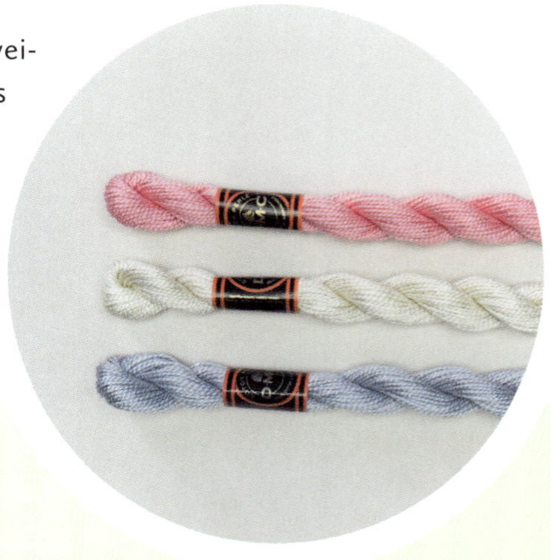

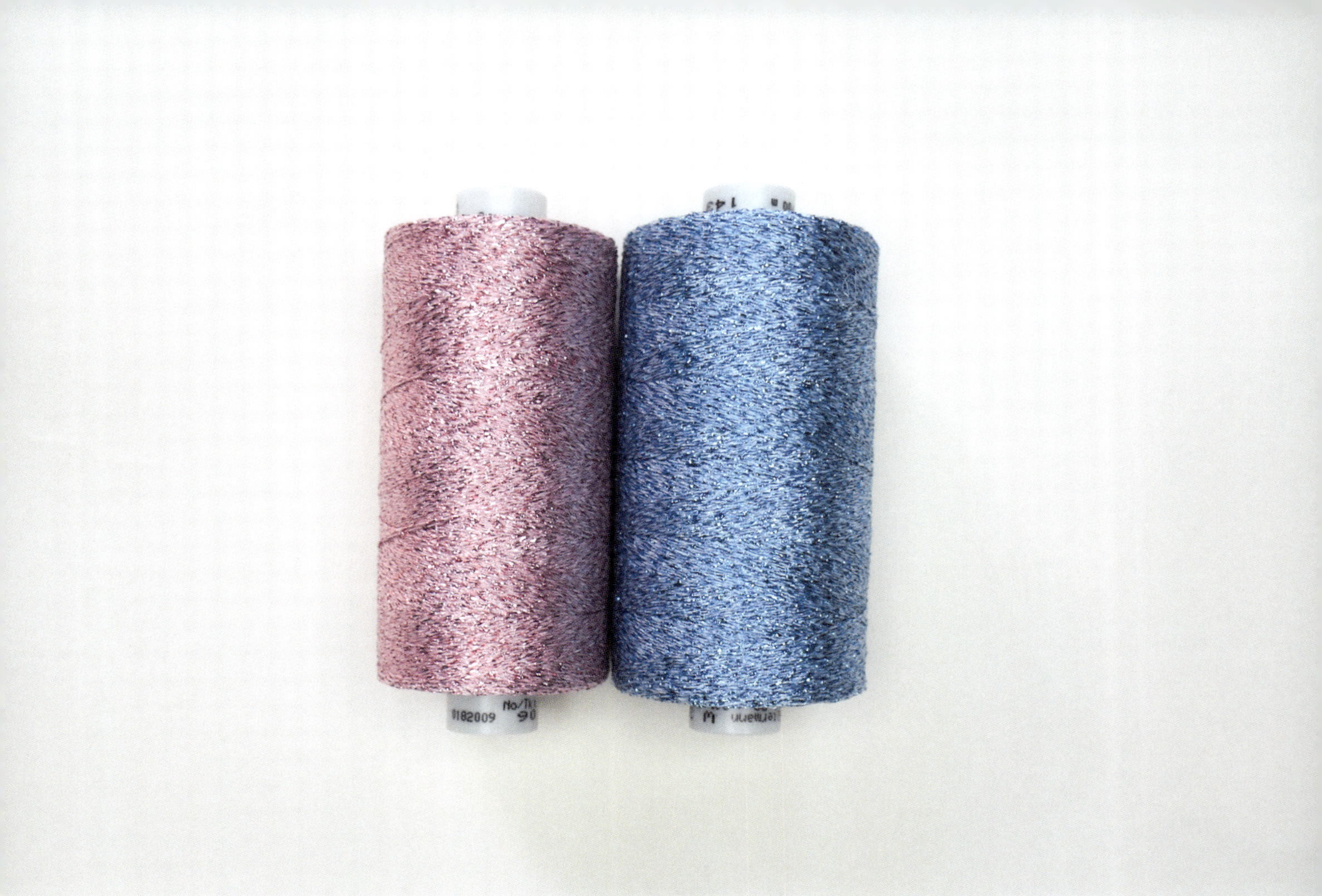

Metallicgarn
Wunderschöne Akzente können mit dem Metallicgarn gesetzt werden. Die einfarbigen oder Multicolor-Garne können wie das Perlgarn nicht geteilt werden und müssen im Ganzen eingesetzt werden. Vor allem für große Handarbeiten eignet sich das Garn optimal.

Wolle
Auch mit Wolle kannst du sticken! Achte dabei darauf, dass die Wolle eher glatt ist und nicht zu bauschig. Nicht jeder Stoff ist für Wolle geeignet, feste Stoffe wie z. B. Jeans werden nur schlecht funktionieren, weil das Material zu dicht gewebt wird. Aber Strickware kann mit Wolle bestickt werden. Die Motive sollten entsprechend groß und grob sein, bei feinen Stickereien (bei denen man mit ein bis zwei Fäden aus dem Garn sticken würde) würde man die Details nicht erkennen. Herzen, große Blumen oder dicke Schriftzüge sind möglich.

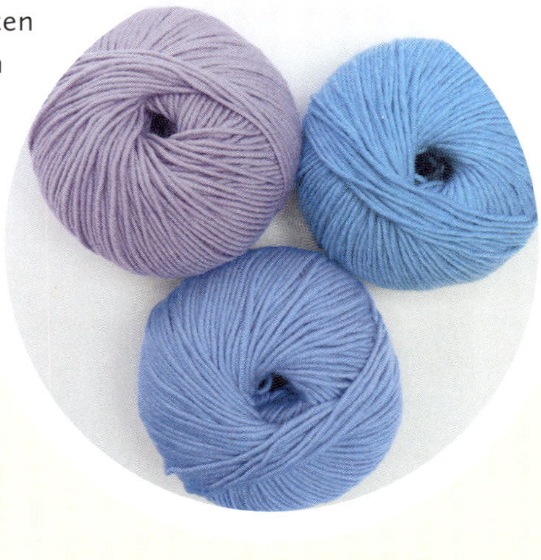

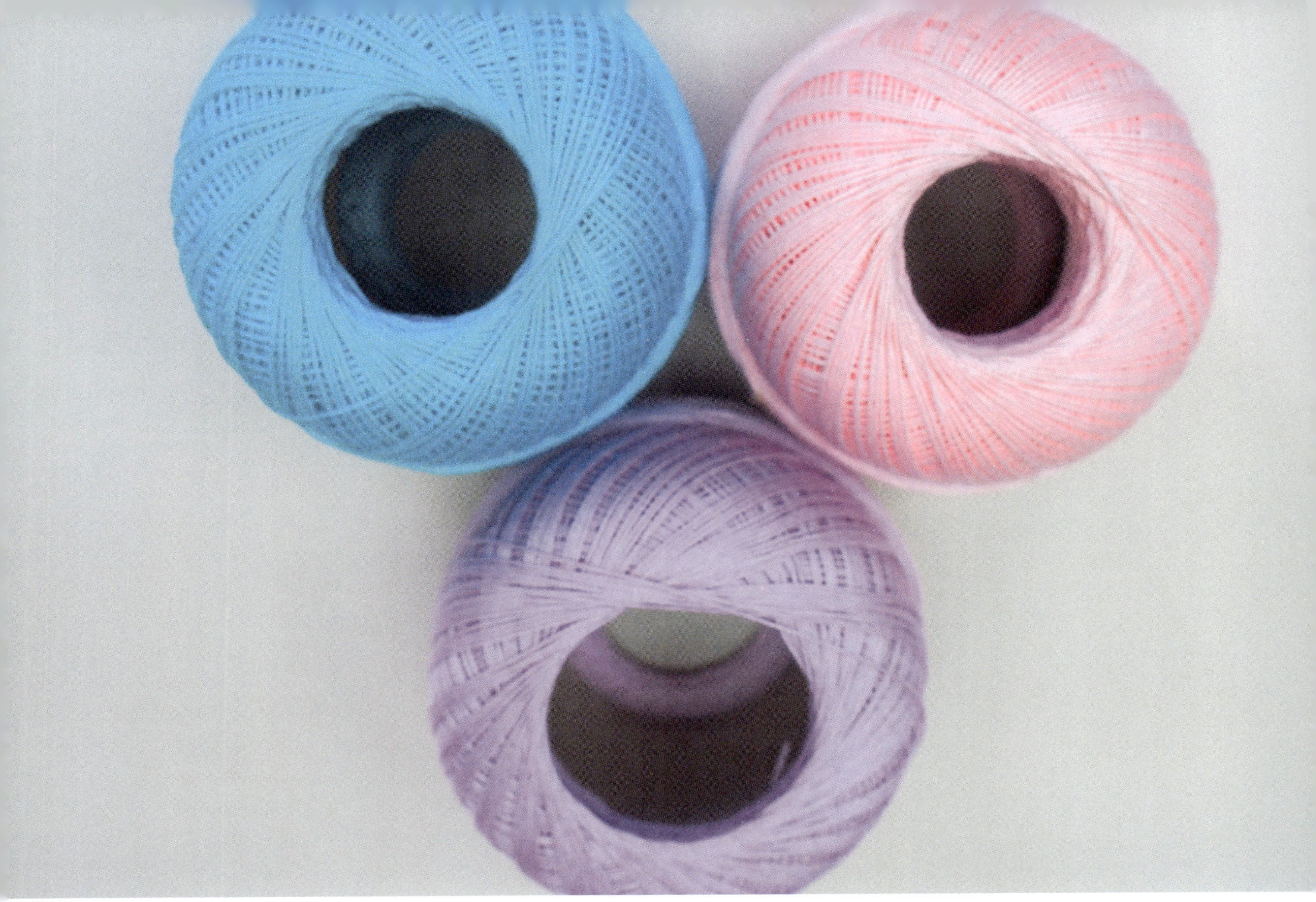

Häkelgarn

Mit Häkelgarn lässt es sich auch sticken! Es ist dünner als Wolle, viel fester und kann nur im ganzen Strang verwendet werden. In der Benutzung ist es ähnlich dem Perlgarn. Es lassen sich damit große Oberflächen sticken, bei denen das Garn ungeteilt verwendet wird.

Maschinenstickgarn

Etwas missverständlich ist, dass auch Maschinenstickgarn umgangssprachlich als Stickgarn bezeichnet wird. Diese Garne sind ausschließlich auf einem Kunststoff-Einsatz aufgewickelt und sehr ähnlich zu einer Nähgarn-Spule. Maschinenstickgarn eignet sich für Handarbeiten nur bedingt, weil es sehr dünn ist, auch im Vergleich zum einfädigen, geteilten Stickgarn. Für eine Handstickarbeit mit diesem Garn würde man unverhältnismäßig lange brauchen.

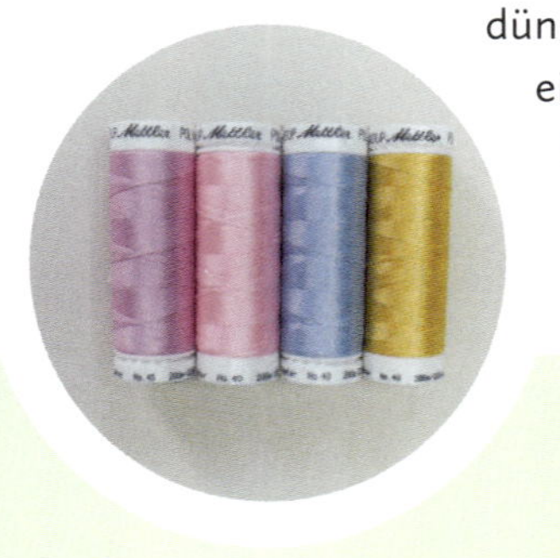

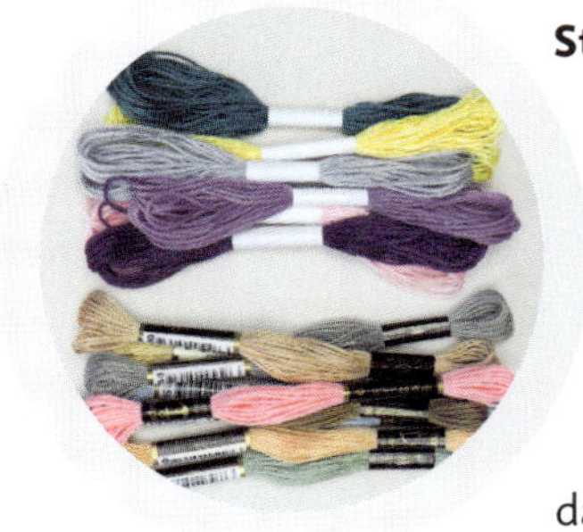

Stickgarn kaufen: Billiggarn oder Markengarn?

Es gibt natürlich einige Markenstickgarne wie DMC, Anchor, Madeira (und bestimmt noch einige andere). Alternativ dazu gibt es viele No-Name-Stickgarne, oftmals in Sets, sodass du gleich sehr viele Farben hast. Ob du dich für die Sets entscheidest oder einzelnes Markenstickgarn verwendest, ist von einigen Faktoren abhängig.

1. **Markenstickgarn ist vorrätig**
   Wenn dir die Farbe ausgeht, weil du mit einem Reststück begonnen hast oder an einem sehr großen Projekt arbeitest, ist es ziemlich wahrscheinlich, dass du die Farbe wieder nachkaufen kannst. Aber Vorsicht, manche Marken haben Saison- oder Auslauffarben, die nach kurzer Zeit nicht mehr erhältlich sind. Wenn du die Farben in einem Handarbeitsgeschäft kaufst, können dir die Fachkräfte vor Ort weiterhelfen, was auch in Zukunft verfügbar sein wird.

2. **Markenstickgarn glänzt mehr und hat weniger Fehler**
   Top-Argument ist natürlich die Qualität. Markenstickgarn hat einen schöneren Glanz und ist auch durchgehend von guter Beschaffenheit. No-Name-Garne haben oft kleine Fehler in den Strängen (z. B. stehen kleine Wollwölkchen ab).

3. **Für den Anfang reichen Sets**
   Alle Projekte in diesem Buch sind so ausgelegt, dass du weißt, wie viel Garn du von einer Farbe brauchst. Sollest du mehr als einen ganzen Bund brauchen, steht das in der Anleitung. Du kannst also generell auch mit den günstigeren No-Name-Garnen in den Sets arbeiten.

4. **Üben mit dem günstigen Material**
   Bevor du dich an große Stickprojekte machst, sollest du auf jeden Fall ein paar einfache Formen üben: Herzen, simple Blumenformen und Blätter etc. Dafür reichen die No-Name-Stickgarne allemal.

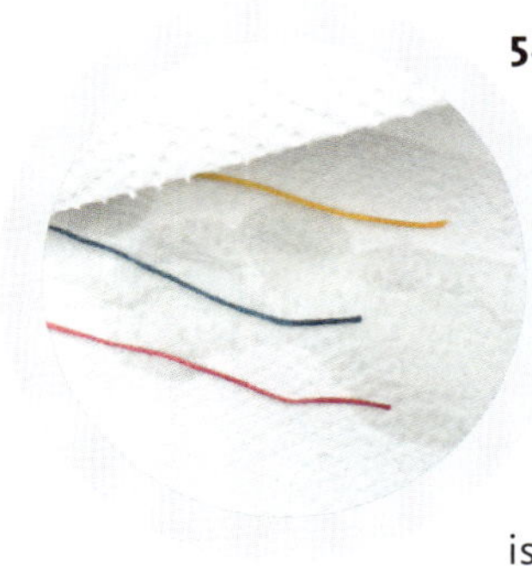

5. **Mach den Test!**
   Markengarn ist auslaufsicher. Bei günstigem Material kann es vorkommen, dass die Farbe »ausblutet«. Um zu testen, ob das bei deinem Garn der Fall ist, kannst du den Sticktwist tropfnass machen und dann mit Druck durch ein Küchenpapier/Küchenkrepp ziehen. Wenn Farbe im Papier zurückbleibt, würde ich empfehlen, das Garn nicht zu verwenden, weil es auch beim Waschen per Hand oder in der Waschmaschine auslaufen und Rückstände hinterlassen kann.

6. **Weniger ist mehr**
   In vielen Sets bekommst du zwar schöne Farben, aber auch viele Abstufungen, die du gar nicht brauchst. Besser ist es, dass du dir die Farben, die du brauchst, einzeln aussuchst. So kannst du bei Nuancen entscheiden, welche dir besser gefällt. Natürlich haben Markengarne ihren Preis. Wenn du aber deine Farben vor dem Projekt genau bestimmst, hält es sich im Rahmen. Bei den meisten Stickarbeiten werden nur ein bis drei Teilfäden verwendet, das spart auch Material, sodass du nicht mehrere von einer Farbe kaufen musst. Wirklich viel Garn wird nur verbraucht, wenn du mit dem ganzen Strang (also mit sechs Fäden) stickst.

Fazit: Auch wenn man etwas mehr Geld in die Hand nehmen muss, Markengarn zahlt sich aus, wenn du ein großes Projekt stickst, wo du eventuell Farben nachkaufen musst, wenn du gemäß der Farbvorgaben bei einem Motiv arbeiten möchtest oder Wert auf hohe Qualität mit schönem Glanz legst.

Stickgarn abwickeln, teilen und aufbewahren

Damit du auch lange Freude an deinen Stickgarnen hast, solltest du immer sorgfältig damit umgehen. Es geht so schnell, dass Knoten in den Strang geraten oder ein wildes Durcheinander entsteht. Hier einige Tipps, wie du den Frust rund ums Entwirren umgehen kannst!

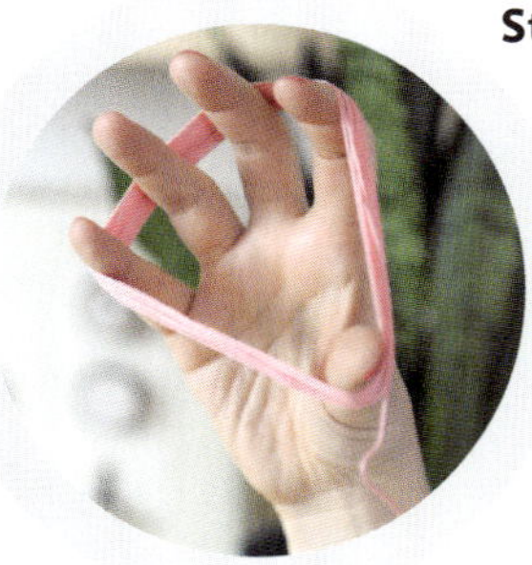

Stickgarn abwickeln

Wenn du ein neues Stickgarn öffnen möchtest, dann ist (egal welche Firma oder welches No-Name-Produkt du verwendest) ein Papierstreifen um die Mitte geklebt. Ziehe diesen vorsichtig auf das letzte Drittel des Garns runter. Jetzt kannst du in das große Öhr, das oben entsteht, vorsichtig deine Finger stecken. Du solltest hier schon sehen, zu welcher Seite das Garn jeweils geschlagen ist. Wenn du nun das Papier vorsichtig ganz runterziehst, hast du einen großen, gewickelten Kreis, von dem du den Anfang (außen, nicht innen) abwickeln kannst. Nimm dir nun sorgfältig die Länge ab, die du für das Sticken brauchst (optimal sind 50–60 cm).

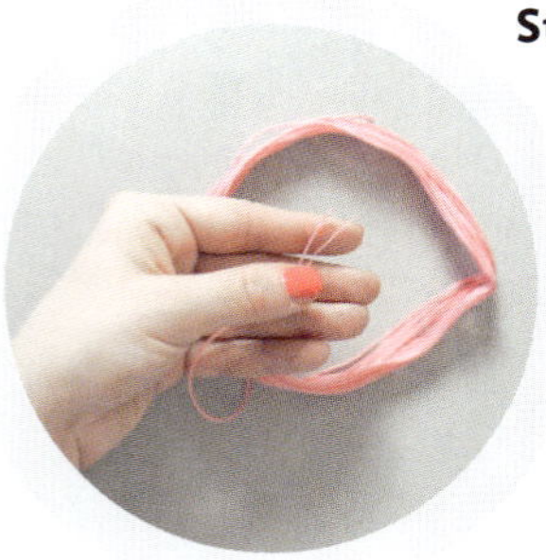

Stickgarn teilen

Wenn du den Sticktwist teilen möchtest, dann nimm den Anfang eines Garnes. Du siehst, dass er sich zwischen den Fingern aufdrehen lässt. Schneide die Länge ab, die du vom Garn für deine Stickerei benötigst (ca. 50–60 cm sind optimal), und ziehe die geforderte Anzahl der geteilten Garne vorsichtig auseinander. Sinnvoll ist, wenn du mit beiden Händen vorsichtig ziehst und darauf achtest, dass die Mitte (solange sie noch nicht geteilt ist) sich nicht zu stark verdreht. Dann funktioniert die Teilung bestimmt.

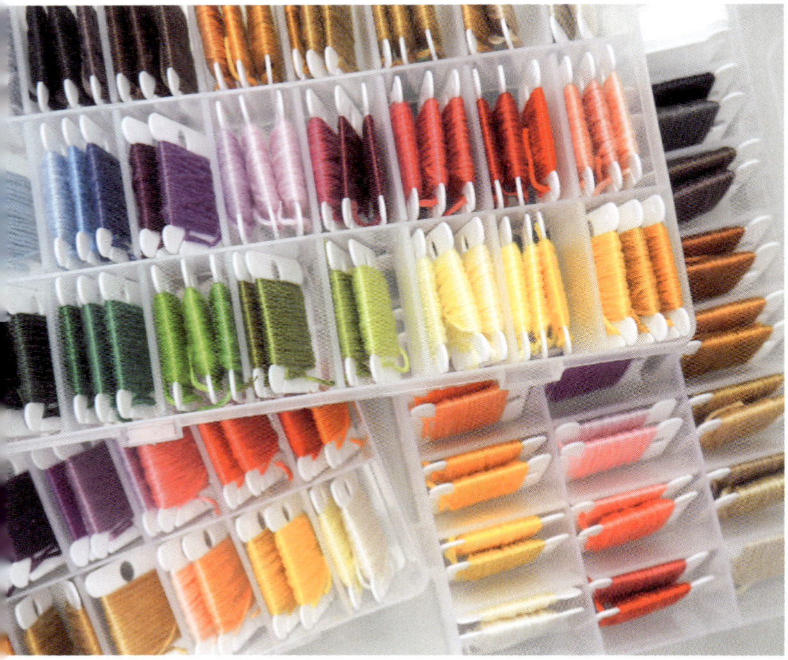

Stickgarn aufbewahren

Wenn das Sticktwist so, wie es ist, in eine Schachtel oder Tüte geschmissen wird, ist es ziemlich wahrscheinlich, dass sich die Fäden ineinander verknoten. Besser ist es, das Garn auf kleine Karten (z. B. in der Größe von Visitenkarten) oder auf kleine Kunststoffplättchen aufzuwickeln und in einer Schachtel oder Aufbewahrungsbox zu ordnen.

Stickrahmen

Stickrahmen gibt es mittlerweile in sehr vielen Qualitäten, Größen und Formen. Für den Anfang ist ein Rahmen mit einem Durchmesser von ca. 20 cm optimal. Damit kannst du sehr viele Projekte umsetzen. Mit der Zeit wirst du vielleicht merken, dass du kleinere Projekte lieber mit einem kleinen Rahmen stickst, weil der Stoff dadurch besser gespannt ist. Es empfiehlt sich daher, Stickrahmen in verschiedenen Größen zu besitzen, wenn du viel stickst. Suche dir drei Größen aus, mit denen du gut zurechtkommst. 10 cm, 15 cm und 20–25 cm decken so gut wie alle Motive ab. Wenn du größer sticken möchtest, ist es oft besser, mit einem Versatz zu sticken (also zuerst einen Teil fertig sticken und dann neu einspannen), weil sehr große Rahmen den Nachteil haben, dass die eingespannte Fläche auch sehr stark nachgibt. Der Stoff sollte immer optimal gespannt sein, wenn du einen Rahmen verwendest, damit ein schönes Stickbild entstehen kann (mehr dazu im Kapitel »Stoff einspannen«).

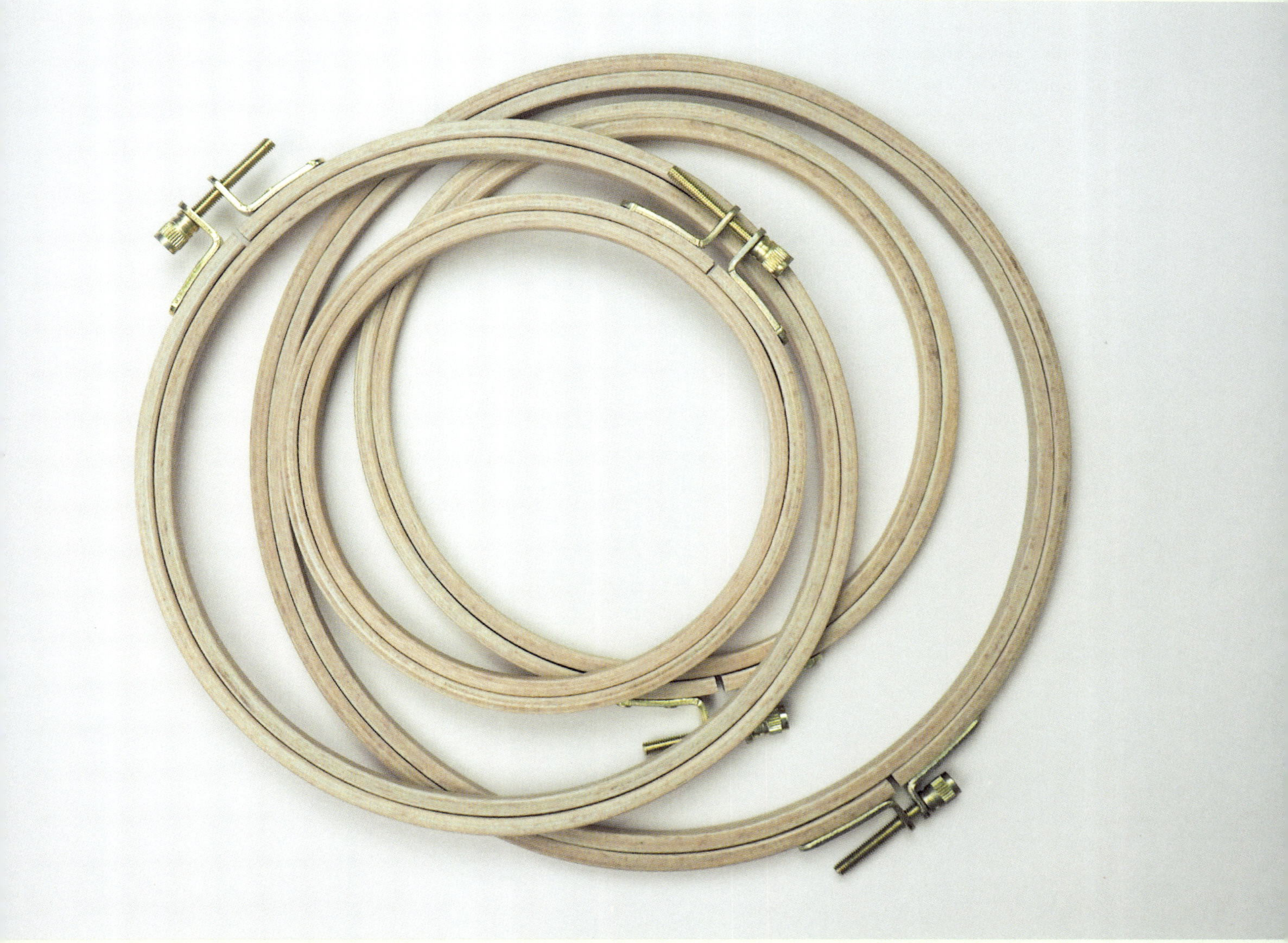

Sticken mit oder ohne Rahmen

Gerade Kleidungsstücke werden sehr oft nicht im Rahmen gestickt. Oft ist eine Jeans oder Jeansjacke zu dick, um sie einzuspannen, oder ein Wollstoff zu heikel, um ihn in einen Rahmen zu drücken. Verwende einen Rahmen oder keinen Rahmen nach deinem Gefühl! Generell kannst du große und kleine Stickereien auf deinen Lieblingsstücken auch ohne Rahmen umsetzen. Bekleidung, die sich leicht einspannen lässt wie z. B. T-Shirts, Sweater, der Saum von einem Rock aus Webware etc., sollte auch mit einem Rahmen gestickt werden. Mit dem Rahmen in der Hand fällt das Sticken einfach leichter!

Verschiedene Stickrahmen

Stickrahmen bestehen aus unterschiedlichen Materialien: Birkenholz, Bambus oder Kunststoff sind die gängigsten Modelle. In diesem Buch findest du ausschließlich Birkenholzrahmen, sie verziehen sich nicht und brechen auch nur sehr selten. Verwende den Rahmen, der am besten in deiner Hand liegt. Manchmal sind Bambusrahmen ein bisschen verzogen (das Material ist nicht so beständig wie Kunststoff oder Birke), das macht aber nichts. Du wirst sehen, dass dein Stickprojekt genauso gut gelingt. Da im Gegensatz zu Stickereien, die im Rahmen aufgehängt werden, Kleidungsstücke wieder aus dem Rahmen genommen werden, ist es egal, ob der Rahmen rechteckig, rund oder oval ist. Ein bisschen leichter fällt das Einspannen bei runden Formen. Bei den anderen ist es Übungssache.

Stoff in den Stickrahmen einspannen

Die meisten Stickrahmen haben einen festen Innenring und einen verstellbaren Außenring. Am besten arbeitest du auf einer glatten Oberfläche, sodass nichts unter dem Kleidungsstück bzw. Stickrahmen liegt und du beides glatt auflegen kannst.

Du öffnest die Stellschraube am Außenring. Lege den Innenring auf die Oberfläche, auf der du arbeitest. Wenn du mit einem Vlies zum Verstärken arbeitest, dann kommt dieses über den Innenring. Darüber die Fläche des zu bestickenden Kleidungsstücks. Nun drückst du den Außenring auf den Innenring. Wenn das noch nicht möglich ist, musst du den Ring noch weiter öffnen. Die Spannung des Außenrings soll gerade locker genug sein, dass du ihn darüberziehen kannst. Übe gleichmäßigen Druck aus, wenn du die Ringe übereinanderziehst. Der Stoff im Stickrahmen soll gespannt sein, aber nicht gedehnt. Achte auch darauf, dass er nicht zu locker ist und keine Wellen schlägt.

Das Motiv sollte bereits auf den Stoff übertragen bzw. mit einem wasserlöslichen oder ausreißbaren Vlies aufgeklebt sein, wenn du den Stoff einspannst. So kannst du sichergehen, dass du das Design auf der Position stickst, die dir gefällt.

Sei vorsichtig bei dehnbaren Stoffen! Bei ihnen sollte auf jeden Fall ein Stabilisierungsvlies verwendet werden, denn die Stoffe verziehen sich gerne und sehr leicht durch den Druck auf den dehnbaren Stoff. Der Stoff sollte nicht zu stark gespannt sein (weniger als bei Webware), damit die Fasern weiterhin gerade verlaufen.

Verschiedene Nadeln und nützliches Zubehör (Stifte, Kreide usw.)

Neben Nadeln gibt es noch einige Hilfsmittel, die dir die Stickarbeit erheblich erleichtern. Überlege, was du bereits in deinem Nähkästchen hast oder was für das Sticken nützlich sein könnte. Das zusätzliche Zubehör ist kein Muss, nur eine hilfreiche Unterstützung!

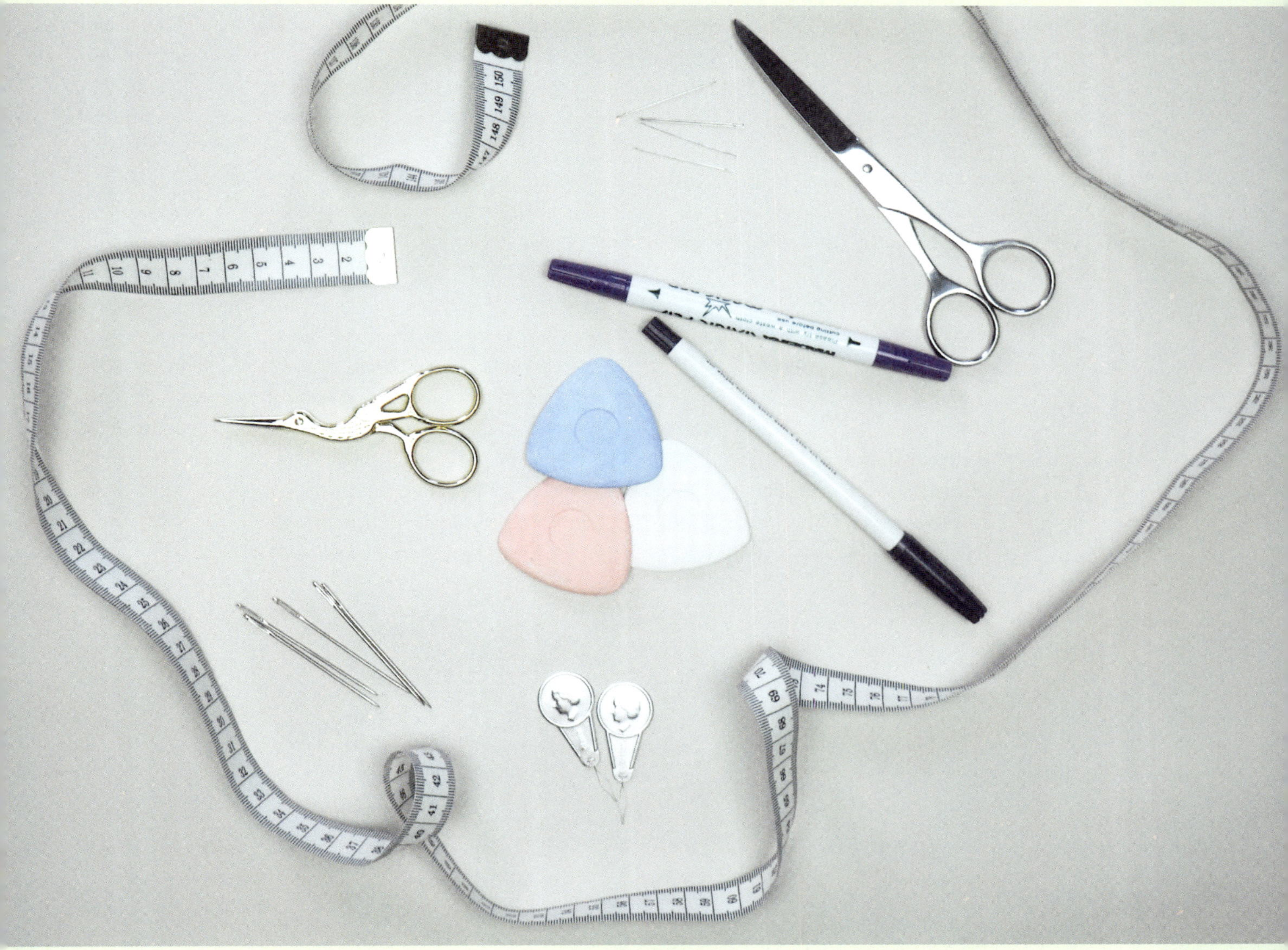

Nadeln

Normalerweise sind Sticknadeln etwas kürzer als Nähnadeln und haben ein größeres und längeres Öhr, um den verwendeten Faden nicht zu beschädigen oder damit auch dickere Fäden durch das Öhr passen. Sticknadeln gibt es in unterschiedlichen Größen (von 14–28), je höher die Nummer, desto feiner und dünner ist die Nadel.

Es gibt Nadeln mit Spitze und ohne Spitze.

Sticknadeln mit Spitze eignen sich in erster Linie für die Seidenstickerei und alle feinen Stickarbeiten. Die Nadeln sind aus gehärtetem Stahl, absolut gratfrei gearbeitet und mit einem symmetrisch gestanzten Öhr bestückt. Zum leichten Einfädeln von Wolle oder gröberen Garnen benötigen Sticknadeln ein entsprechend großes Öhr. Die fein geschliffene Spitze und die glatt beschichtete Oberfläche der Nadeln lassen sie mühelos durch jedes Material gleiten. Ein ausgewogenes Verhältnis von Länge und Stärke verleiht den Nadeln ihre gute Gebrauchselastizität.

Nadeln ohne Spitze durchdringen die Fasern nicht, sondern schieben diese zur Seite. Sie eignen sich vor allem für gröbere Materialien wie z. B. Wolle.

Mit den Größen Nr. 18–24 kannst du alle Stickarbeiten in diesem Stickbuch arbeiten. Für die meisten Stickereien auf Kleidungsstücken ist eine Nadel mit Spitze in einer mittleren Stärke optimal.

Stickschere

Eine scharfe Stickschere zur Hand zu haben, ist für das Sticken unablässig. Immer wieder müssen Fäden gekürzt werden. Sei vorsichtig, mit den kleinen, scharfen Scheren schneidet oder piekst man sich sehr leicht in den Finger!

Universalschere

Auch eine Universalschere wird dir sehr dienlich sein! Egal ob du das Motiv aus- oder eine Folie zurechtschneidest, diese Arbeiten solltest du nicht mit der Stickschere erledigen. Sie wird dadurch stumpf und muss bald ersetzt werden.

Wasserlösliche Stifte

Egal ob Hilfslinien oder kleine Motivmarkierungen, wasserlösliche Stifte sind optimal für Stickereien. Teste die Stifte an einer unsichtbaren Stelle, ob die Farbe auch wirklich rausgewaschen werden kann, sonst könnte eine unschöne Überraschung auf dich warten.

Schneiderkreide

Auch die Schneiderkreide kannst du für Markierungen benutzen. Sie ist z. B. hilfreich, wenn du ein Motiv mittig oder an einer bestimmten Stelle platzieren möchtest. Weiße Schneiderkreide lässt sich ausklopfen, bei bunter Kreide solltest du zuerst an einer unsichtbaren Stelle testen.

Maßband

Das Maßband – ein Muss für jede Handarbeit. Wie der Name verrät, machst du damit Messungen aller Art. Auch wenn du ein Motiv vergrößern oder verkleinern möchtest, kannst du mit dem Maßband abschätzen, ob dir die Größe auf dem Kleidungsstück gefällt.

Nähmaschine

Zum Sticken brauchst du nicht zwangsläufig eine Nähmaschine, oftmals ist es aber ganz praktisch, wenn du eine zur Verfügung hast. Bei manchen Taschen oder Rucksäcken, aber auch wenn du z. B. einen gefütterten Mantel oder Blazer besticken möchtest, musst du das Innenfutter auftrennen. Wenn das Kleidungsstück fertig gestickt ist, muss das Futter natürlich wieder zusammengenäht werden. Das kann man einerseits mit Handstichen machen oder mit der Nähmaschine.

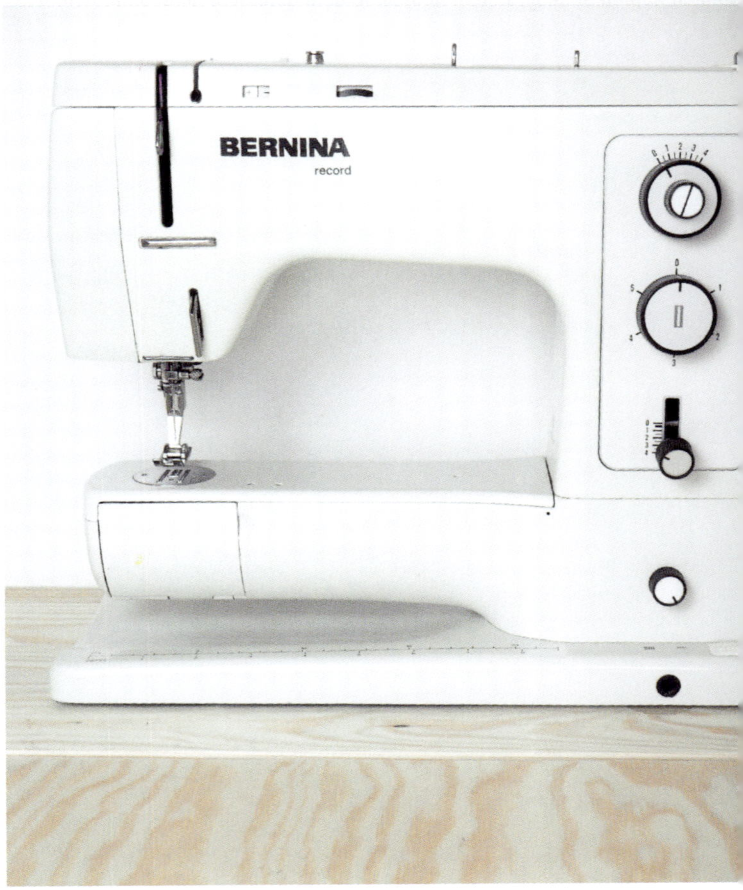

Tipps für optimales Arbeiten

Sticken macht sehr viel Spaß, kann aber auch sehr anstrengend sein! Beachte die folgenden Punkte, um dir das Arbeiten zu erleichtern. So behältst du lange die Freude an deinem Stickprojekt und kannst dich lange und ausführlich mit deinem Motiv beschäftigen!

Versuche, aufrecht zu arbeiten

Man tendiert dazu, beim Sticken einen runden Buckel zu machen. Von einer schlechten Sitzhaltung bekommst du schnell Rückenschmerzen und musst die Stickerei weglegen. Wenn du eine gute Sitzposition einnimmst, kannst du dem vorbeugen.

- Sitze auf einem bequemen Stuhl mit einer ergonomischen Rückenlehne. Der Rücken sollte beim Sitzen an der Rücklehne anliegen.
- Nutze die gesamte Sitzfläche des Stuhles, das Becken sollte dabei aufrecht sein und nicht eingeknickt.
- Nimm eine aufrechte Sitzposition ein und halte die Stickerei so, dass du nur mit dem Kopf nach unten schaust, der Rücken bleibt dabei gerade.
- Stelle die Beine im 90-Grad-Winkel mit festem Halt auf den Boden. Wenn du die Beine umschlägst, ist deine Sitzposition nicht gerade
- Achte bewusst auf deine Körperhaltung und versuche, nicht zu verkrampfen.

Sorge für gutes Licht

Gutes Licht ist das A und O, damit deine Augen nicht so schnell müde werden. Sorge dafür, dass deine Lichtquelle die ganze Stickerei ausleuchtet und du, z. B. mit der Hand, keinen Schatten produzierst. Sehr hilfreich ist eine kleine Tischlampe mit flexiblem Schwenkarm. Diese Tischlampen sind oft an den Schreibtisch oder die Stuhllehne klemmbar und haben verschiedene Einstellungen in der Lichtintensität (z. B. Tageslichtmodus).

Verwende eine Universallupe

Wenn es spät wird und die Augen langsam müde werden, kann auch eine Universallupe helfen. Sowohl zum Sticken als auch zum Einfädeln des Garns in die Nadel ist sie eine große Hilfe. Genau wie die klemmbare Tischlampe lässt sich eine Universallampe oft direkt am Tisch befestigen und zu deinem Stickprojekt schwenken. So kannst du aufrecht arbeiten und reduzierst die Anstrengung für die Augen.

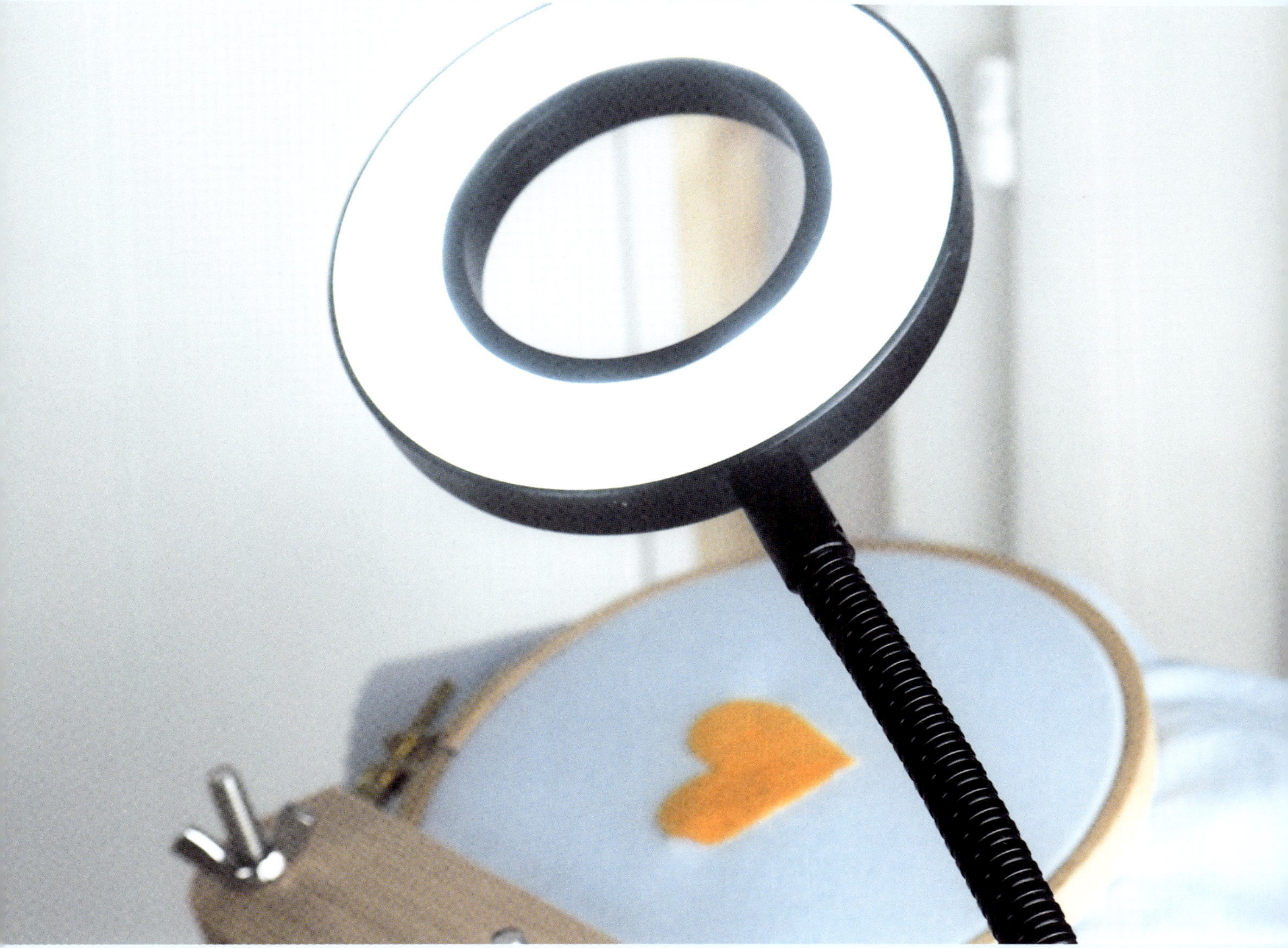

Ein Stickständer erleichtert die Arbeit

Für Stickereien gibt es auch Stickständer, die man an einen Tisch mit einer Zwinge schrauben kann, sodass man den Stickrahmen nicht halten muss. Es ist eine deutliche Arbeitsentlastung, wenn du nur stickst und nicht zusätzlich noch den Rahmen festhalten musst. Ein weiterer Vorteil ist, dass du mit den Fingern nicht an die Unterseite der Stickerei fasst, denn durch die Körperwärme lässt die Spannung im Stickrahmen nach und es entstehen Wellen im eingespannten Material.

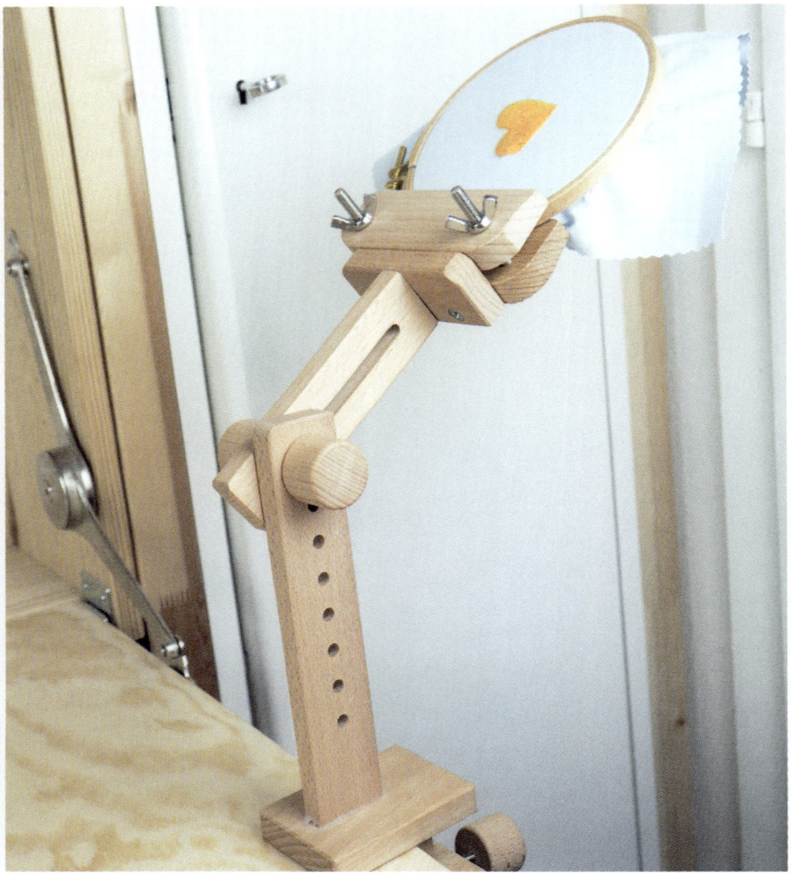

Gestalte deine Umgebung angenehm

Sticken soll etwas Schönes sein! Gestalte deswegen deine Umgebung so angenehm wie möglich. Egal ob du auf der Terrasse arbeitest und dem Vogelgezwitscher lauschst oder im Wohnzimmer auf deinem Lieblingssessel sitzt und einen Podcast hörst – das Sticken sollte dich nicht stressen. Sobald Hektik und Nervosität aufkommen, arbeitet man ungenau und das Endergebnis wird nicht so sauber wie erhofft. Auch deswegen sollte man vor großen Projekten ein paar kleine Motive üben, denn mit der Erfahrung kommt auch die Sicherheit.

Klebeband schont die Finger

Als Alternative zu einem Fingerhut, der sehr oft nicht passt, weil er zu groß, zu klein, zu kurz oder zu lang ist, bietet sich Gewebeband an. Du reißt es in ca. 1,5 cm breite Stücke und klebst es auf die Stelle, wo du den Schutz auf der Haut brauchst. Gerade bei größeren Projekten, an denen du mehrere Stunden arbeitest, macht das Sinn, weil die Finger sonst ganz schön wund werden können.

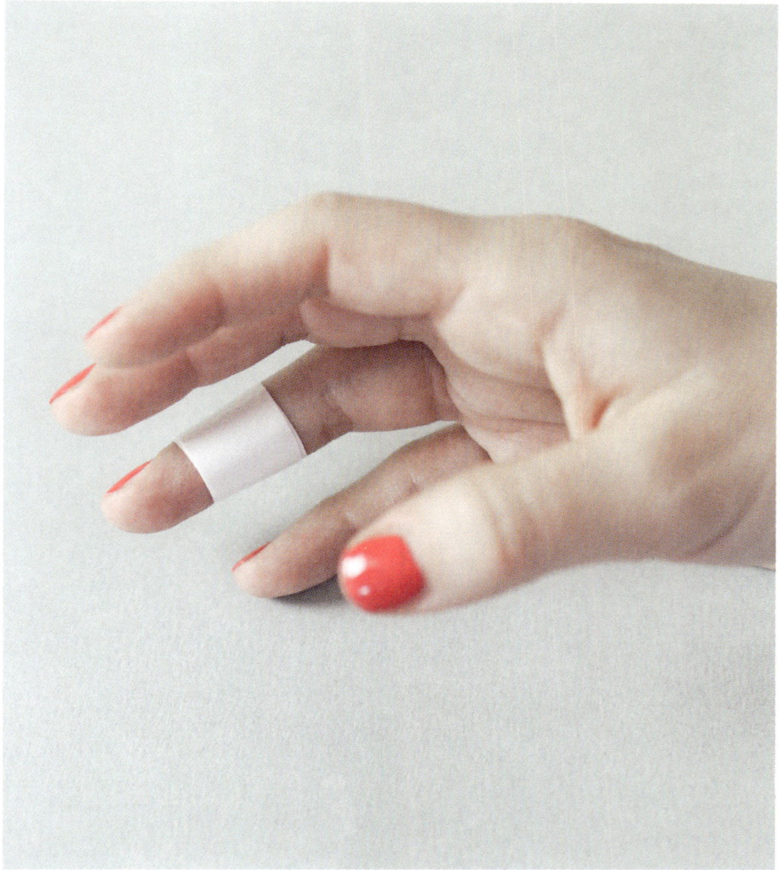

Mach mal Pause

Nicht zu vergessen – mach auch mal Pause! Wenn man angestrengt arbeitet, vergisst man oft, dass die Zeit verfliegt! So werden aus Minuten Stunden und man sitzt konzentriert und arbeitet. Das ist auch gut so, dennoch sollte man ab und zu aufstehen, sich ein bisschen bewegen, mal die Fenster öffnen und durchatmen.

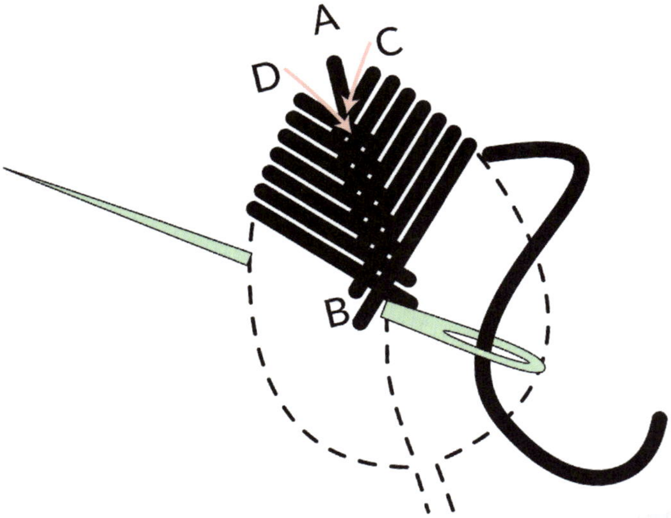
A
C
D
B

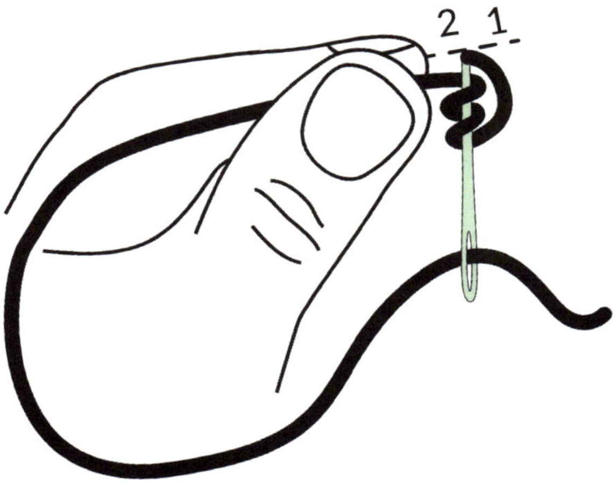
2
1

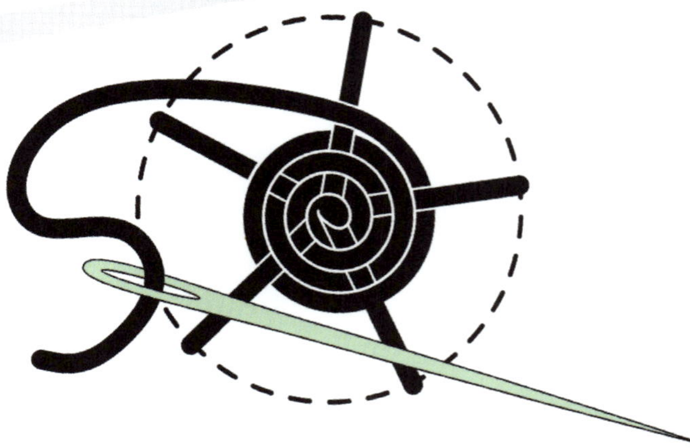

Techniken

Der Einsatz von verschiedenen Stickstichen macht ein Projekt erst richtig interessant. Sie geben dem umgesetzten Motiv die richtige Tiefe. Damit du ein spannendes Stickbild erzeugst, werden verschiedene Techniken miteinander kombiniert. Manchmal ist es leichter, wenn man sieht, wie der Stich auch tatsächlich gestickt wird. Du kannst dir unter www.kreampack.com/stiche Videos ansehen und dir zusätzliche Tipps zu den einzelnen Stichen holen!

Verschiedene Stickstiche im Überblick

Jedes Stickbild ist einzigartig! Deswegen gibt es viele unterschiedliche Stiche, die je nach Design angewendet werden können.

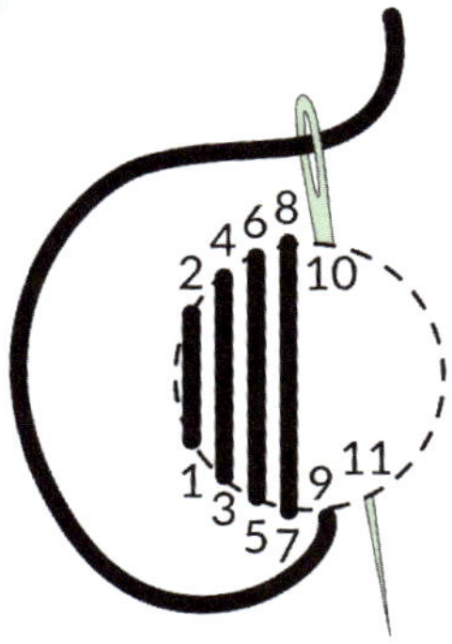

Einfacher Plattstich

Der einfache Plattstich wird auf geraden und runden Flächen angewendet. Die Stiche werden gleichmäßig nebeneinander angeordnet, sodass eine glatte Fläche entsteht. Die Stiche können horizontal, vertikal oder diagonal gestickt werden, so werden alle Konturen gefüllt. Bei Bekleidung sollten nicht allzu große Flächen mit dem einfachen Plattstich gearbeitet werden. Dadurch, dass die Teile öfter gewaschen werden, könnten die Stiche auseinanderklaffen und du musst nachsticken.

- Beim einfachen Plattstich macht es keinen Unterschied, ob du von unten nach oben oder von oben nach unten arbeitest.
- Stich bei Punkt 1 aus dem Stoff heraus (innerhalb der Markierung) und setze einen Stich zu Punkt 2.
- Im nächsten Schritt wiederhole den Vorgang (Punkte 3–4, 5–6 usw.) und achte darauf, dass du wirklich genau neben dem letzten Stich den neuen platzierst.
- Fahre weiter so fort, bis die Fläche gefüllt ist. So entsteht ein glattes, volles Stickbild.

Versetzter Plattstich

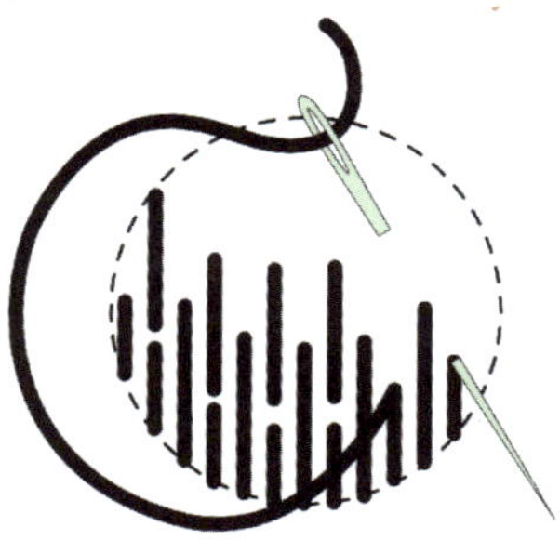

Der versetzte Plattstich ist perfekt für größere Flächen mit Struktur. Durch die kleinen Stiche wird das Muster eng gestickt und es stehen keine großen Stiche, die z. B. beim Waschen lose werden können. So eignet sich der Stich optimal für das Besticken von Bekleidung.

- Sticke die erste Reihe aus kurzen Stichen, die jeweils mit einem Abstand von einer Stichbreite nebeneinandergesetzt werden.
- Bei der nächsten Reihe hast du genug Raum, um die Stiche genau in die Zwischenräume der ersten Reihe zu platzieren. In dieser zweiten Reihe sind die Stiche doppelt so lang wie in der ersten Reihe. So entsteht wieder Platz, um die Reihe im folgenden Schritt zu füllen.
- Der versetzte Plattstich ist ein ineinander verzahntes Muster. Es entsteht, indem du Reihe für Reihe Stäbchen setzt, die aufeinander aufbauen.

Rückstich

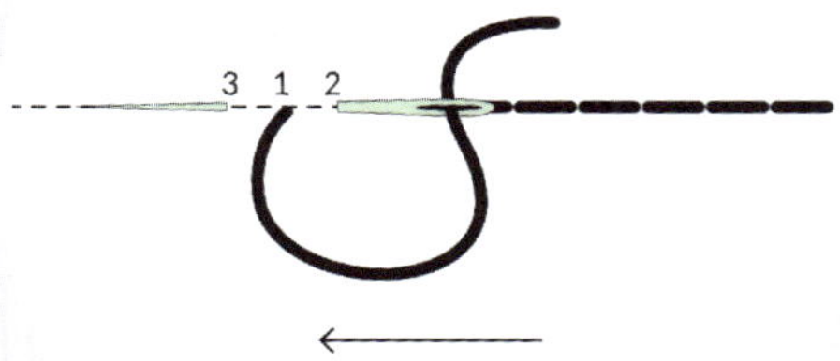

Der Rückstich ist ein wahrer Allrounder! Feine Linien oder Konturen können mit dem Rückstich optimal gestickt werden. Beim Sticken von Kleidungsstücken empfiehlt es sich, eher kurze Stiche zu setzen, um die Stickerei kompakt zu halten.

- Der erste Stich ist ein Schritt nach vorne. Komm bei Punkt 1 von unten aus dem Stoff heraus und stich bei Punkt 2 wieder ein.
- Sticke ab dem zweiten Stich rückwärts, indem du auf der Unterseite die ganze Stichlänge nach vorne gehst, bei Punkt 3 auf die Oberseite kommst und auf der Oberseite den Stich schließt, wo der letzte aufgehört hat.
- Achte darauf, dass keine Lücken entstehen. Der Rückstich ist ein zusammenhängender Konturenstich.

Knötchenstich

Der Knötchenstich (oder auch French Knot genannt) ist ein vielfältiger 3-D-Stich. Du kannst damit Blumen oder kleine Deko-Elemente sticken, aber genauso gut auch flauschige Flächen füllen. Vergiss nicht – Übung macht den Meister! Der Knötchenstich ist etwas anspruchsvoller, aber ein optisches Highlight, wenn er einmal sitzt.

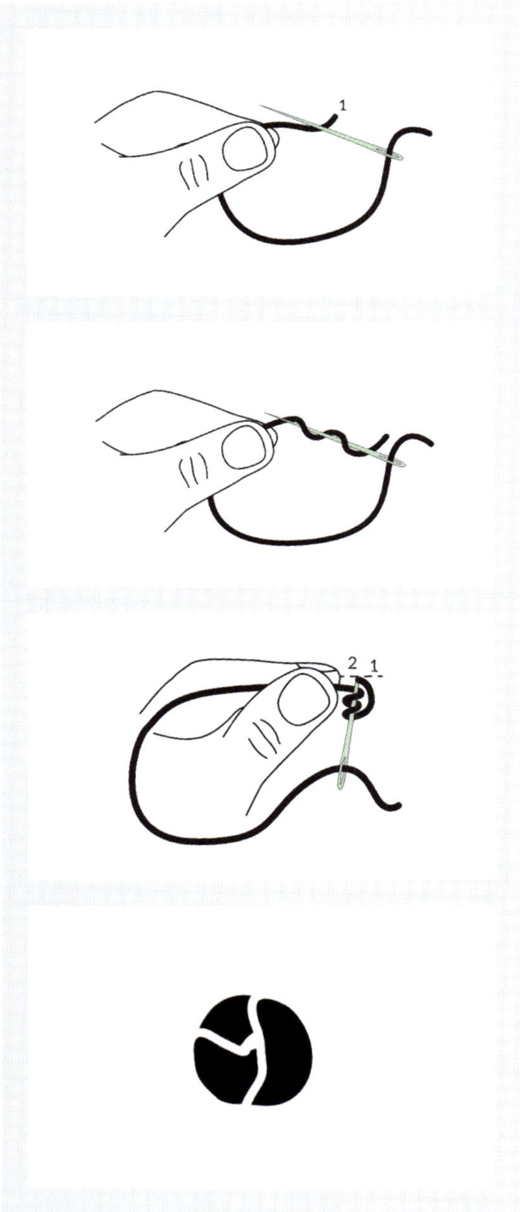

- Wickle die Nadel einmal gegen das Garn.
- Sichere mit der linken Hand den Sticktwist, während du die Nadel gegen das Garn wickelst.
- Hast du das Garn herumgewickelt, stichst du in den Stoff ein (beim Anfangspunkt).
- Ziehe das Garn langsam durch den Stoff. Mit der linken Hand kontrollierst du die Spannung der entstandenen Schlaufe. Der Knoten kann so langsam, aber kontrolliert einlaufen.

Outline-Stich

Wie der Name sagt, ist der Stich perfekt für Outlines bzw. Konturen. Bei diesem Stich werden die Garne übereinandergelegt, sodass ein fließendes Stichbild entsteht. Arbeite mit zwei bis drei Fäden aus dem Garnstrang, da das Gesamtergebnis sonst zu dick werden könnte. Mit dem Outline-Stich lassen sich auch Flächen füllen, wenn du lange Linien nebeneinandersetzt.

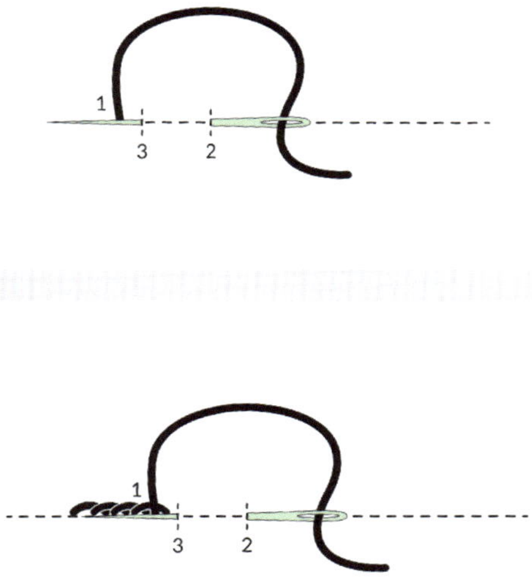

- Bringe die Nadel bei Punkt 1 von unten nach oben durch den Stoff.
- Führe die Nadel eine Stichlänge nach rechts wieder zurück in den Stoff.
- Bevor du den Stich festziehst, komme von der Unterseite am Ende des ersten Stichs wieder heraus.
- Die Schlaufe liegt dabei oben (gestickt wird von links nach rechts).
- Erst jetzt wird der Stich festgezogen.
- Punkt 1 und 2 liegen unter der gesamten Sticklänge.
- Stich bei Punkt 3 wieder ein und komme in der Mitte des Stichs (Endpunkt des vorhergehenden Stiches) wieder auf die Oberseite.
- So setzt sich der Stich fort. Am Ende hast du einen halben Stich übrig, der ebenfalls bis zum Endpunkt geschlossen wird.

Spannstich

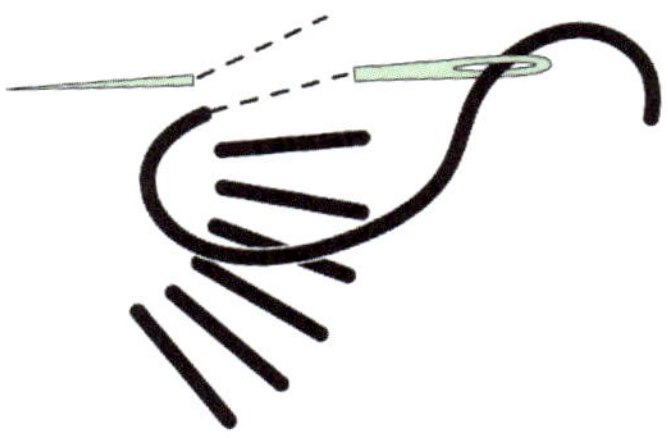

Man kann Spannstiche je nach Muster senkrecht, waagerecht, diagonal, strahlenförmig, einzeln, in Reihen oder Gruppen anordnen. Einfach gesagt sind Spannstiche jede beliebige Form, um kurze Stiche zu setzen. Sie können, müssen aber keinem bestimmten Muster folgen. Spannstiche sollten entsprechend des Stoffes nicht zu lang und mit einer ausgewogenen Spannung gearbeitet werden.

- Wähle die jeweilige Länge, die dein Spannstich haben soll.
- Von unten nach oben stichst du waagerecht, senkrecht oder diagonal in die Richtung, in die der Spannstich ausgerichtet sein soll.

Vorstich

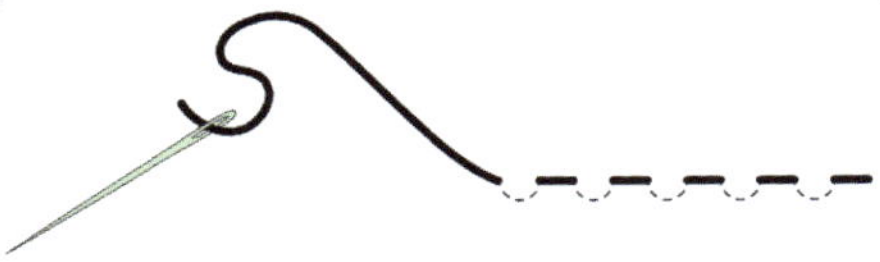

Als Zierstich ist der Vorstich besonders gut geeignet, wenn er immer in den gleichen Abständen gearbeitet wird. Dann bekommst du einen großartigen Look, mit dem du auch Flächen dekorativ füllen kannst (wenn du den Hintergrund durchscheinen lassen möchtest). Der Vorstich wird beim Nähen oder Sticken oft auch als Heftstich verwendet, um z. B. ein Vlies an dem Stoff zu fixieren.

- Der Vorstich ist eine sehr einfache Stichart beim Sticken und bildet eine Linie aus fortlaufenden Spannstichen.
- Stich von unten nach oben für eine ganze Sticklänge.
- Gehe die gleiche Sticklänge auf der Unterseite weiter und sticke dieselbe Länge wieder an der Oberfläche.
- Das Ergebnis ist eine gestrichelte Linie.

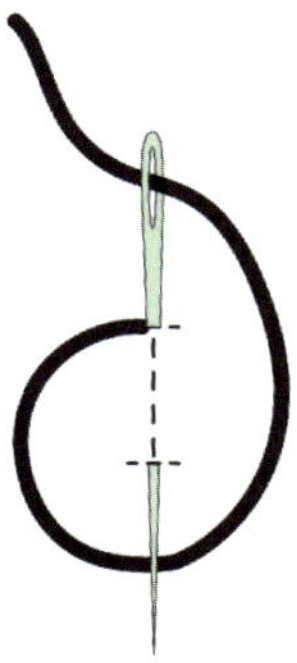

Kettenstich

Der Kettenstich ist nicht nur ein hervorragender Stich, um Outlines zu sticken, du kannst auch Flächen damit füllen. In diesem Buch wird er auch für Schriftzüge verwendet.

- Stich die Nadel von unten nach oben durch den Stoff.
- Lass eine Schlaufe von ca. 2 cm und stich wieder in das gleiche Loch von oben nach unten.
- Gehe nun auf der Rückseite eine Stichlänge nach vorne, und während du von unten nach oben kommst, fädelst du in die Schlaufe des letzten Stichs ein und ziehst den Stich fest.
- Stich nun wieder in dasselbe Loch ein, lass eine Schlaufe an der Oberfläche und gehe um eine Stichlänge auf der Unterseite weiter. Der Vorgang wiederholt sich beliebig lange und es entsteht eine Reihe an Kettenstichen.

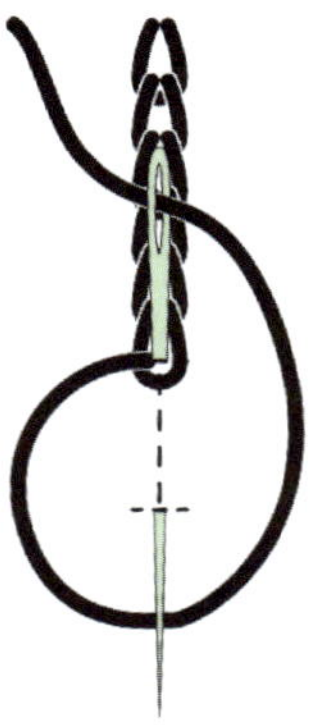

Blattstich

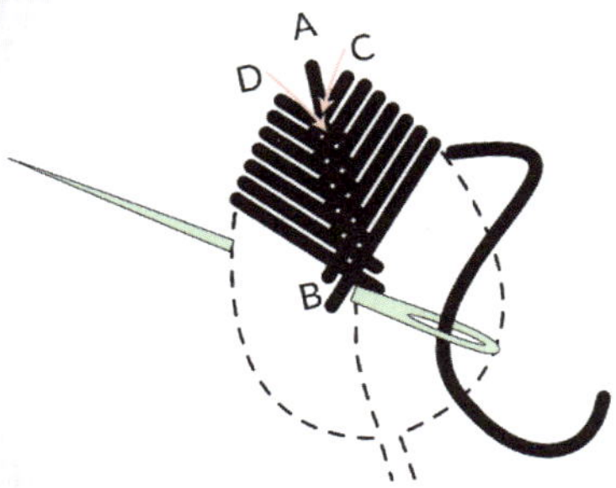

Mit dem Blattstich lassen sich viele verschiedene Arten von Blättern sticken. Große, lange oder kleine, breite. Du variierst immer nur mit der Stichlänge der einzelnen Stiche.

- Der Beginn ist ein gerader Stich am oberen Teil des Blatts.
- Führe die Nadel von links oben über den zuvor gesetzten Stich, leicht versetzt zu der zuvor gestickten Linie. Es entsteht ein lang gezogenes Kreuz.
- Wiederhole den Vorgang auf der rechten Seite: Führe die Nadel von rechts über die Mittellinie nach links auf die gleiche Höhe der bereits gesetzten Stiche.
- Es entsteht eine Grätenform.
- Setze abwechselnd links und rechts die Stiche, bis das Blatt gestickt ist.
- Zum unteren Blattrand hin werden die Stiche kürzer und flacher.

Umwickelter Kettenstich

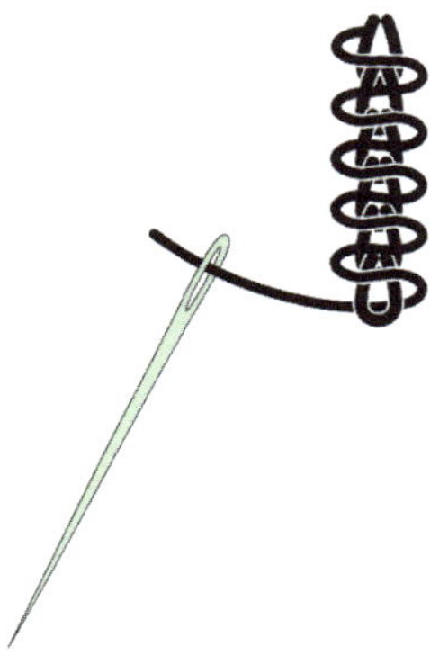

Der umwickelte Kettenstich ist besonders dekorativ, aber nicht für den täglichen Wäschekorb gemacht! Verwende ihn für Stickereien, die du nicht regelmäßig wäschst, wie Taschen, Kappen oder Mützen.

- Um den umwickelten Kettenstich zu fertigen, muss natürlich zuerst ein Kettenstich gearbeitet werden.
- Stich am Anfang von unten ein und ziehe das Garn unter den einzelnen Kettenelementen durch.
- Schiebe die Nadel also Kettenglied für Kettenglied durch, ohne dabei in den Stoff zu stechen.
- Dieser Teil vom Stich ist nur auf der Oberfläche und wird mit einem Einstich am Ende fixiert.

Spinnennetzstich

Der Spinnennetzstich ist ein dekoratives Element, mit dem du gleichmäßig runde Flächen sticken, aber auch kleine Röschen zaubern kannst. Um ihn haltbar zu machen, ist eine gleichmäßige Spannung wichtig. Es kann sein, dass der Stich nach der Wäsche ein bisschen aus der Form gerät – das ist kein Problem, du kannst ihn einfach wieder mit einer Nadel vorsichtig zurechtzupfen.

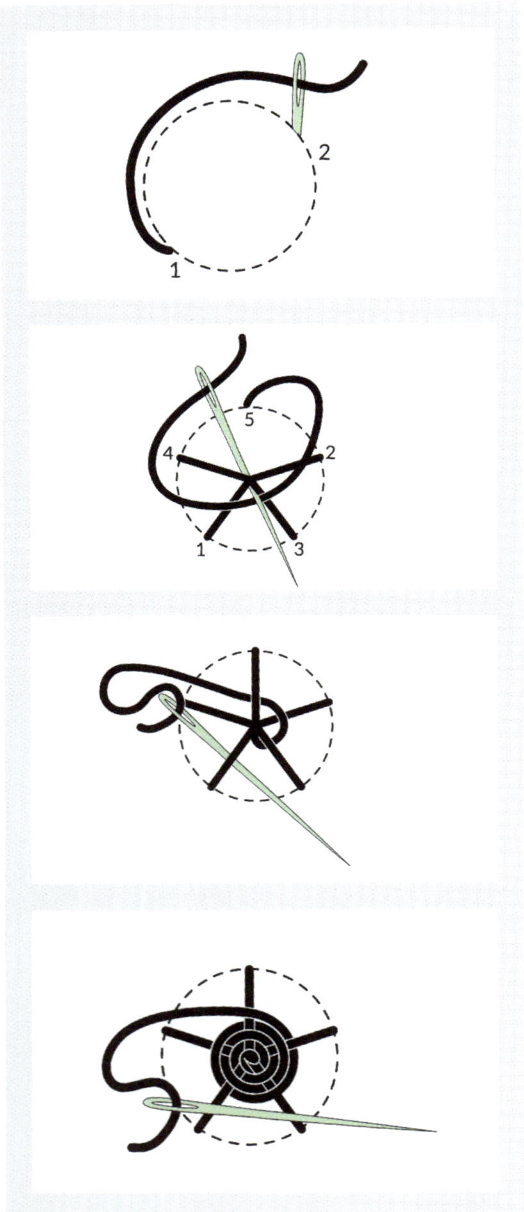

- Setze in einem gleichmäßigen Kreis fünf gleichmäßige Spannstiche – das sieht einem Wagenrad sehr ähnlich!
- Bring die Nadel wieder aus der Mitte raus und beginne, abwechselnd oberhalb und unterhalb der fünf Spannstiche zu weben. Das Garn bleibt nur an der Oberfläche und wird nicht in den Stoff eingestochen.
- Arbeite langsam und stelle sicher, dass du abwechselnd einmal oberhalb und einmal unterhalb der Spannstiche arbeitest.
- Während du die Kreise arbeitest, entsteht das volle Muster des Spinnnetzstichs.
- Achte darauf, dass du weder zu stark ziehst noch zu locker webst. Ausgewogenes Weben ist essenziell für ein schönes Stickbild.
- Du kannst so weben, dass die Spannstiche sichtbar bleiben. Wenn du das nicht möchtest, setze einfach mehr Runden, damit der Spinnennetzstich bauschiger wird.
- Um zu beenden, führe die Nadel einfach nach einer Runde nach unten und vernähe auf der Rückseite.

Sticktiche vernähen

Damit der letzte Stich auch gesichert ist, wird der Stich auf der Rückseite vernäht. Du ziehst einfach die Nadel durch die Schlaufen der letzten Stiche und der Schlaufe, die sich beim Durchziehen ergibt. Ziehst du den Stich jetzt fest, ist er gesichert. Wenn das Garn nicht mehr lang genug ist und du mit 2 Fäden stickst, dann kannst du auch die Nadel rausziehen und die zwei Fäden miteinander verknoten.

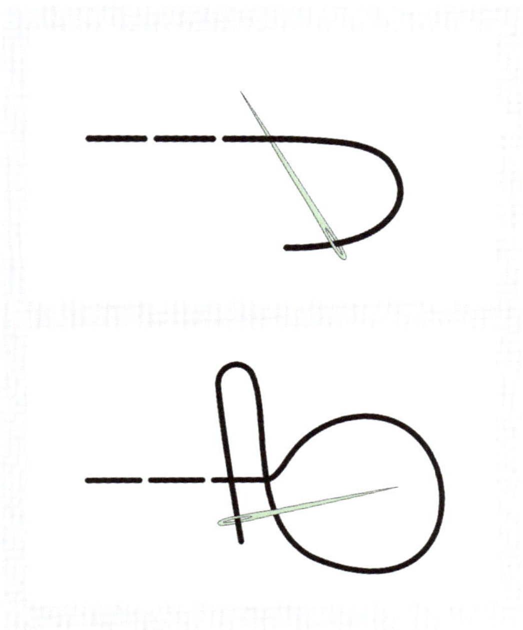

Erste Stickübungen

Gerade als Anfänger:in sind Übungen besonders wichtig. Wenn du Stickbilder wirklich genau umsetzen willst, dann ist sorgfältiges Arbeiten das A und O. Übungen helfen ungemein, Erfahrung zu sammeln und Routine zu bekommen. So empfiehlt es sich, zu Beginn leichte Motive wie Herzen, Blätter, Drei- und Vierecke, Kreise oder asymmetrische Formen zu üben. Auch diese kannst du bereits auf Kleidungsstücke umsetzen! Hier ein paar Beispiele, welche leichten Übungen dir viel Praxis bringen, damit du sicher und souverän ein größeres Projekt beginnen kannst.

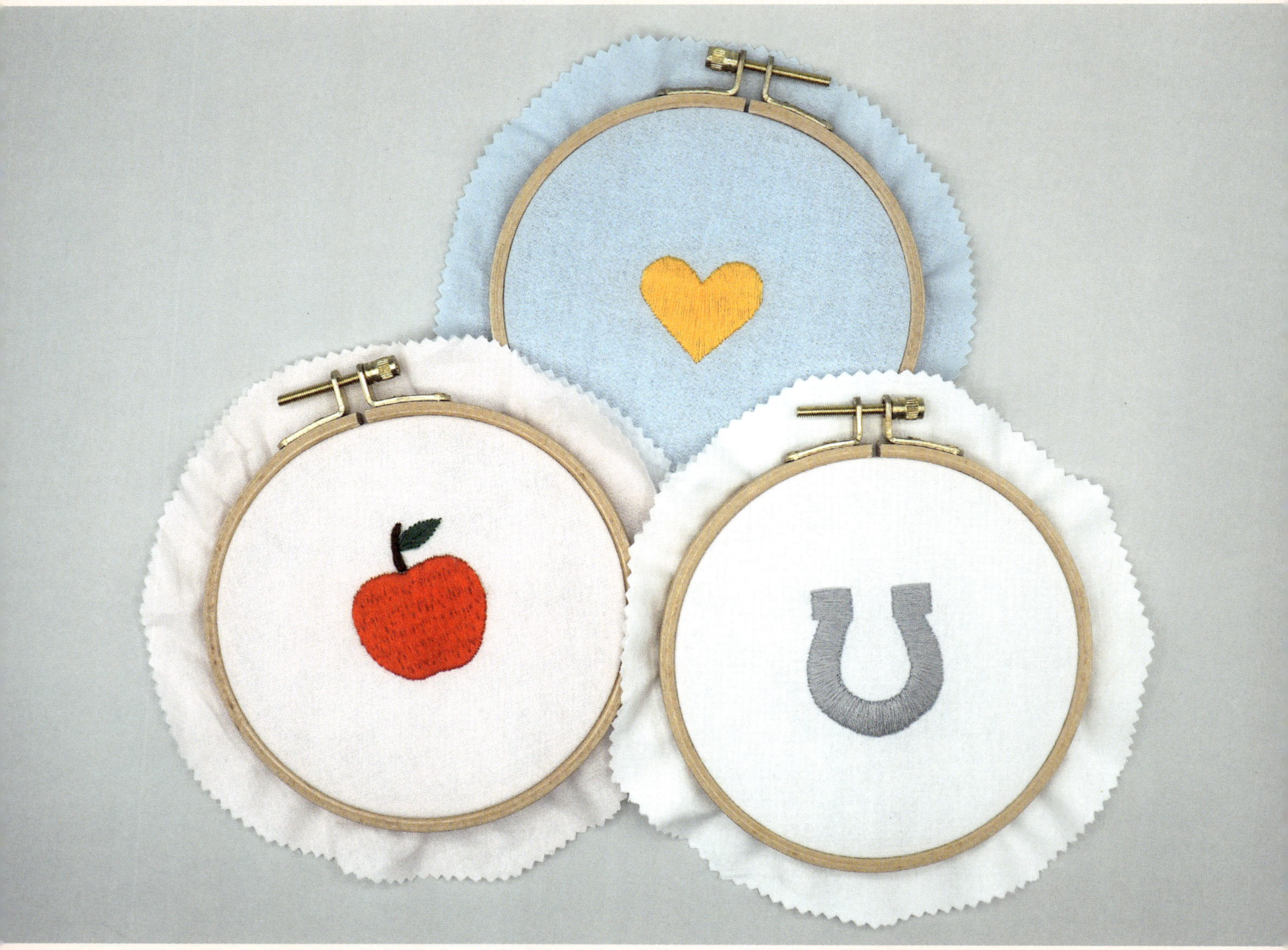

Tipps für das Besticken von Kleidung

Kleine Stiche setzen
Da Kleidung oft gewaschen werden muss, sind kleine Stiche den großen vorzuziehen. Das Problem mit den großen Stichen ist, dass sie im warmen Wasser Bewegung bekommen und sich beim Trocknen anders legen können, als es von dir gewünscht ist oder ursprünglich geplant war. Wenn du also eine große Fläche sticken möchtest, ist es ratsam, eher einen versetzten Plattstich zu arbeiten als einen einfachen Plattstich. So sind die Stiche eng beieinander und dadurch auch langlebiger.

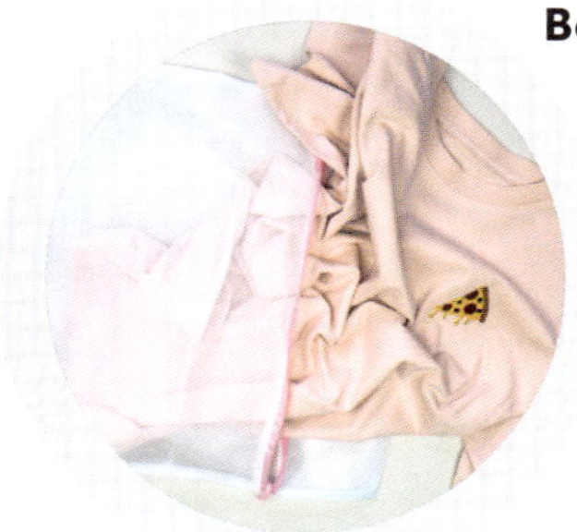

Bestickte Kleidung im Wäschesack waschen
Damit mit der Stickerei gar nichts passieren kann, ist es besser, sie in einem Wäschesack zu waschen. Es ist nicht sehr ökologisch, nur ein T-Shirt in der Waschmaschine zu waschen, sobald du andere Kleidungsstücke dazu gibst, kann während den Waschgängen immer was passieren. Wir haben so gut wie keinen Einfluss, wenn die Maschine einmal läuft. Ein Wäschesack schützt das Kleidungsstück mit der Stickerei vorsorglich.

Reißverschlüsse schließen
Ein offener Reißverschluss kann sich in der Stickerei verhaken und sie zerstören. Deswegen sollten alle möglichen Faktoren, z. B. auch Knöpfe, nach Möglichkeit schon vor dem Waschgang geschlossen werden. Es wäre schade, wenn deine schöne Stickerei kaputtginge oder du nacharbeiten müsstest.

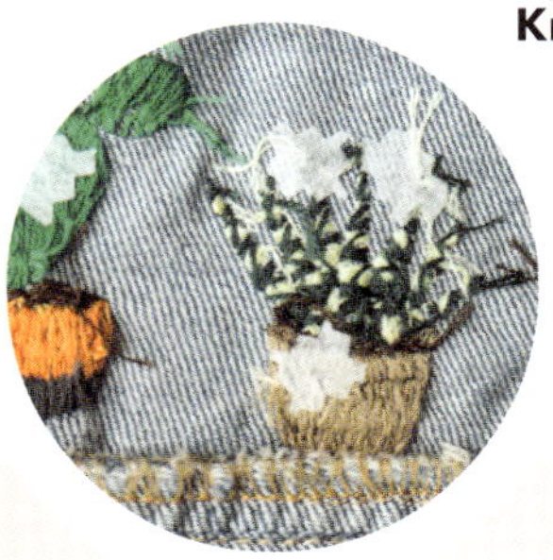

Knoten mit Bügelvlies versiegeln
Bestickte Kleidung hält länger, wenn du natürlich einerseits auf der Rückseite sehr gut vernähst, andererseits aber auch die Knoten mit einem Stück Bügelvlies verschließt. Dazu reicht ein kleines Quadrat, dass du über den Knoten bügelst, um die Stelle zu sichern. Bitte arbeite besonders vorsichtig, durch die Hitze und den Druck vom Bügeleisen auf der Rückseite kannst du das Stickbild auf der rechten Seite sehr schnell unschön verändern!

Teste und überlege, welches Kleidungsstück für eine Stickerei geeignet ist
Es gibt Lieblingsstücke, die eignen sich besser, und manche eignen sich nicht so gut. Überlege, ob dein Projekt auf deiner ausgewählten Kleidung funktioniert. Im Kapitel Material/Stoffe gibt es Hinweise, was nicht geeignet ist: z. B. sehr leichte Textilien oder Regenmäntel. Wenn du zweifelst, mach einen kleinen Test an einer unsichtbaren Stelle! Kappen haben manchmal eine Verstärkung in der Front. Da ist es zwar möglich, zu sticken, braucht aber ein bisschen extra Power! Das Gleiche gilt bei Sneakers, manchmal muss man da mehr Kraft aufwenden, weil die Seiten extra verstärkt sind. Ein, zwei Stiche zum Ausprobieren helfen dann schon und du siehst, was auf dich zukommen wird.

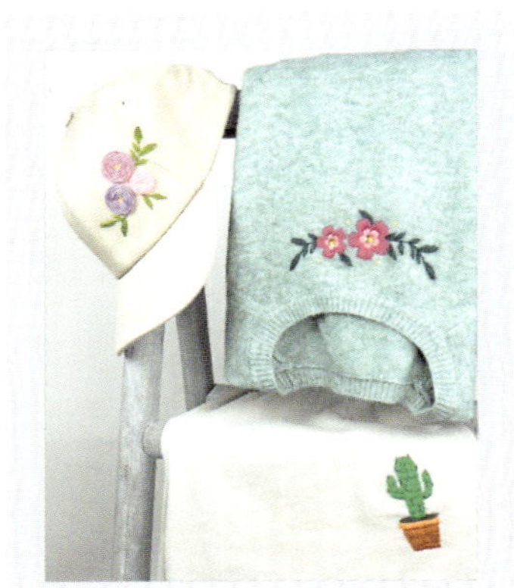

Viele Motive passen an unterschiedlichen Stellen
Das Schöne am Sticken ist: Alles, was gefällt, ist erlaubt! Wenn du die bunten Blumen lieber frontal, mittig auf einen Pullover sticken möchtest, dann go for it! Viele Motive passen auch an anderen Stellen – werde kreativ! Du kannst auch das Design erst einmal abpausen und dann an verschiedene Kleidungsstücke anhalten, um zu sehen, was dir am besten gefällt! Zwar werden bei den einzelnen Motiven weitere Vorschläge gemacht, wie das Design anderweitig umgesetzt werden kann, das heißt aber nicht, dass es nicht noch mehr Möglichkeiten gibt. Erlaubt ist, was dir gefällt!

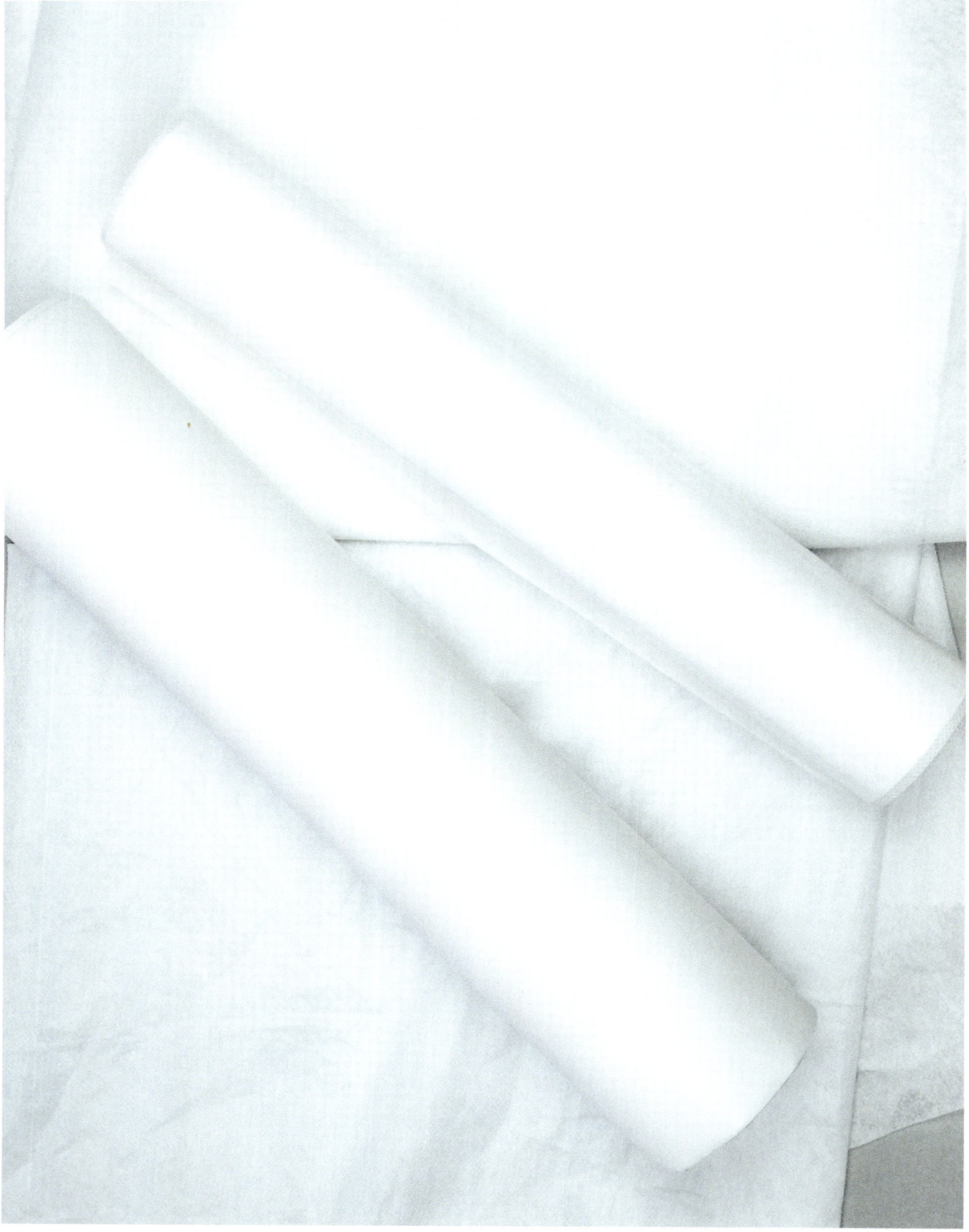

Individuelle Motivübertragung

Eine Frage, die man sich beim Sticken unweigerlich stellt, ist: Wie kommt das Motiv auf den Stoff? Dazu gibt es einige Techniken, die je nach Design oder persönlicher Vorliebe angewendet werden können.

Verschiedene Stickvliese als Grundlage

Ein Vlies kann beim Sticken ein sehr hilfreiches Tool sein – es gibt für jeden Bedarf die richtige Variante. Vlies und Bügeleinlage kommen für die unterschiedlichsten Zwecke zum Einsatz. Es ist ein Faserstoff, der verschiedene Aufgaben übernehmen kann und dafür die geeigneten Eigenschaften besitzt. Für Näh- oder andere Handarbeiten gibt es noch viele weitere Einsatzmöglichkeiten.

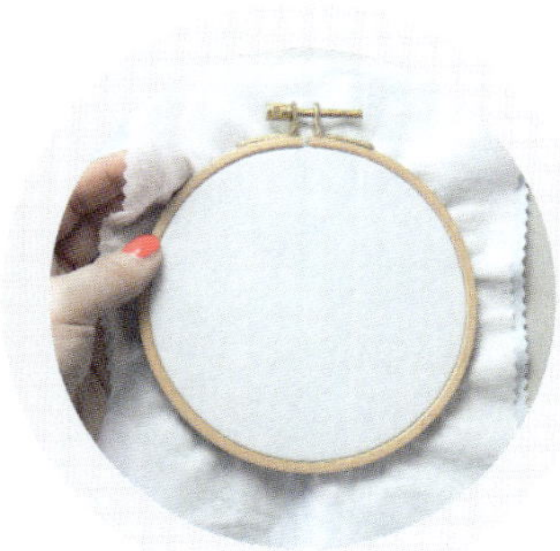

Vlies zum Verstärken

Vor allem, wenn du leichte oder dehnbare Stoffe bestickst, ist ein Vlies zum Verstärken eine sehr gute Idee! Es gibt der Stickerei mehr Griff und verlängert die Haltbarkeit. Bei dehnbaren Stoffen stabilisiert der Faserstoff die Stickerei und die Oberfläche bekommt ein schöneres Stickbild.

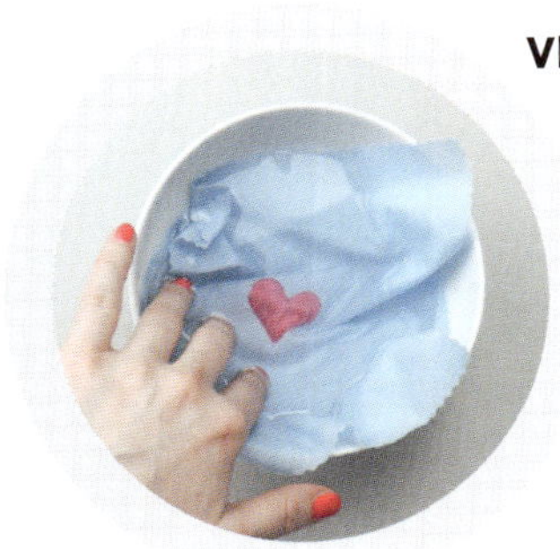

Vlies zum Auswaschen

Das Vlies zum Auswaschen hat auf der einen Seite einen rauen Faserstoff und klebt auf der anderen. Dieses Vlies ist super für das Übertragen von Motiven. In diesem Buch wird es für die Mehrheit der Stickprojekte angewendet, weil es einfach in der Handhabung ist. Aber auch hier empfiehlt sich, ein Teststück zu sticken, da von der Klebeseite Rückstände sichtbar bleiben können. Besonders gut funktioniert das Vlies auf Jeans und anderen festen Stoffen, so wie engmaschigen Wollstoffen, aber auch Baumwoll-T-Shirts oder Sweater. Es ist auch für feine Stickarbeiten geeignet und ein weiterer Vorteil ist, dass du es auf jeder Stofffarbe benutzen kannst – also auch auf dunklen Stoffen.

- Ein Stück auswaschbares Stickvlies etwas größer als das Motiv auf den Stoff kleben oder in den Rahmen miteinspannen
- Gewünschtes Motiv sticken
- Stickvlies an allen möglichen Seiten kürzen (Achtung! Nicht in den Stoff schneiden oder pieken)
- Unter lauwarmen Wasser das Vlies auswaschen (es dauert ein bisschen, bis sich das Vlies zu lösen beginnt)
- Kleidungsstück mit einem sauberen Tuch oder Handtuch tropfen tupfen und trocknen lassen

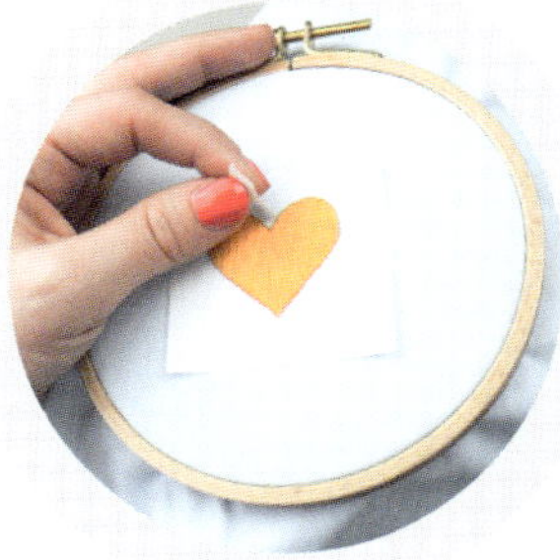

Vlies zum Ausreißen

Eine Alternative zum auswaschbaren Vlies ist das ausreißbare Vlies. Es funktioniert im Prinzip gleich, nur dass es zum Schluss nicht ausgewaschen, sondern ausgerissen wird. Durch das Perforieren mit der Nadel lässt sich das papierfaserähnliche Vlies reißen. Diese Variante ist eher für grobe Stickarbeiten interessant.

- Ein Stück ausreißbares Stickvlies etwas größer als das Motiv auf den Stoff kleben bzw. heften oder in den Rahmen miteinspannen
- Gewünschtes Motiv sticken
- Stickvlies vorsichtig ausreißen

Vlies zum Knoten sichern

Um die Knoten auf der Rückseite zu sichern und die Stickerei möglichst lange haltbar zu machen bzw. vor den Waschgängen zu schützen, bietet sich Bügelvlies an. Schneide dazu kleine Eckchen zurecht, die du vorsichtig über die Knoten bügelst. Achte darauf, dass die Stickerei auf der Vorderseite nicht durch das Bügeln beeinträchtigt wird.

Techniken zum Übertragen auf den Stoff

Es gibt verschiedene Techniken, die sich für das Übertragen von Motiven auf Kleidungsstücke bestens eignen. Damit du weißt, mit welcher du am ehesten zurechtkommst, bietet es sich an, die verschiedenen Möglichkeiten der Designübertragung auf einem Probestoff auszuprobieren. Generell empfiehlt es sich, bei Kleidungsstücken nicht direkt auf den Stoff zu zeichnen, sondern ein wasserlösliches Vlies (siehe Kapitel **Verschiedene Stickvliese als Grundlage**) zu verwenden. So kann man auch dunkle und grobe Materialien besticken, aber auch die Position der Stickerei perfekt ausrichten.

Transferpapier/Blaupause

Transferpapier ist der Blaupause sehr ähnlich und in der Übertragungstechnik gleich. Ganz unten liegt der Stoff, darüber das Transferpapier und ganz oben das Papier mit dem Motiv. Jetzt wird das Design nachgezeichnet. Durch den Druck kopiert das Transferpapier die Vorlage auf den Stoff bzw. das wasserlösliche Vlies. Transferpapier gibt es in Blau und Weiß, es bietet sich somit für helle und dunkle Materialien an. Für eine Übertragung auf Wolle ist das Transferpapier nicht geeignet.

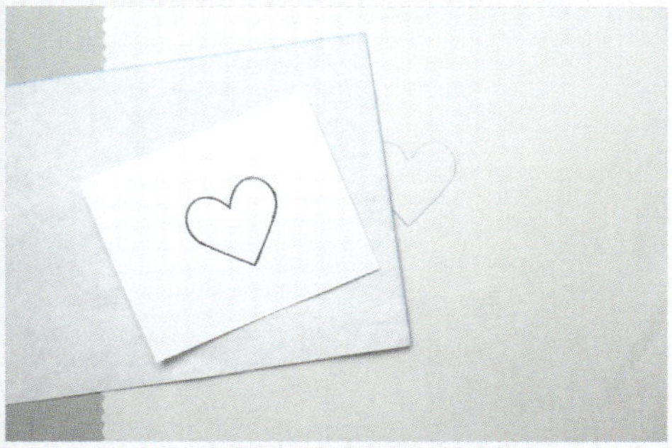

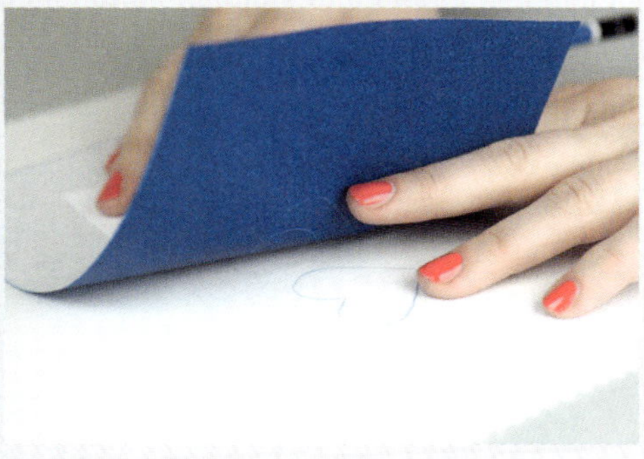

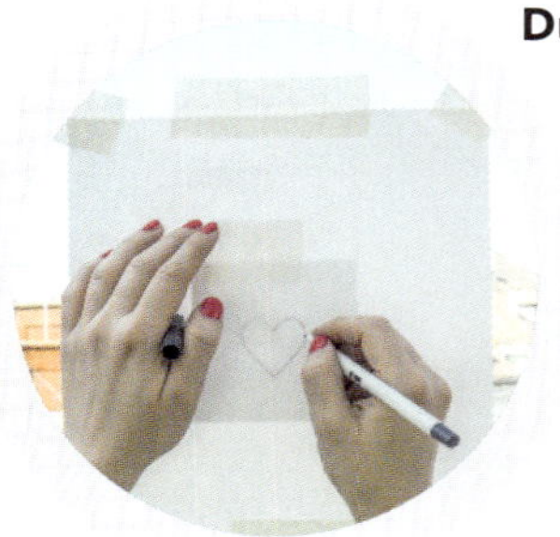

Durchpausen am Fenster

Durchpausen am Fenster ist der Klassiker der Motivübertragung! Das Motiv auf dem Papier liegt auf dem Fenster auf, darüber zeichnest du das Design direkt auf den Stoff bzw. das wasserlösliche Vlies. Zwei kleine Nachteile hat diese Technik: Wenn es nicht ausreichend hell draußen ist, fällt das Durchpausen, schwer und diese Art der Übertragung funktioniert nur für helle, durchlässige Materialien.

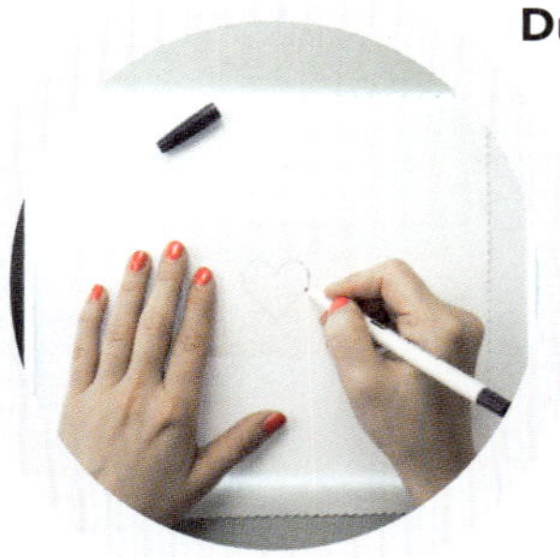

Durchpausen mit einem Lightpad

Das Durchpausen mit einem Lightpad ist der Technik mit dem Fenster sehr ähnlich, nur dass man nicht auf das Tageslicht angewiesen ist. Das Papier mit dem Motiv liegt auf der künstlichen Lichtquelle, darüber das zu bestickende Kleidungsstück bzw. das wasserlösliche Vlies. Auch hier ist eine Übertragung nur auf hellen und leichten bis mittelschweren Materialien möglich.

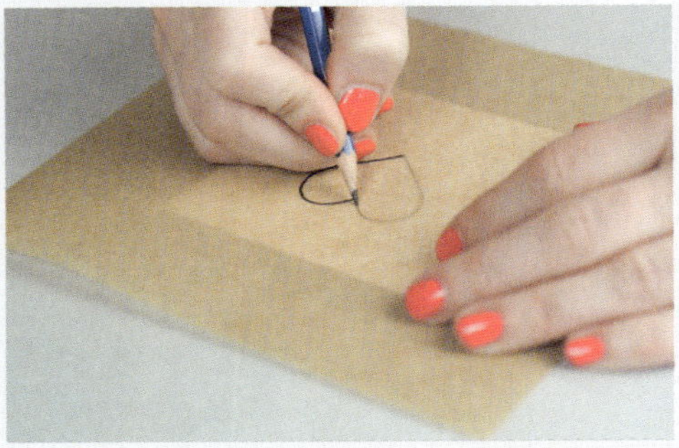

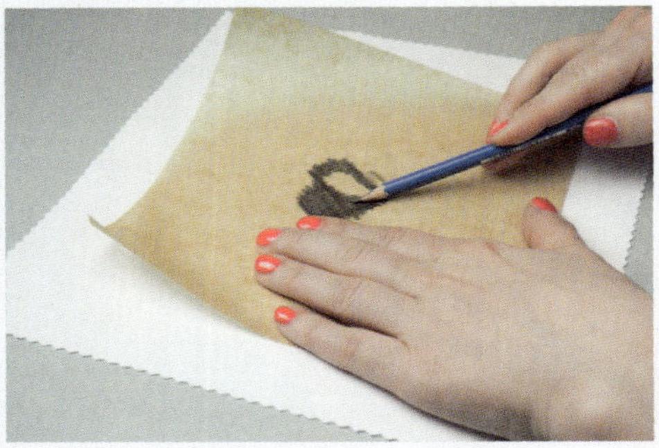

Backpapier

Damit du dein Motiv mit der Technik übertragen kannst, wird das Design zuerst mit einem Bleistift auf das Backpapier übertragen. Lege danach das Backpapier mit der Motivseite auf das zu bestickende Kleidungsstück. Mit einem Bleistift drückst du das Motiv von der Unterseite durch. Achte darauf, dass du mit dem Bleistiftabrieb keine Flecken auf das Kleidungsstück machst. Diese Übertragungsart eignet sich auch nur für helle und leichte bis mittelschwere Materialien.

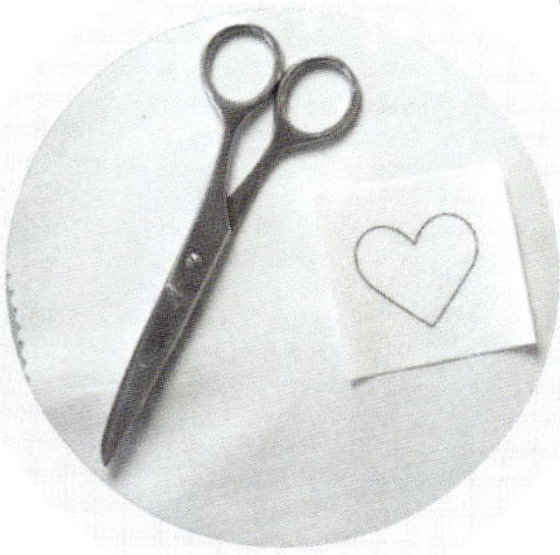

Kopiertes Motiv

Wenn du einen Drucker/Kopierer besitzt, der das Papier nur über eine Walze zieht, dann könntet du das Motiv auch direkt auf eine wasserlösliche Transferfolie drucken. Das funktioniert nicht mit allen Druckern/Kopierern und ist ohne Gewähr auszuprobieren. Wenn der Drucker/Kopierer es reibungslos macht, ist es mit Abstand die sauberste Variante.

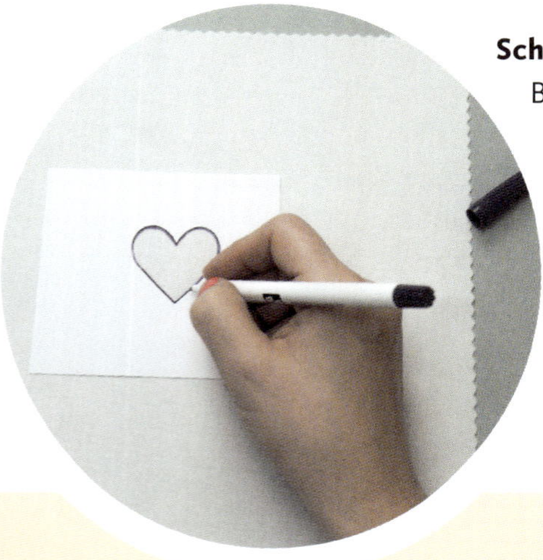

Schablone

Bei relativ dicken Linien kannst du auch eine Schablone basteln. Dazu schneidest du mit einem Teppichmesser vorsichtig (Achtung, scharfes Messer!) die Linien aus und kannst dann die Schablone anlegen.

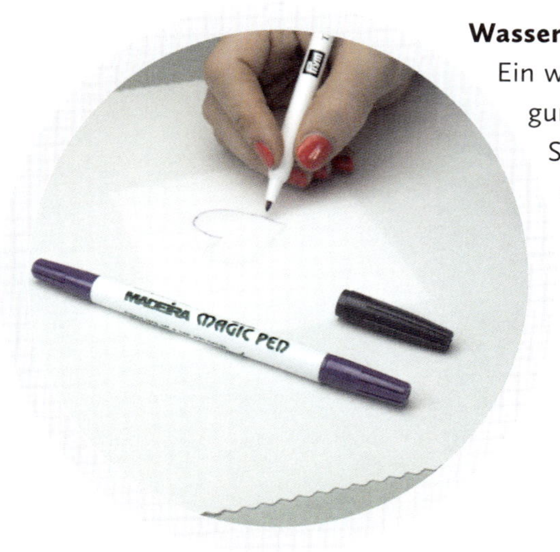

Wasserlöslicher Stift

Ein wasserlöslicher Stift bietet sich für alle Übertragungsarten an und kann sowohl direkt auf dem Stoff (helle, leichte bis mittelschwere Materialien) als auch auf dem wasserlöslichen Vlies verwendet werden. Er lässt sich rückstandlos auswaschen bzw. verschwindet in kurzer Zeit, wenn er mit Wasser in Berührung kommt.

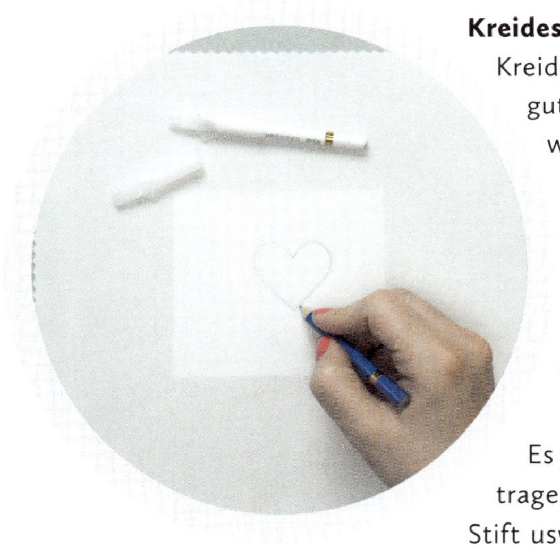

Kreidestift

Kreidestifte gibt es in Blau oder Weiß. Sie sind eine gute Alternative zu wasserlöslichen Stiften. Obwohl sie auf weißen/sehr hellen Materialien Rückstände hinterlassen können, sind sie auf jeden Fall einem Bleistift oder Kugelschreiber vorzuziehen, die lassen sich nämlich kaum wieder entfernen. Der weiße Kreidestift eignet sich für das Zeichnen auf dunklen (glatten) Stoffen.

Es gibt noch andere Arten, um ein Motiv zu übertragen: z. B. mit Stanzlöchern, einem aufbügelbaren Stift usw. Diese Techniken eignen sich für Stickereien auf Stoffstücken, für Kleidungsstücke sind die oberen Varianten erprobt und empfohlen. Natürlich muss jeder sehen, mit welcher Übertragungsart er am besten zurechtkommt, und diese verwenden.

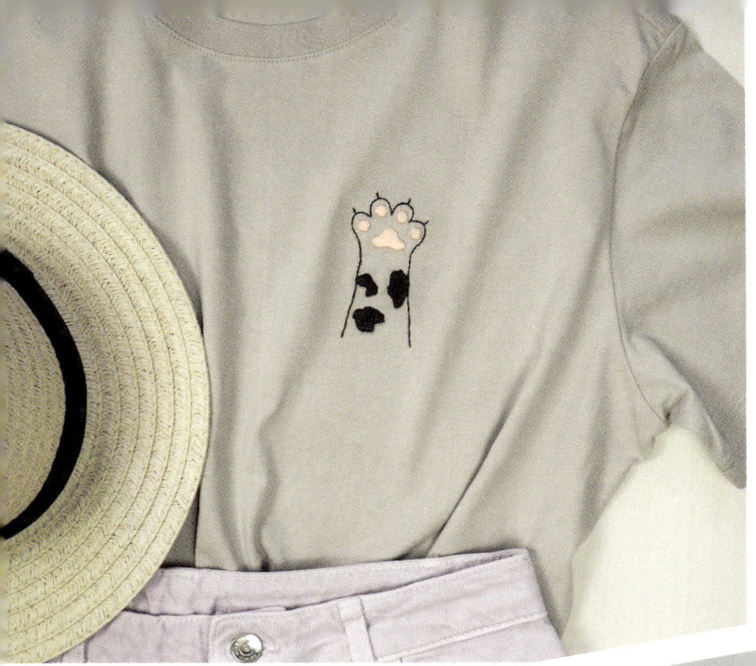

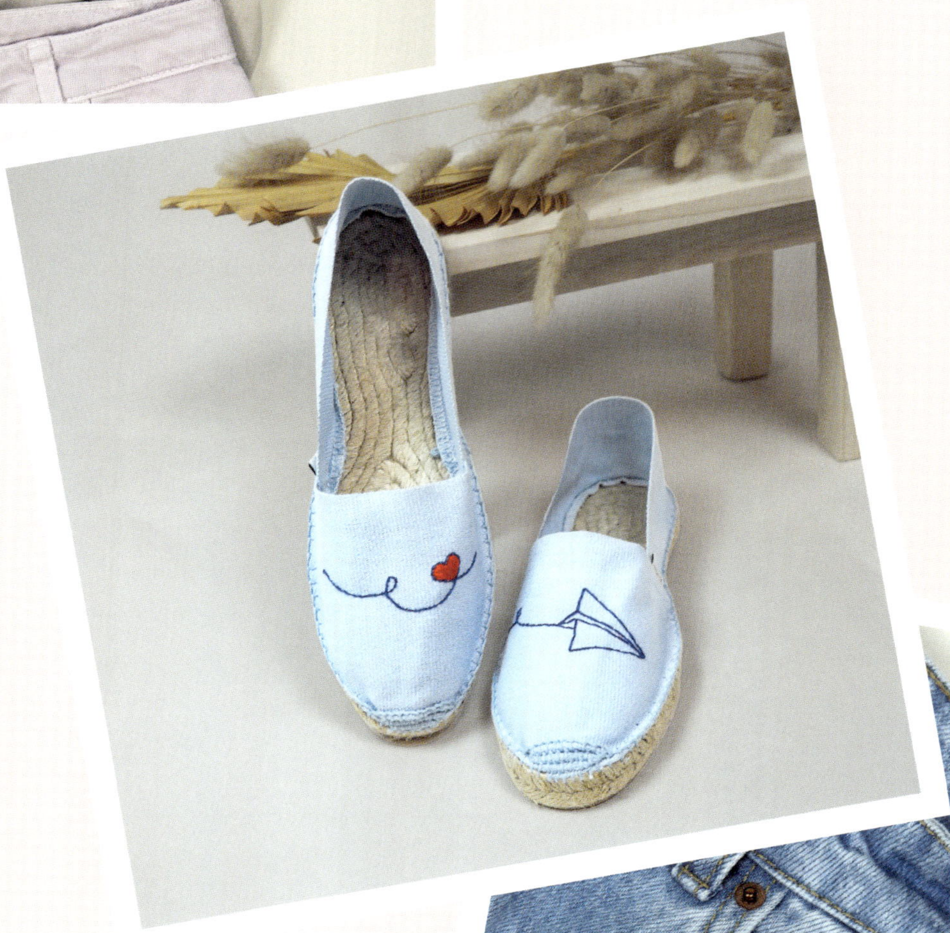

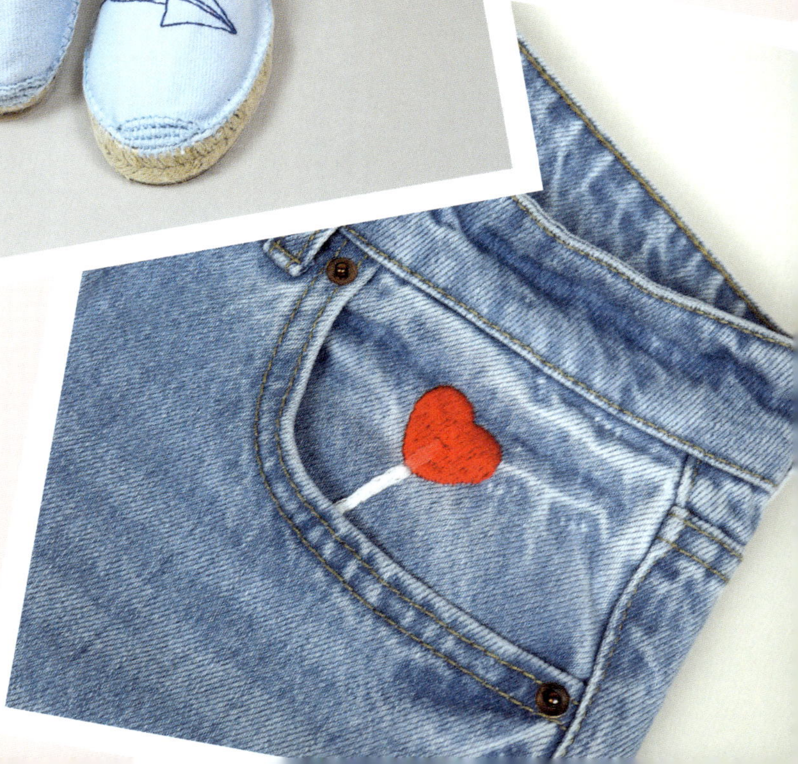

Erste Projekte

In diesem Kapitel findest du Stickereien, die leicht umzusetzen sind. Bereits nach ein paar Übungsstichen kannst du die verschiedenen Motive arbeiten und so deine Lieblingsteile individuell aufpeppen. Die Designs sind perfekt, um kleine Highlights auf deine Kleidungstücke zu setzen!

FARBKARTE

SCHWIERIGKEITSGRAD

Regenbogen

Die Sonne strahlt die regenschweren Wolken an, die Regentropfen spiegeln zurück: Es entsteht ein Regenbogen. Auch wenn es eigentlich nur ein Naturschauspiel ist, so steht der Regenbogen für Glück, Neuanfänge, gute Laune und Vielfalt. Diese positiven Assoziationen kannst du dir mit diesem Design auf dein Lieblingsteil sticken.

MATERIAL UND ZUBEHÖR

- Hoodie oder Sweater
- Stickvlies (wasserlöslich, klebend)
- Trickmarker
- Stabilisierungsvlies
- Stickgarn in den verschiedenen Farben
- Stickrahmen ca. Ø 10 cm
- Sticknadel
- Stickschere
- evtl. Bügelvlies in kleine Quadrate geschnitten

Vorbereitung

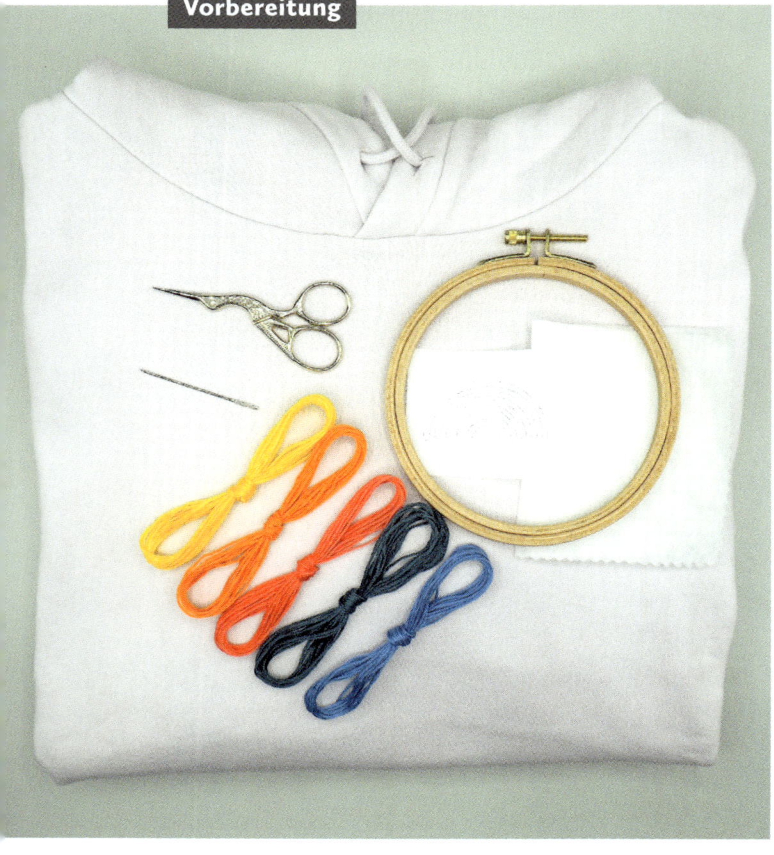

VORBEREITUNG

Zunächst wird das Motiv auf die Transferfolie übertragen. Kopiere das Motiv von der Vorlage auf das Stickvlies. Achte beim Übertragen auf symmetrische Linien.

STICKEN

Schritt 1

Platziere das Klebevlies auf dem Hoodie oder Sweater und achte dabei darauf, dass der Regenbogen gerade ist.

Schritt 2

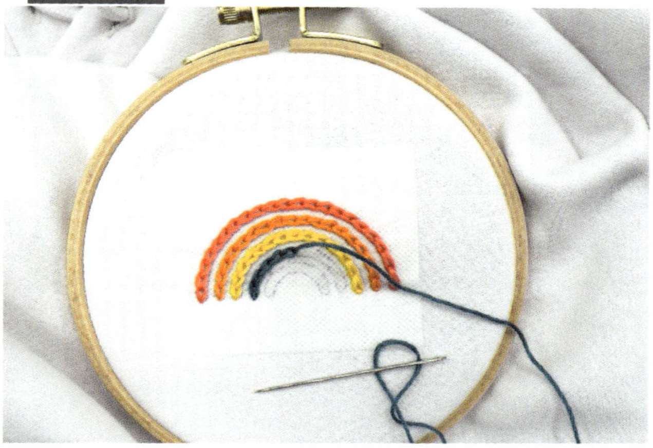

Alle Bögen bestehen aus einem Kettenstich. Beginne mit dem untersten und arbeite dich nach oben durch. Die Farbanordnung ist: Blau (innen), Grün, Gelb, Orange, Rot

Schritt 3

Wasche das Vlies sorgfältig aus, sodass nur mehr die Stickerei auf dem Kragen zu sehen bleibt. Jetzt ist der Sweater bereit, um gute Vibes zu versprühen!

EXTRA-TIPP:

Ein Regenbogen kann auch andere Farben haben

Natürlich kann dein Regenbogen auch ganz anders aussehen. Wie immer ist es deine Entscheidung, was auf das T-Shirt kommt! Auch ein Regenbogen in Pastellfarben sieht sehr schick aus.

Fertigstellung

Damit die Stickerei auch langlebig bleibt, werden die Knoten auf der Rückseite mit Bügelvlies versiegelt. Dazu schneidest du kleine Quadrate in der passenden Größe zurecht und bügelst diese über die Knoten auf der Rückseite.

FARBKARTE

SCHWIERIGKEITSGRAD

Pfote

Gibt es was Besseres, als die Pfote deines Haustieres zu halten? Das warme, weiche Fell auf der einen Seite und die rauen Ballen auf der anderen? Damit du deinen kleinen Liebling auch immer mit dabeihast, kannst du dir die Pfote auf ein T-Shirt sticken.

MATERIAL UND ZUBEHÖR

- T-Shirt in Erdtönen (Alternativ der Grundfarbe deines Haustiers)
- Stickvlies (wasserlöslich, klebend)
- Trickmarker
- Stabilisierungsvlies
- Stickgarn in den verschiedenen Farben
- Stickrahmen ca. Ø 10 cm
- Sticknadel
- Stickschere
- evtl. Bügelvlies in kleine Quadrate geschnitten

Vorbereitung

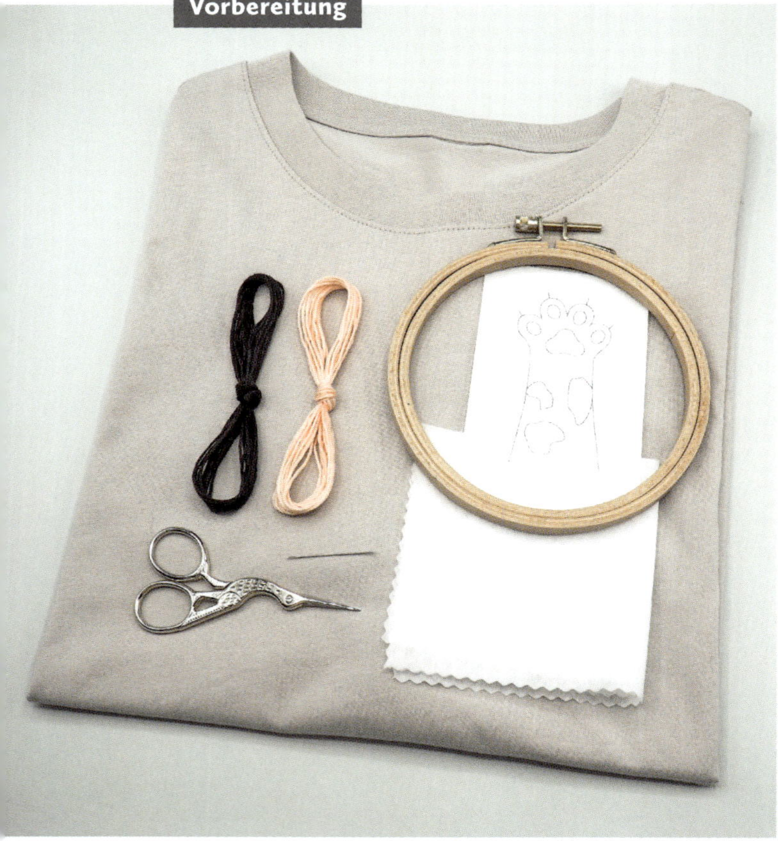

VORBEREITUNG

Zunächst wird das Motiv auf die Transferfolie übertragen. Kopiere das Motiv von der Vorlage auf das Stickvlies. Achte beim Übertragen auf symmetrische Linien.

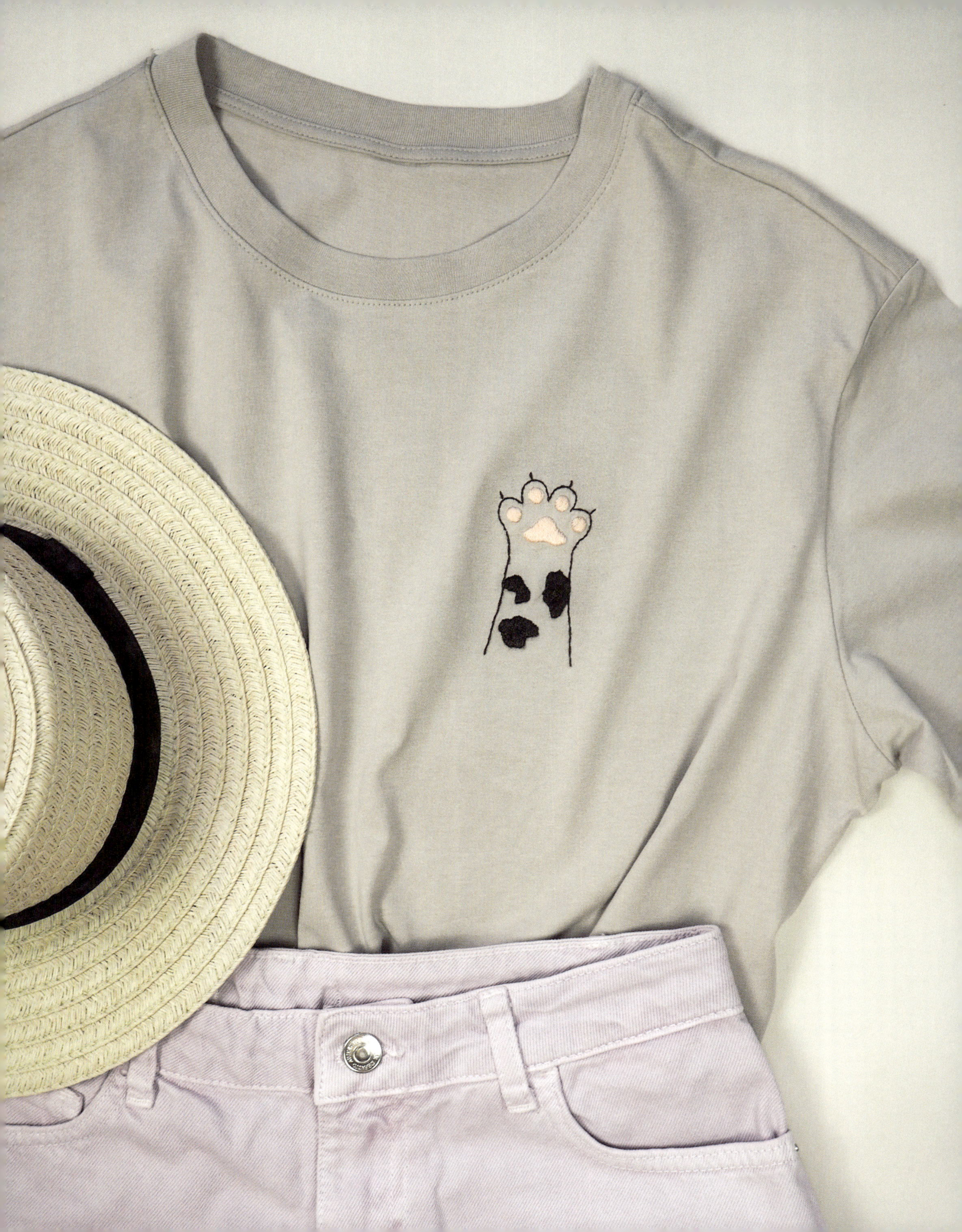

STICKEN

Schritt 1

Platziere das Klebevlies auf dem T-Shirt. Du kannst es vor dem Spiegel anlegen und die richtige Position ermitteln. Aber klebe es noch nicht ganz fest, sondern richte es noch mal liegend aus. So sitzt das Motiv später optimal.

Schritt 2

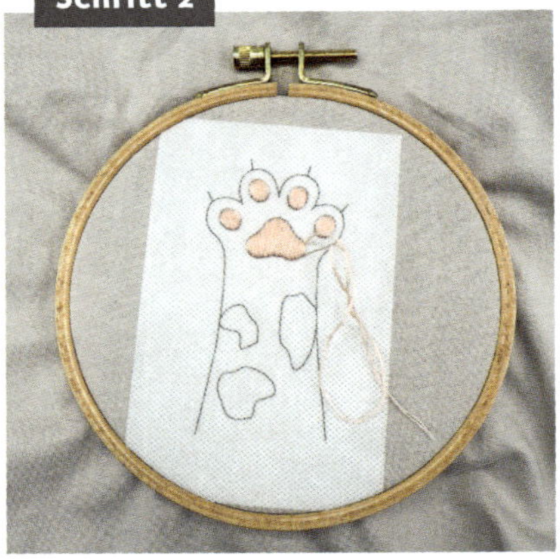

Starte mit den Zehen- und Fußballen. Verwende dafür jeweils den einfachen Plattstich (Farbe: Helles Apricot, 2 Fäden).

Schritt 3

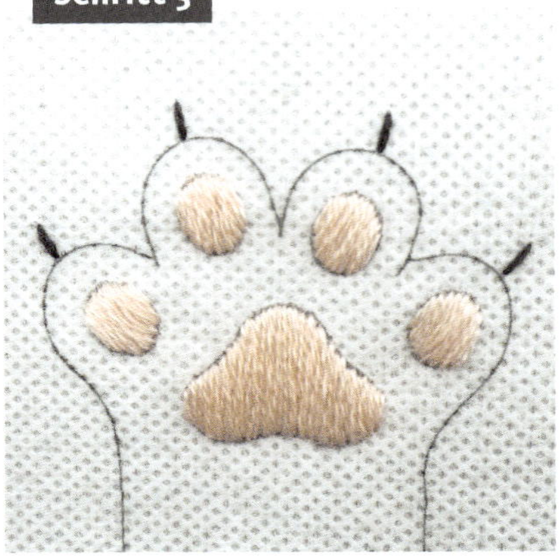

Anschließend widme dich den Krallen (für eine Katze) und setze kleine Spannstiche (Farbe: Schwarzbraun, 2 Fäden).

Schritt 4

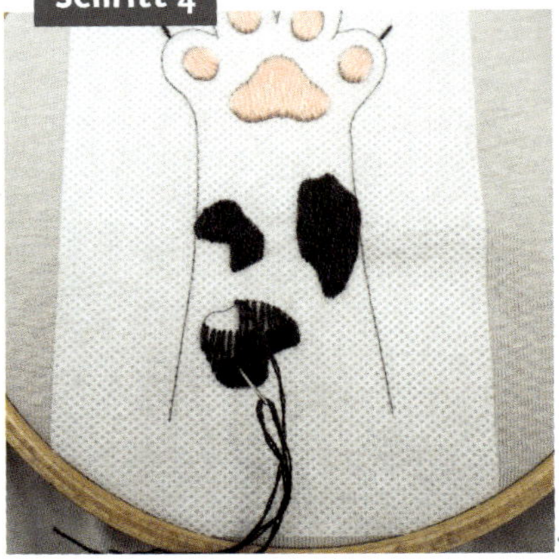

Nun sind die Flecken dran: Sticke hier mit einem versetzten Plattstich (senkrecht) (Farbe: Schwarzbraun, 2 Fäden).

Schritt 5

Weiter geht's mit der Kontur; verwende dafür den Rückstich. Alternativ ist auch der Outline-Stich möglich, wenn das Shirt viel gewaschen wird, ist der Rückstich die bessere Wahl, weil er fester ist (Farbe: Schwarzbraun, 2 Fäden).

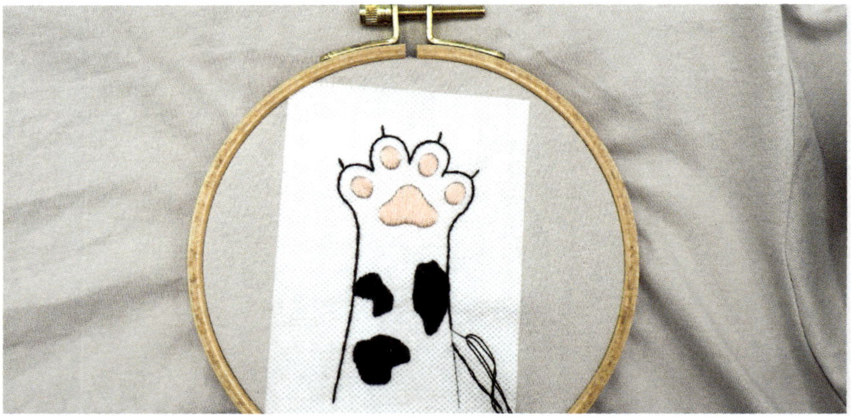

Schritt 6

Wasche das Vlies sorgfältig aus, sodass nur mehr die Stickerei zu sehen bleibt. Nach dem Trockenvorgang ist es Zeit, um dein neues Lieblingsshirt anzuziehen!

EXTRA-TIPP:

Hund oder Katze?!

Diese Pfote ist sehr wandelbar und kann sich deiner Fellnase ganz schnell anpassen. Mit den Krallen ist es eine Katzenpfote, ohne die eines Hundes. Auch die Flecken sind nicht in Stein gemeißelt. Sieh dir die Pfote von deinem Schatz an und zeichne sie nach. Deine Katze ist nur grau? Auch gut, dann lass die Flecken weg und sticke mit grauem Garn. Auch die Ballen können andere Farben haben. Sticke deinen Liebling nach deiner lebensechten Vorlage!

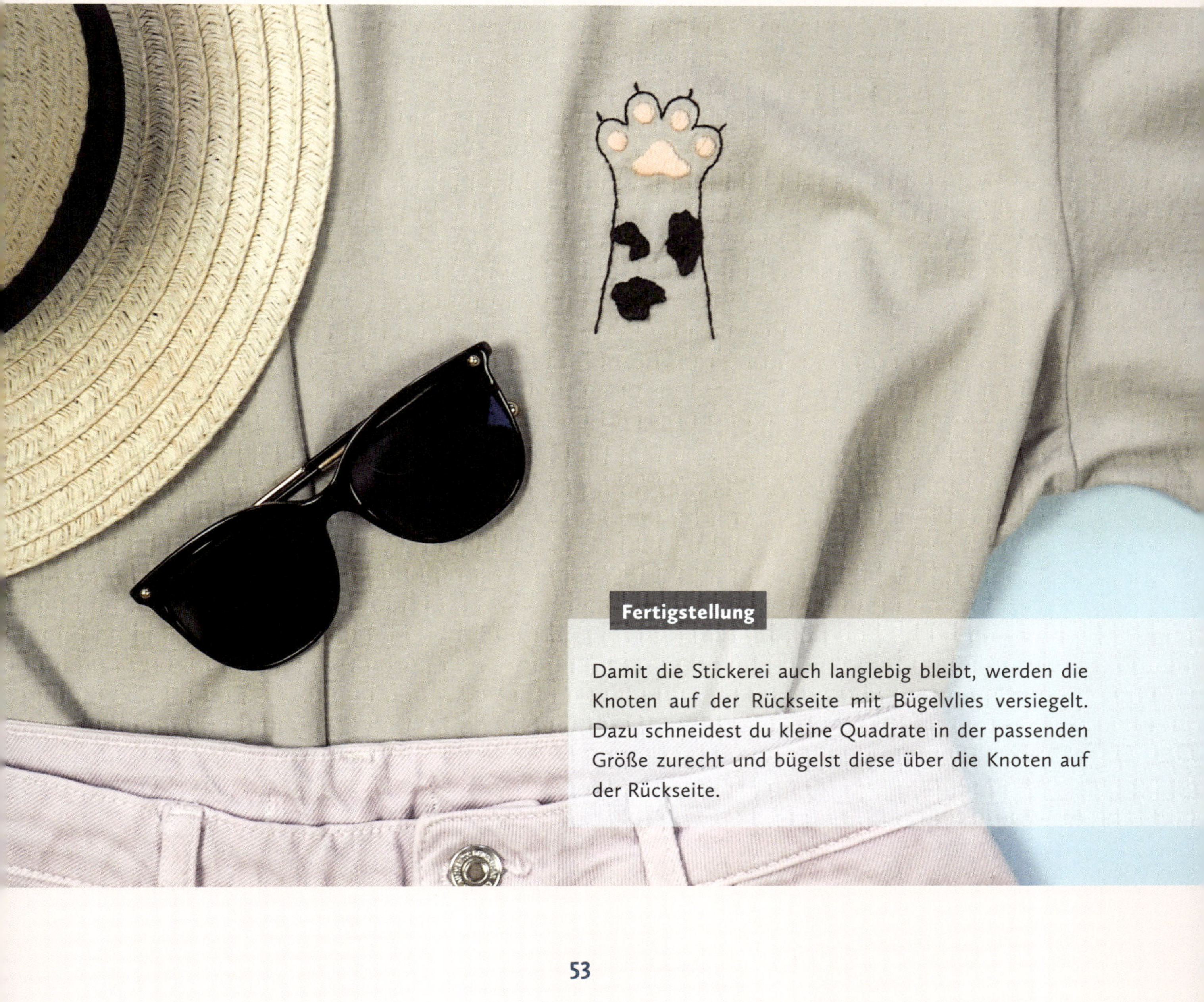

Fertigstellung

Damit die Stickerei auch langlebig bleibt, werden die Knoten auf der Rückseite mit Bügelvlies versiegelt. Dazu schneidest du kleine Quadrate in der passenden Größe zurecht und bügelst diese über die Knoten auf der Rückseite.

FARBKARTE

SCHWIERIGKEITSGRAD

Papierflieger

Kannst du einen Papierflieger basteln? Und dann noch einen, der eine Liebesbotschaft übermittelt? Nein? Dann kannst du jetzt einen sticken und damit ins Schwärmen geraten!

MATERIAL UND ZUBEHÖR

- Espandrilles in heller Farbe
- Schablone zum Übertragen des Motivs
- Trickmarker
- Stickgarn in den verschiedenen Farben
- Sticknadel
- Stickschere

VORBEREITUNG

Zunächst wird das Motiv mittels der Schablone übertragen. Kopiere das Motiv mit dem Trickmarker.

Vorbereitung

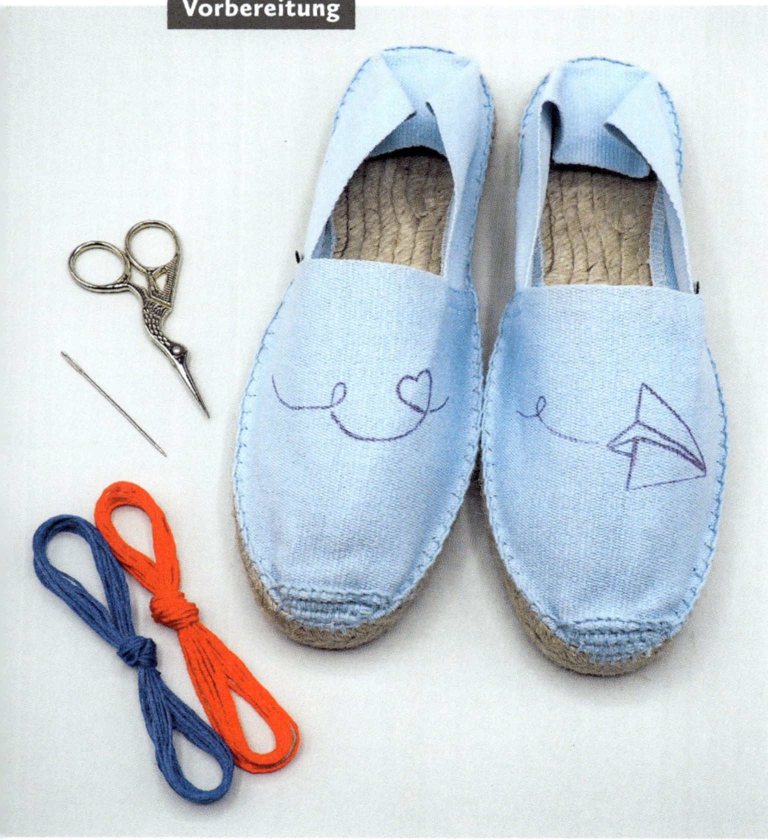

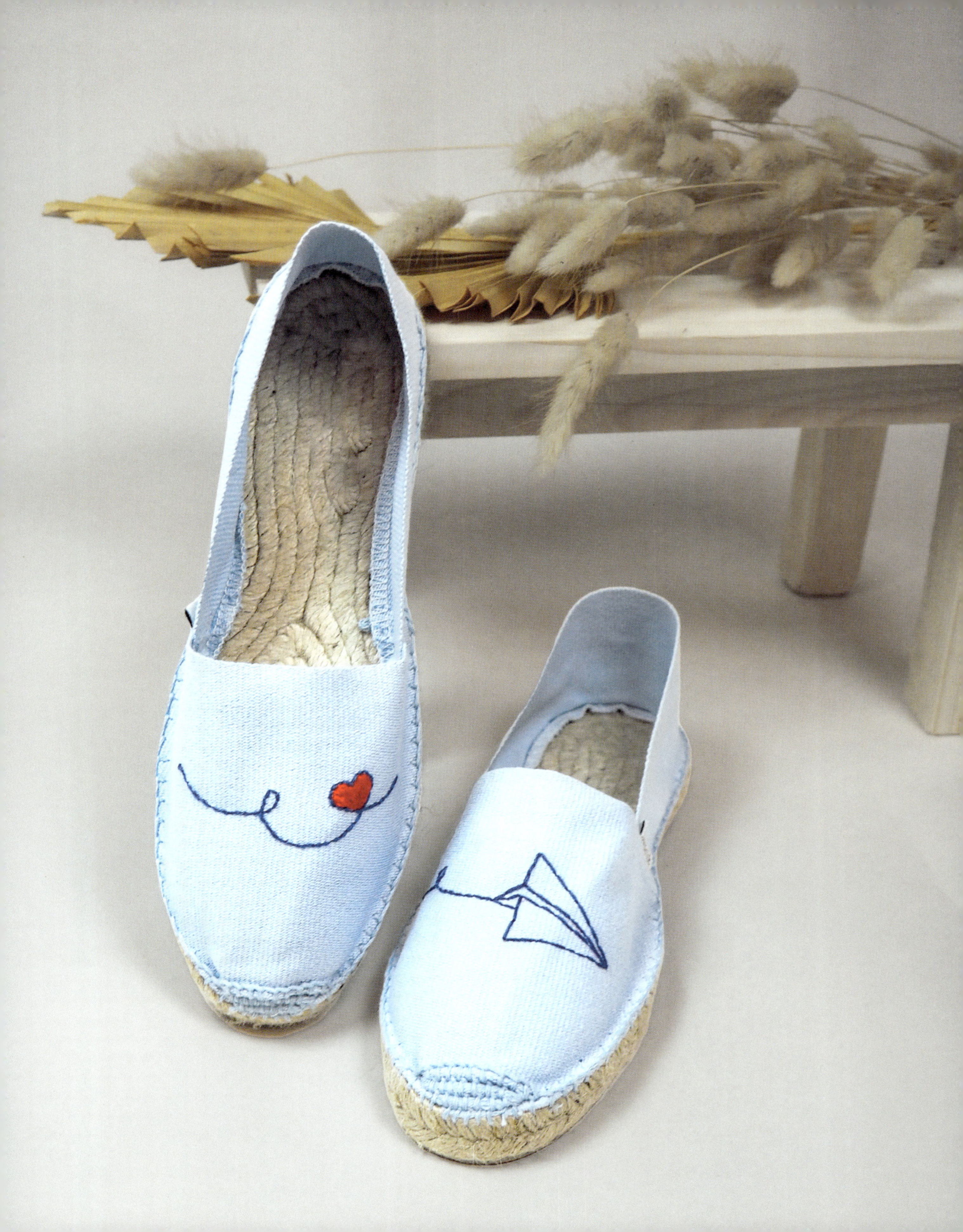

STICKEN

Schritt 1

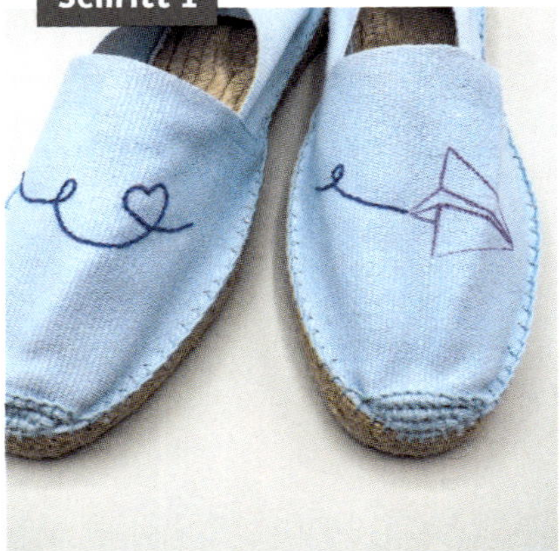

Beginne mit den Linien und verwende dafür einen engen (kurz gestickten) Rückstich (Farbe: Blau, 4 Fäden).

Schritt 2

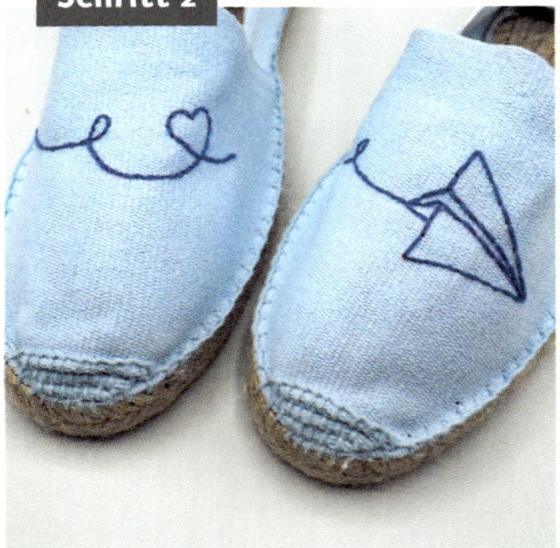

Sticke auch den Papierflieger mit einem engen (kurz gestickten) Rückstich (Farbe: Blau, 4 Fäden).

Schritt 3

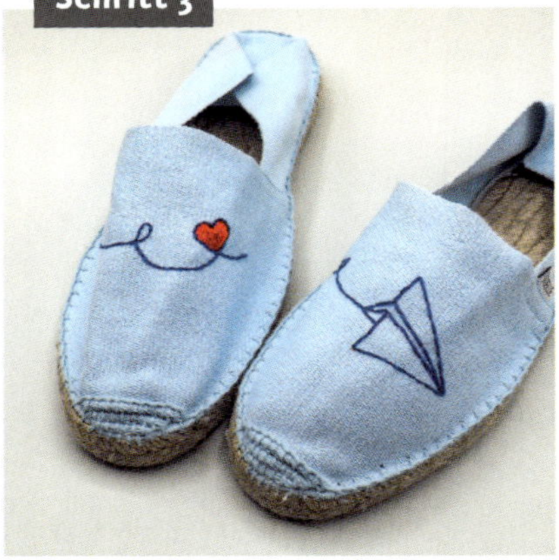

Fülle das Herz mit einem einfachen Plattstich (Farbe: Rot, 3 Fäden).

Schritt 4

Lass den Trickmarker mit ein paar Wassertropfen verschwinden – dann sind deine Espandrilles schon einsatzbereit!

EXTRA-TIPP:

Andere Platzierung des Motivs

Der Papierflieger passt auch sehr gut auf andere Kleidungstücke, z. B. auf jeweils eine Seite eines T-Shirts (vorne, hinten oder umgekehrt) oder auf einen großen Kragen (rechts, links) – alles, was du dir vorstellen kannst, ist möglich!

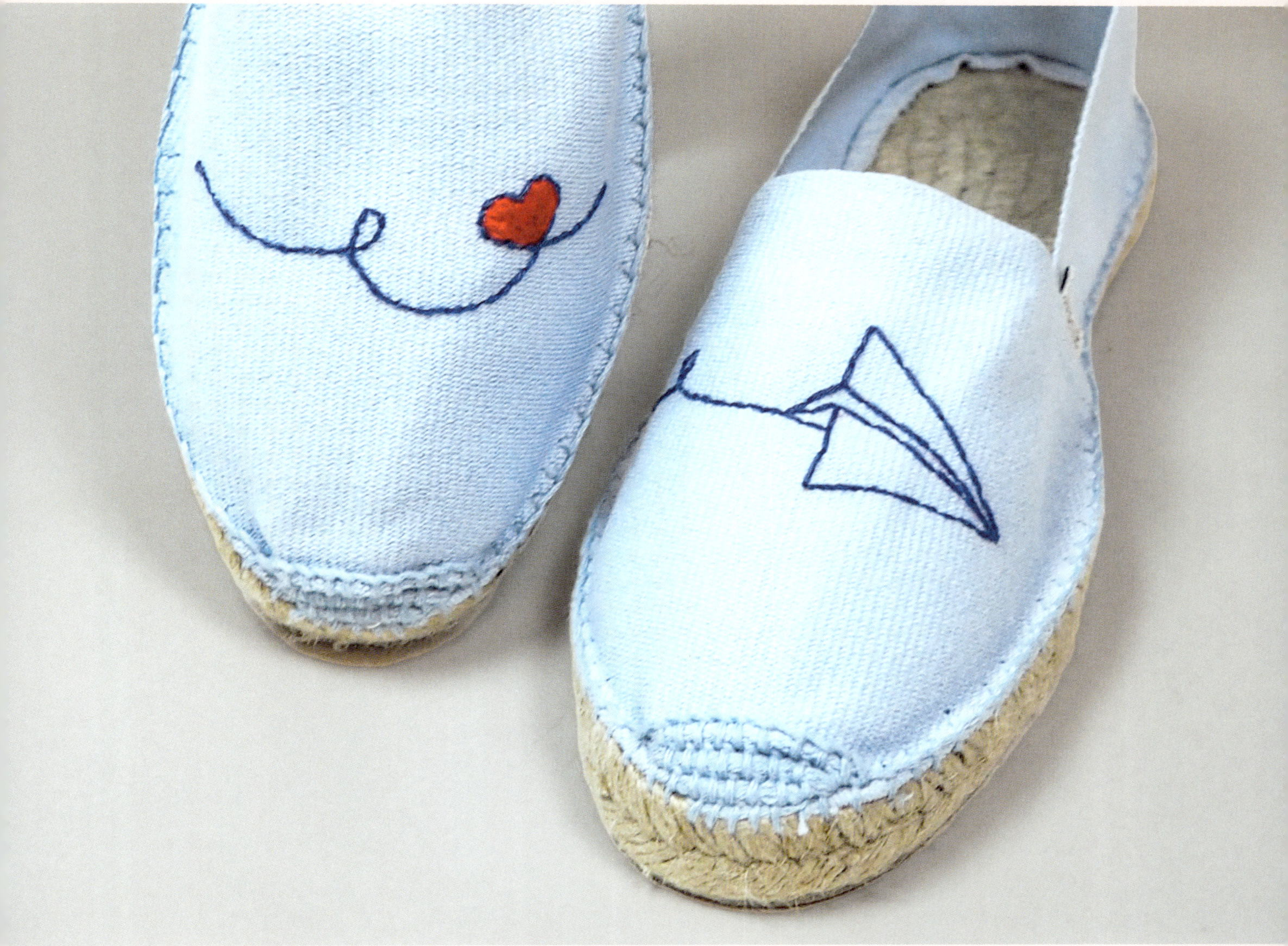

FARBKARTE

SCHWIERIGKEITSGRAD

Kussmund

»Rote Lippen soll man küssen« – besang schon einst Cliff Richard. Dieser kussechte Mund wird deinem Kleidungsstück einen schönen Farbklecks geben! Dieses Motiv ist einfach und schnell gestickt und vor allem für Anfänger:innen bestens geeignet!

MATERIAL UND ZUBEHÖR

- Jeansweste
- Stickvlies (wasserlöslich, klebend)
- Trickmarker
- Stickgarn in den verschiedenen Farben
- Sticknadel
- Stickschere
- evtl. Bügelvlies in kleine Quadrate geschnitten

Vorbereitung

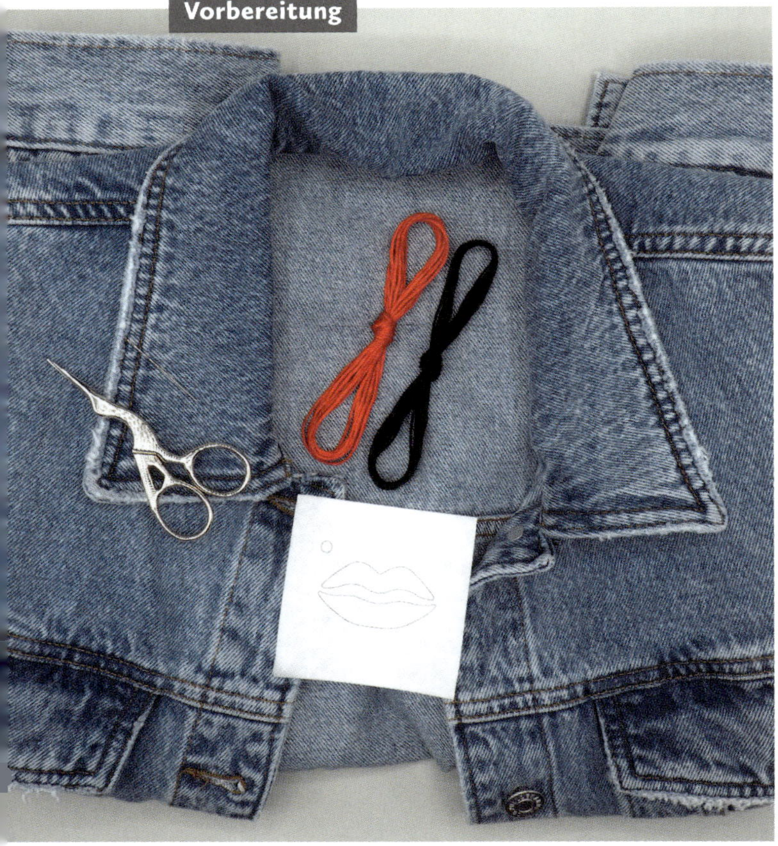

VORBEREITUNG

Zunächst wird das Motiv auf die Transferfolie übertragen. Kopiere das Motiv von der Vorlage auf das Stickvlies. Achte beim Übertragen auf symmetrische Linien.

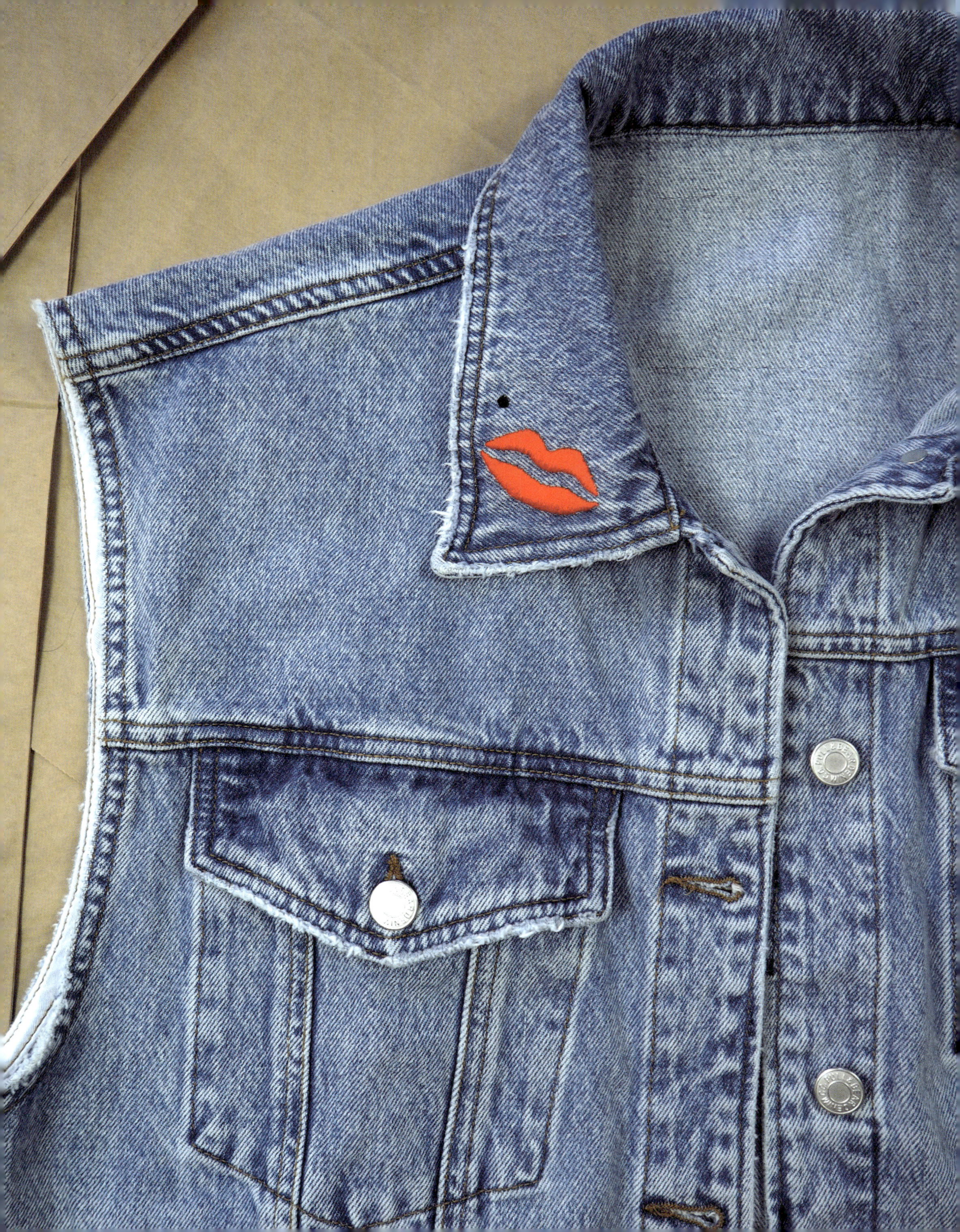

STICKEN

Schritt 1

Platziere das Klebevlies auf dem Kragen, in dem Fall ist das Motiv schräg gesetzt.

Schritt 2

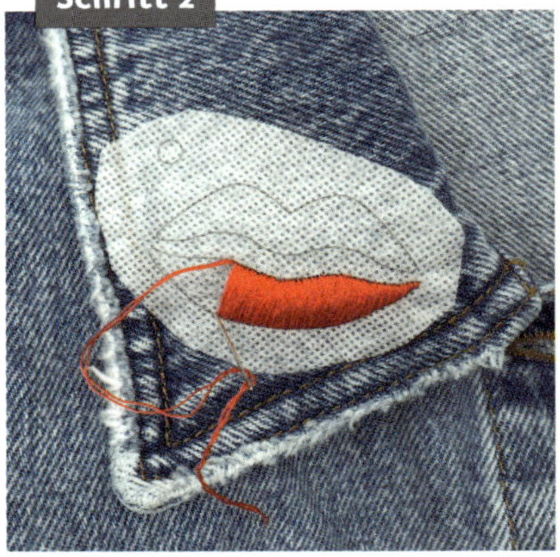

Beginne mit den Lippen, sowohl die Ober- als auch die Unterlippe wird mit einem einfachen Plattstich gestickt (Farbe: Rot, 2 Fäden).

Schritt 3

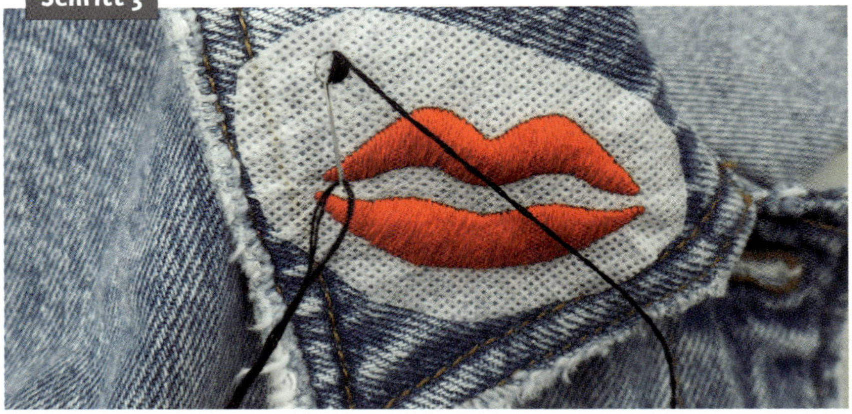

Dann geht's ans Muttermal: Sticke auch hier mit einem einfachen Plattstich, bis der kleine Kreis voll ausgefüllt ist (Farbe: Schwarz, 2 Fäden).

Schritt 4

Wasche das Vlies sorgfältig aus, sodass nur mehr die Stickerei auf dem Kragen zu sehen bleibt. Nach dem Trocknen kannst du die Weste schon ausführen!

EXTRA-TIPP:

Der Plattstich muss nicht senkrecht laufen!

Wenn du einen einfachen Plattstich stickst, kann dieser horizontal, diagonal oder auch senkrecht laufen – ganz wie es das Motiv hergibt oder du es schön findest.

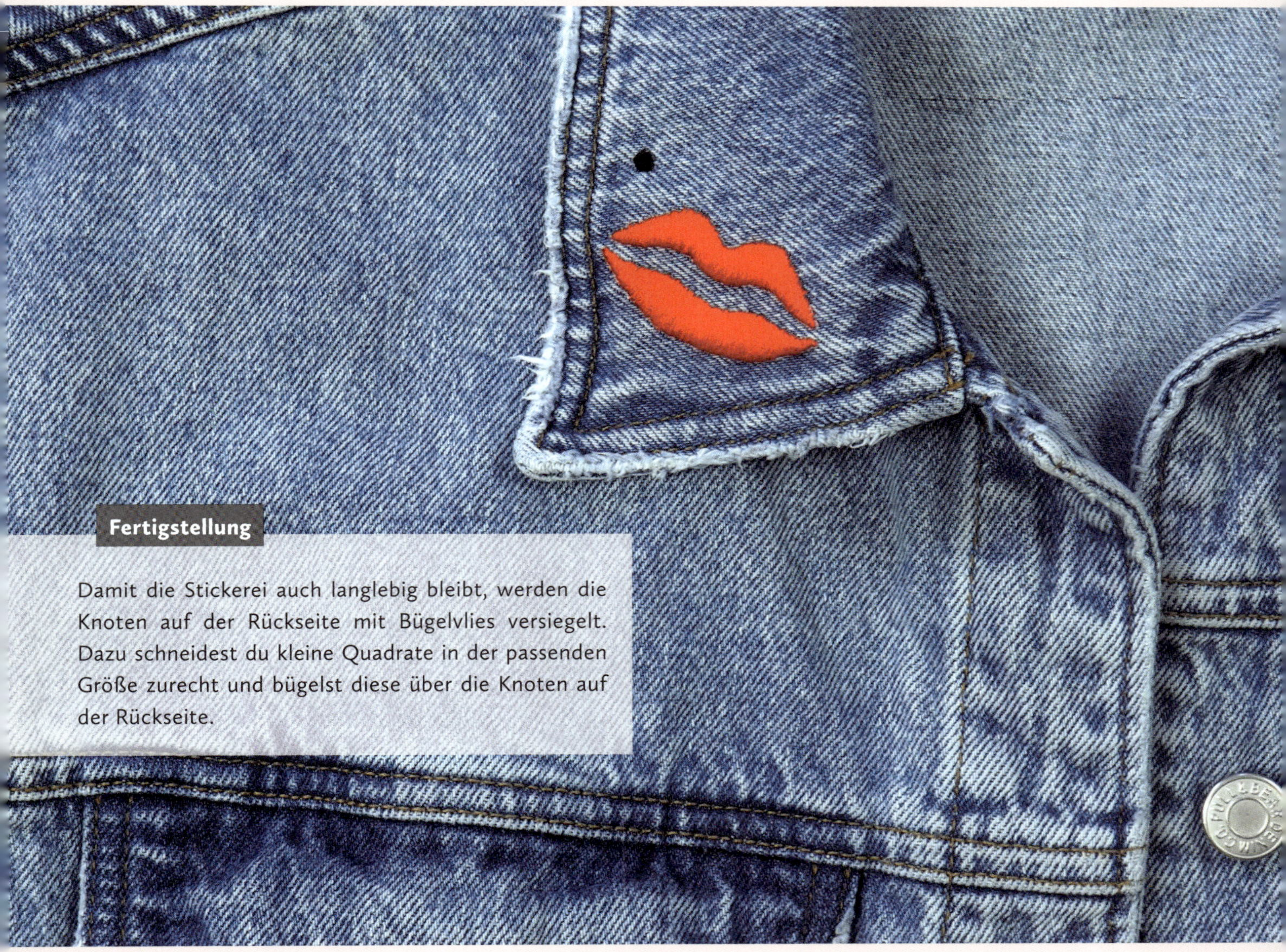

Fertigstellung

Damit die Stickerei auch langlebig bleibt, werden die Knoten auf der Rückseite mit Bügelvlies versiegelt. Dazu schneidest du kleine Quadrate in der passenden Größe zurecht und bügelst diese über die Knoten auf der Rückseite.

FARBKARTE

SCHWIERIGKEITSGRAD

Lollipop

Ein Schlecker, Lutscher oder Lolli – egal wie du ihn nennst, eins haben alle gemeinsam: Man sollte immer einen in der Hosentasche haben, für den süßen Genuss zwischendurch. Hier ein Exemplar, das weder brechen noch bröseln kann, aber immer dabei ist!

MATERIAL UND ZUBEHÖR

- Jeans
- Stickvlies (wasserlöslich, klebend)
- Trickmarker
- Stickgarn in den verschiedenen Farben
- Sticknadel
- Stickschere
- evtl. Bügelvlies in kleine Quadrate geschnitten

Vorbereitung

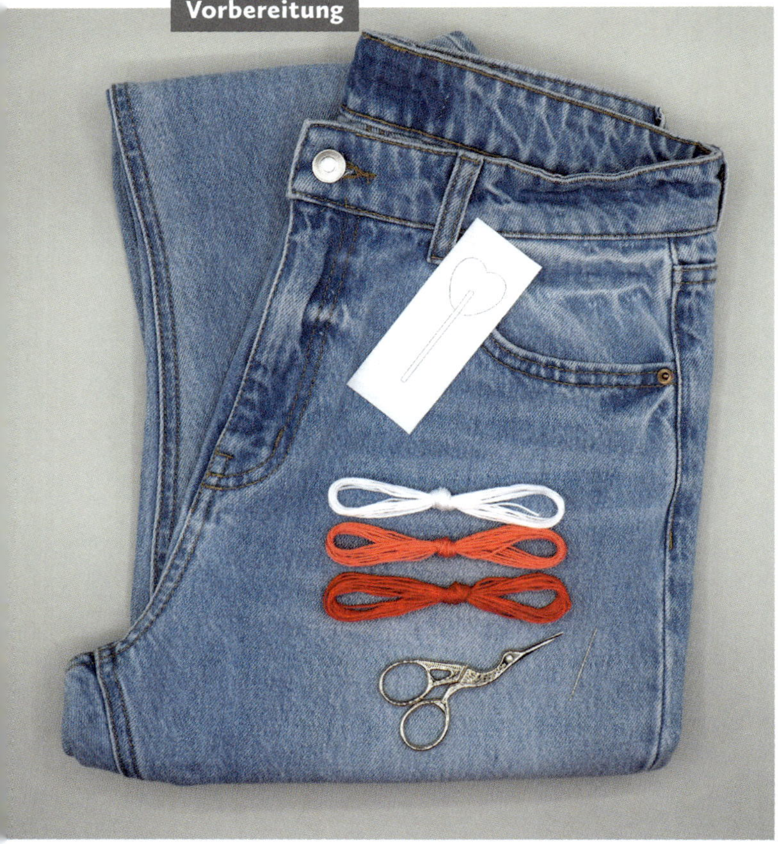

VORBEREITUNG

Zunächst wird das Motiv auf die Transferfolie übertragen. Kopiere das Motiv von der Vorlage auf das Stickvlies. Achte beim Übertragen auf symmetrische Linien und verwende eventuell ein Lineal für den Stiel.

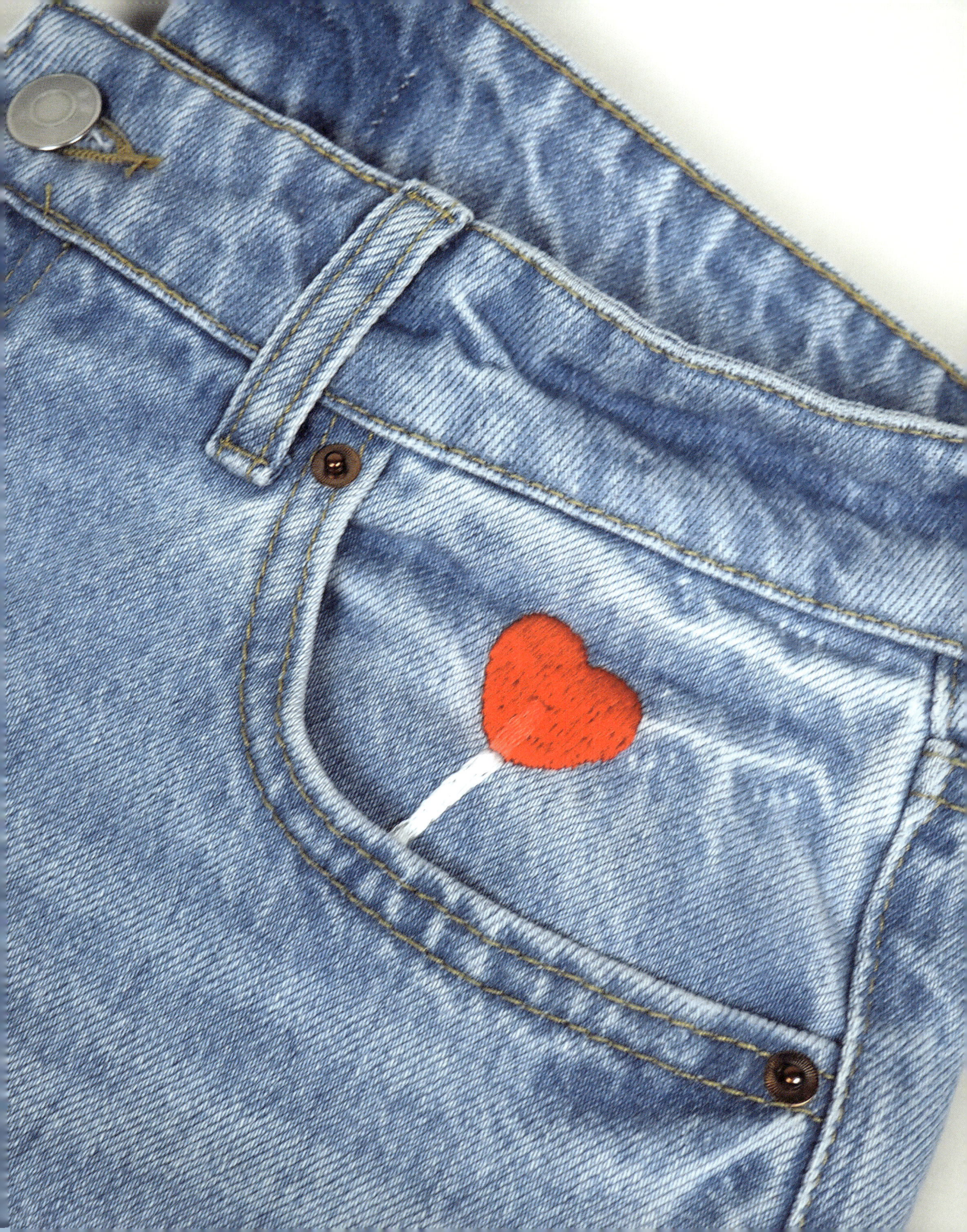

STICKEN

Schritt 1

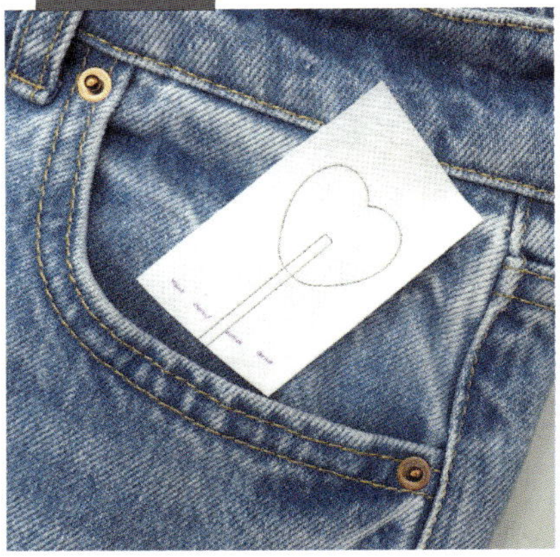

Platziere das Klebevlies in der Jeanstasche. Es muss nicht der ganze Lolli herausragen, wenn er dir zu lang ist, kannst du ihn einfach kürzen. Er sollte aber nicht genau mit der Jeanstasche abschließen, sondern ca. 1 cm tiefer in die Tasche gehen. Dann siehst du keinen Übergang.

Schritt 2

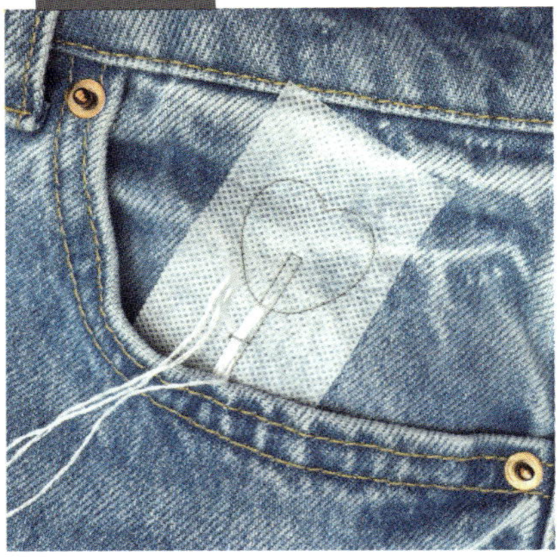

Beginne mit dem langen weißen Stiel. Du stickst ihn mit Outline-Stichen. Es werden 4–5 Linien (je nach Garndicke) nebeneinandergesetzt, die über die ganze Länge gehen (Farbe: Weiß, 2 Fäden).

Schritt 3

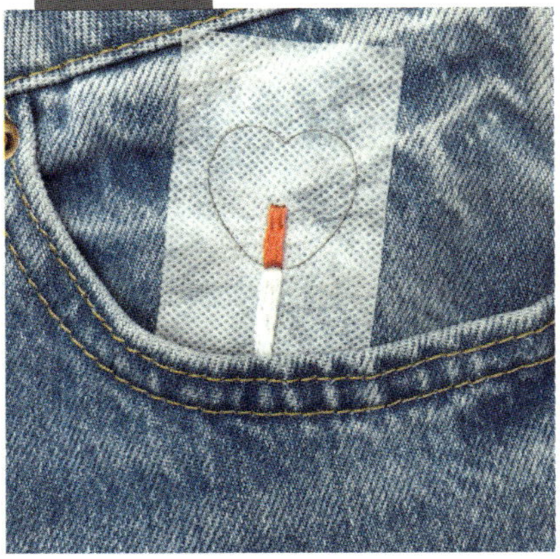

Sticke jetzt den kurzen Stielteil, der optisch in das süße Herz ragt. Auch hier verwendest du den Outline-Stich (Farbe: Hellrot, 2 Fäden).

Schritt 4

Fertige das Herz mit einem versetzten Plattstich (Farbe: Knallrot, 2 Fäden).

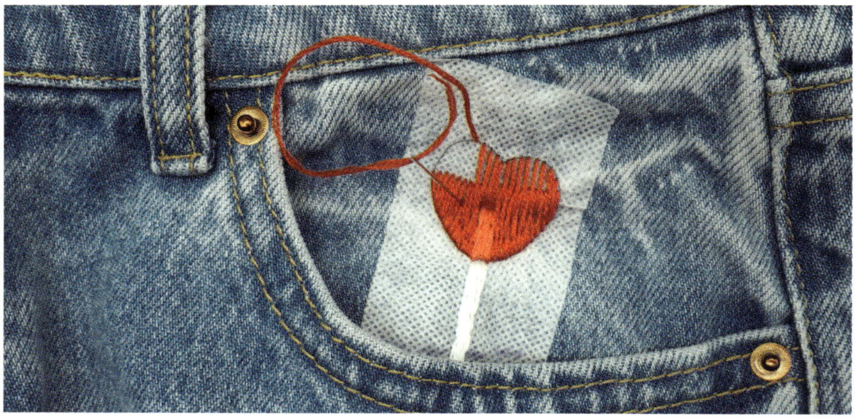

Schritt 5

Wasche das Vlies sorgfältig aus, sodass nur mehr die Stickerei an der Tasche zu sehen bleibt. Nach dem Trocknen ist die Jeans schon einsatzbereit!

EXTRA-TIPP:

1 + 1 macht mehr her!

Wenn dir ein Lolli zu wenig ist, z. B. weil die Tasche relativ groß oder tief ist, dann kannst du auch zwei Stück nebeneinandergeben. Wenn du sie ein bisschen schräg aufklebst, bekommst du einen tollen Effekt!

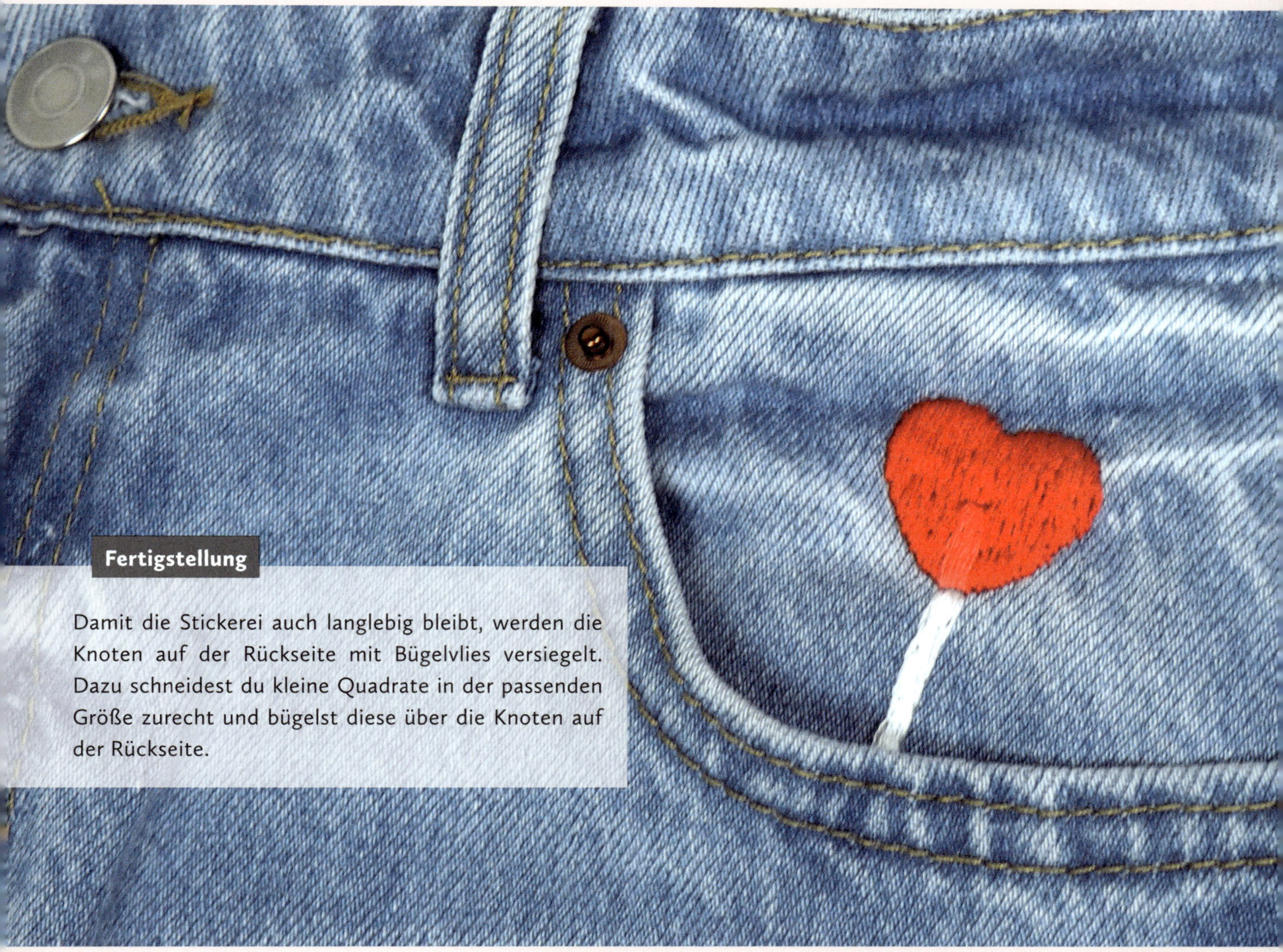

Fertigstellung

Damit die Stickerei auch langlebig bleibt, werden die Knoten auf der Rückseite mit Bügelvlies versiegelt. Dazu schneidest du kleine Quadrate in der passenden Größe zurecht und bügelst diese über die Knoten auf der Rückseite.

FARBKARTE

SCHWIERIGKEITSGRAD

Kleine Rosen

Blumen sind immer eine gute Idee. Vor allem, wenn es schöne Rosen sind. Mach' dir mit diesem Design selbst ein Geschenk und sticke die Blumen mit dem Hintergedanken einer Liebeserklärung an dich selbst.

MATERIAL UND ZUBEHÖR

- Barett aus Filz
- Stickvlies (wasserlöslich, klebend)
- Trickmarker
- Stickgarn in den verschiedenen Farben
- Sticknadeln
- Stickschere

Vorbereitung

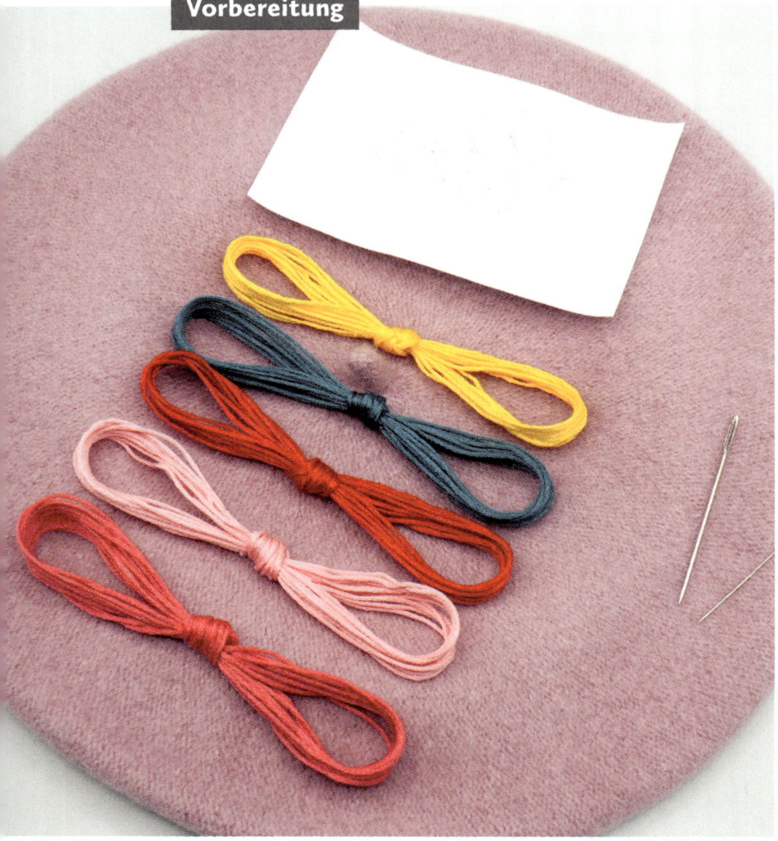

VORBEREITUNG

Zunächst wird das Motiv auf die Transferfolie übertragen. Kopiere das Motiv von der Vorlage auf das Stickvlies. Achte beim Übertragen auf symmetrische Linien.

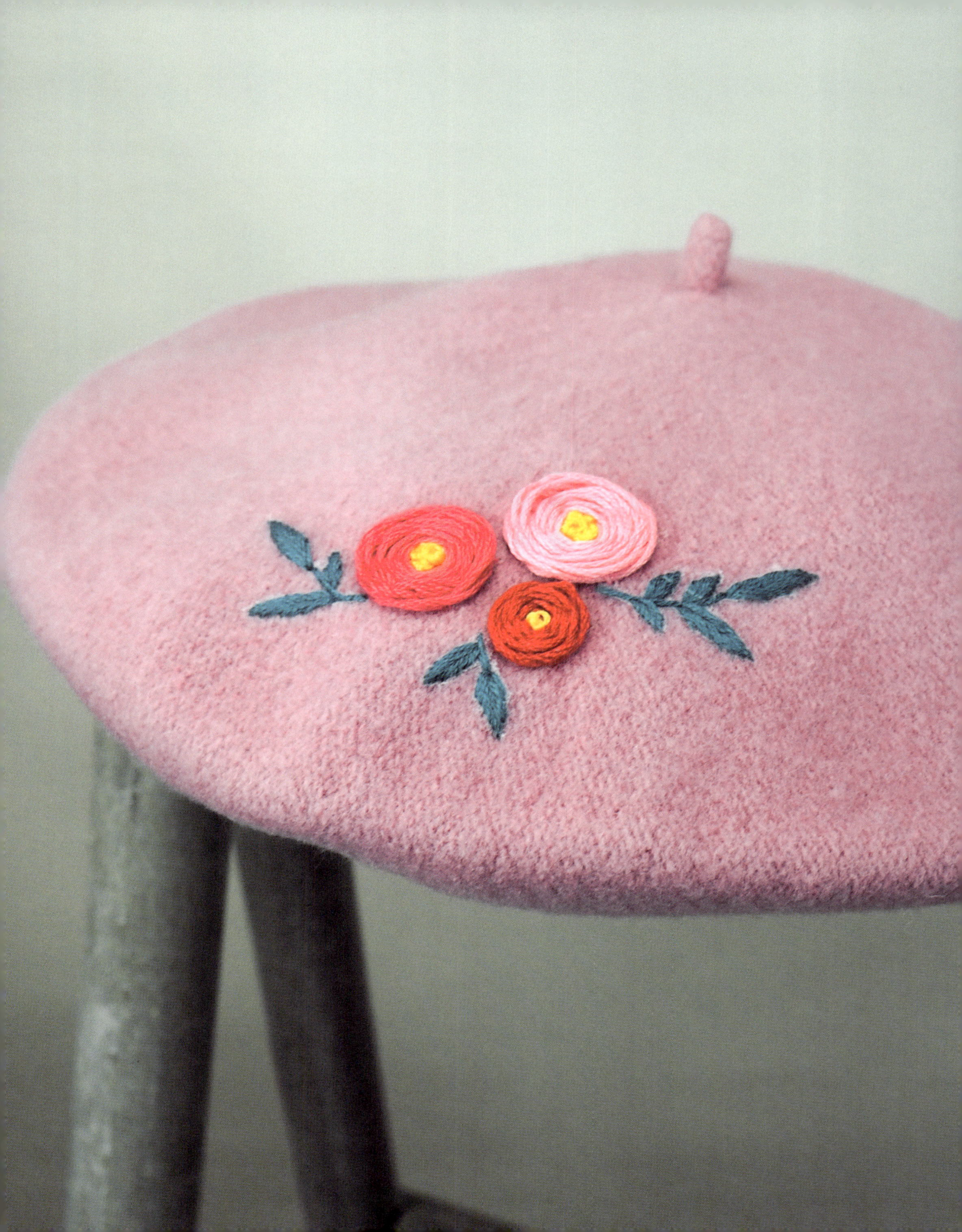

STICKEN

Schritt 1

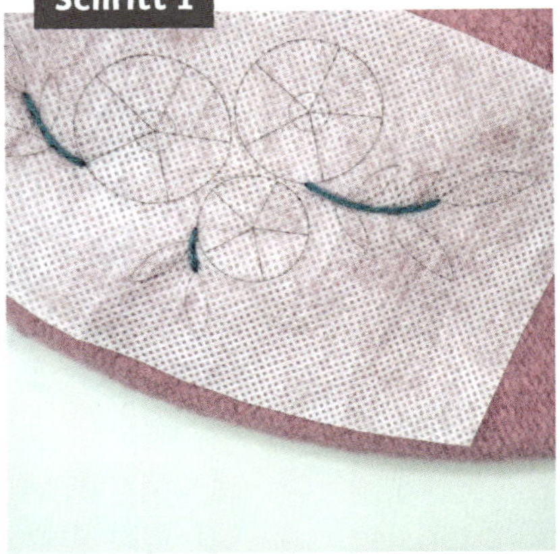

Platziere das Klebevlies auf dem Barrett. Du kannst im Spiegel kontrollieren, ob dir die Position gefällt.

Schritt 2

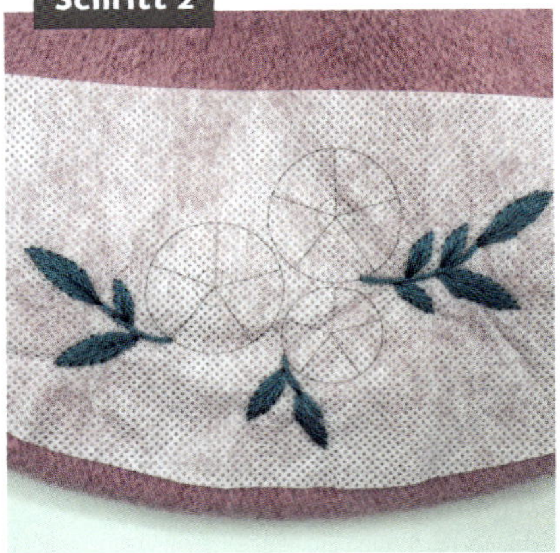

Sticke die Stiele der Blätter mit einem Outline-Stich und die Blätter selbst mit einem Blattstich (Farbe: Grün, 2 Fäden)

Schritt 3

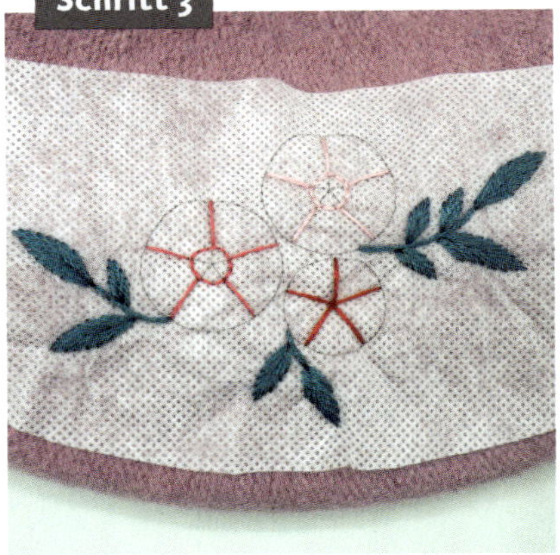

Setze pro Blume jeweils kurze Spannstiche auf den äußeren und inneren Kreisen bzw. vom Mittelpunkt weg, diese überstickst du später mit Spannstichen für die Blume (Farben: Dunkles Lila, Helles Lila, jeweils 2 Fäden). Die Kreise müssen nicht umrandet werden und dienen nur als Hilfslinien beim Übertragen.

Schritt 4

Wasche das Vlies sorgfältig aus, sodass nur mehr die Stickerei auf dem Barett zu sehen bleibt. Jetzt trocknet das Barett.

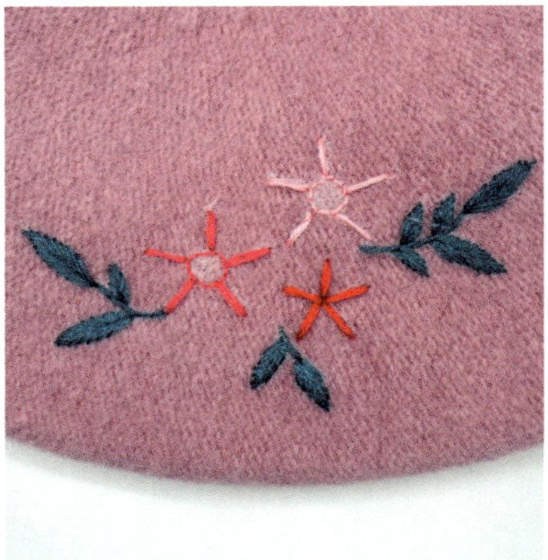

Schritt 5

Zeit für den Spinnennetzstich! Setze die Spannstiche wie eingezeichnet. Webe innerhalb der Kreise der Blumen das Spinnennetz. Die kleinen Kreise in der Mitte der beiden Rosen spare aus (Farben: Dunkles Lila, Helles Lila, jeweils 4 Fäden). Eventuell ist eine Nadel mit einem größeren Ohr hier nützlich.

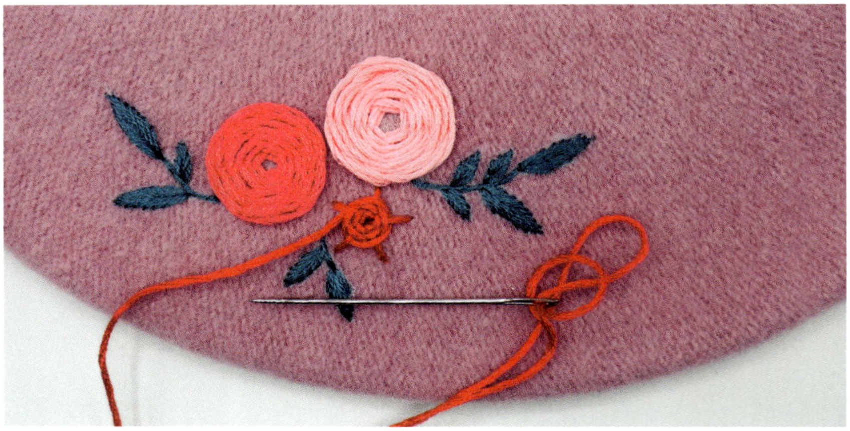

EXTRA-TIPP:

Denke auch an andere Kleidungsstücke

Am Ausschnitt entlang eines Wollpullovers oder im Nacken einer Weste? Dieses Motiv kannst du auch auf verschiedene Lieblingsteile und Accessoires sticken. Achte nur darauf, dass die Spinnennetz-Röschen ihre Form verlieren können und eventuell von Zeit zu Zeit etwas Auffrischung brauchen.

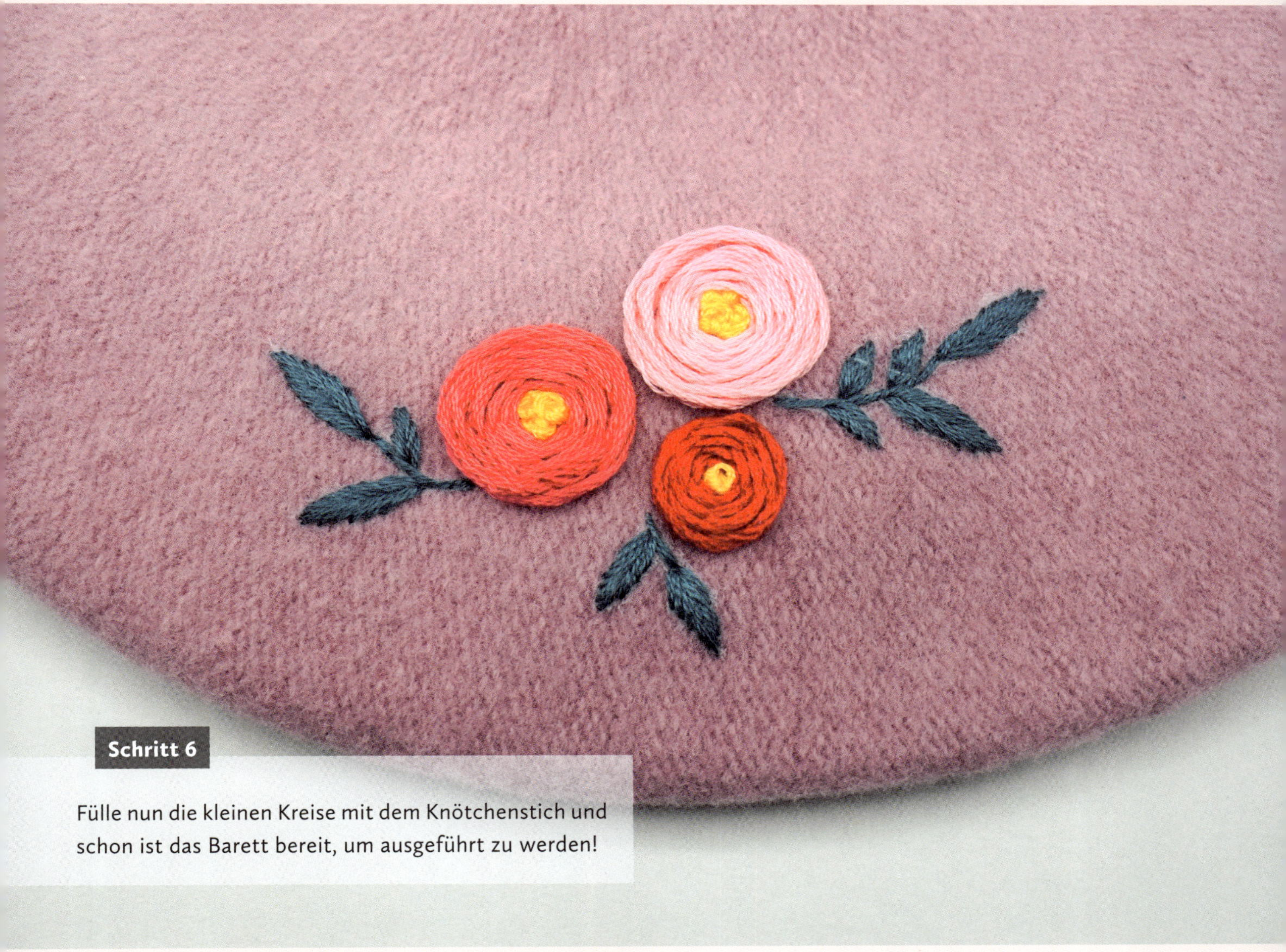

Schritt 6

Fülle nun die kleinen Kreise mit dem Knötchenstich und schon ist das Barett bereit, um ausgeführt zu werden!

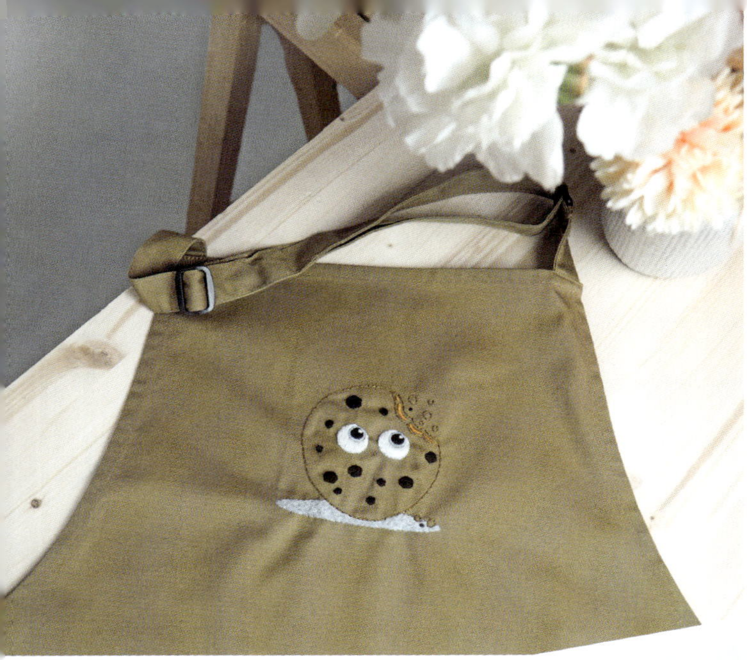
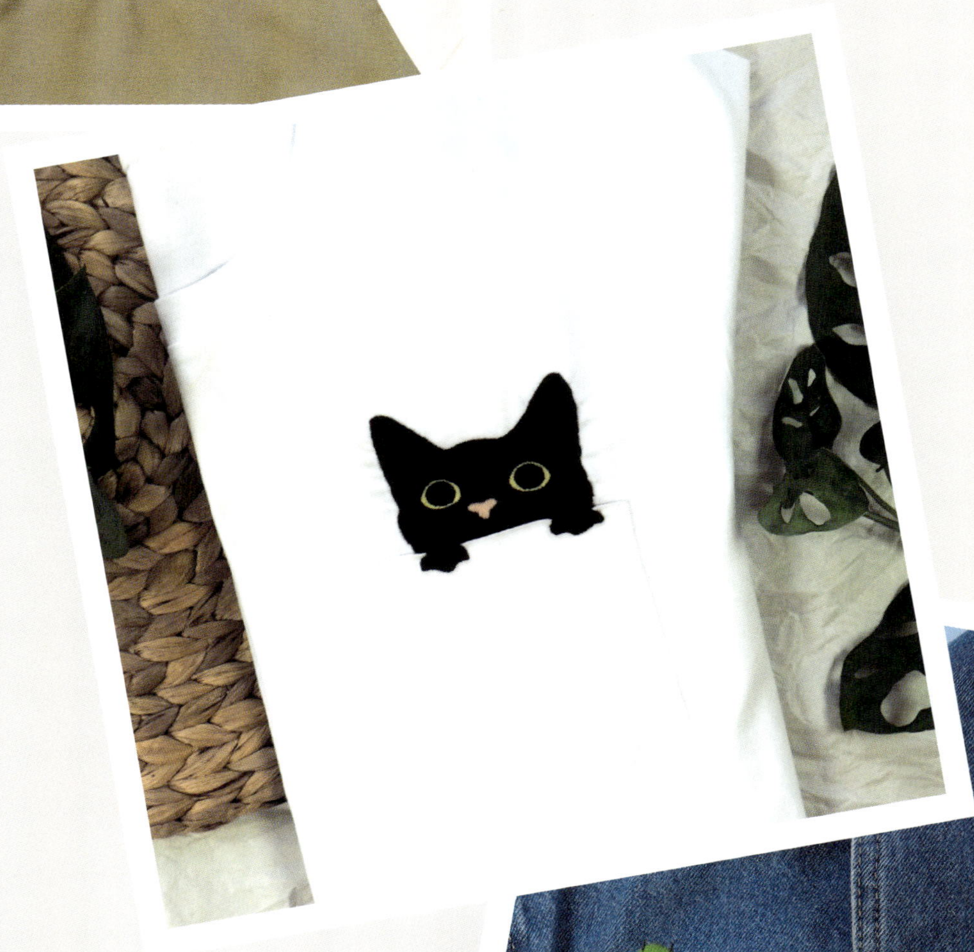
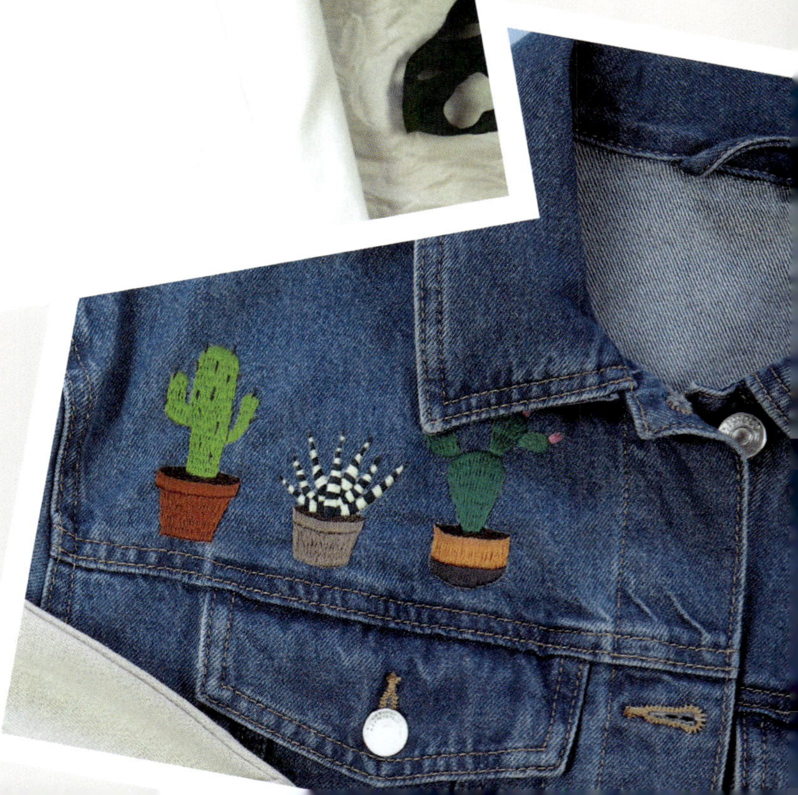

Größere Projekte

Im folgenden Kapitel findest du Stickereien, die zu echten Hinguckern werden! Genau richtig, wenn du schon ein paar kleinere Projekte umgesetzt hast, oder gleich so richtig loslegen möchtest! Auf Kleidungsstücken stechen die Motive besonders hervor und dein ganzes Können wird auf den ersten Blick sichtbar.

FARBKARTE

SCHWIERIGKEITSGRAD

Muscheln

Jede Muschel hat zwei Schalen und ist durch ihre Farbgebung ein Unikat. Seit jeher zählen sie zu begehrten Sammlerobjekten – sei es, weil man sich das Auffinden einer Perle erhofft, sich an der Perlmuttschicht an der Innenseite erfreut oder nur durch die Schönheit von Kolorierung und Formgebung der Schalen faszinieren lässt. Diese Stickerei wird dein dekorativer Glücksbringer!

MATERIAL UND ZUBEHÖR

- Bluse
- Stickvlies (wasserlöslich, klebend)
- 2 Pailletten
- 2 Perlen
- Vlieseline in kleinen Quadraten
- Trickmarker
- Stickgarn in den verschiedenen Farben
- Sticknadel
- Stickschere
- evtl. Bügelvlies in kleine Quadrate geschnitten

Vorbereitung

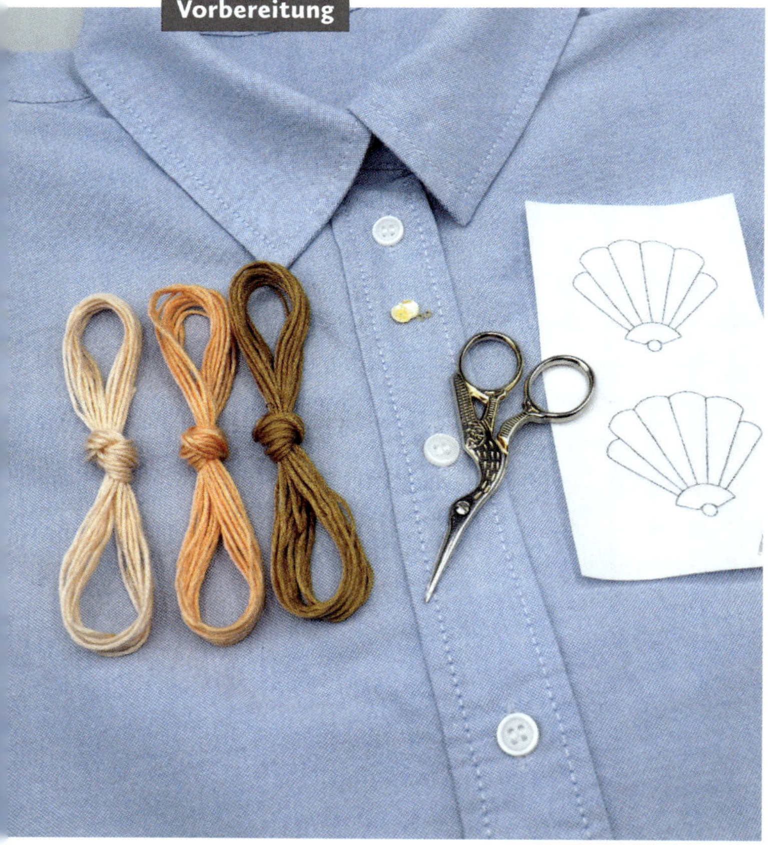

VORBEREITUNG

Zunächst wird das Motiv auf die Transferfolie übertragen. Kopiere das Motiv von der Vorlage auf das Stickvlies. Die Muschel ist nicht seitengleich, kopiere daher beide Muscheln aus der Vorlage, um sie symmetrisch auf deinen Kragen zu setzen.

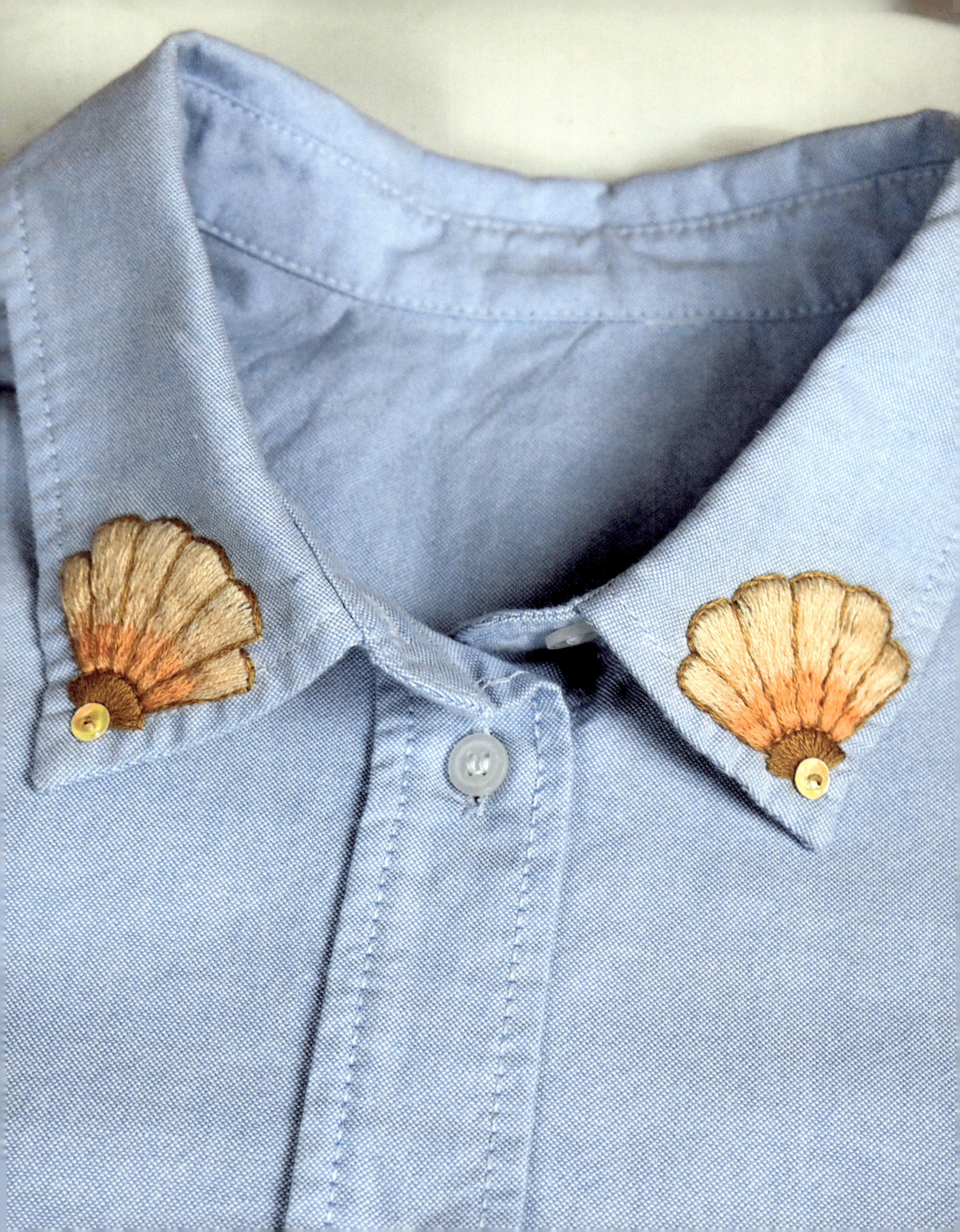

STICKEN

Schritt 1

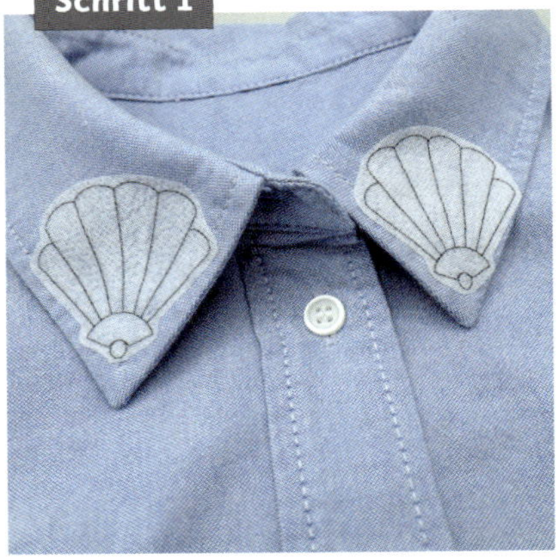

Platziere das Klebevlies auf den Kragenspitzen. Achte darauf, dass selbst die hochwertigste Bluse nicht zwei 100 % identische Ecken hat. Schneide das Motiv mit ca. 3–5 mm Zugabe möglichst gleichmäßig aus, dann kannst du das Vlies perfekt aufkleben.

Schritt 2

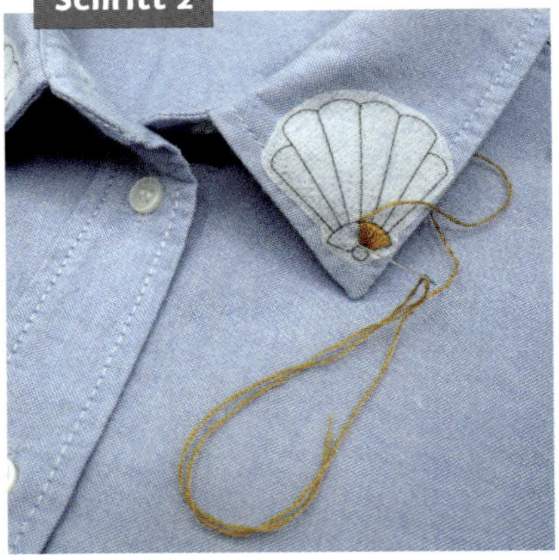

Fülle den Kreisbogen mit einem einfachen Plattstich (Farbe: Gold, 2 Fäden).

Schritt 3

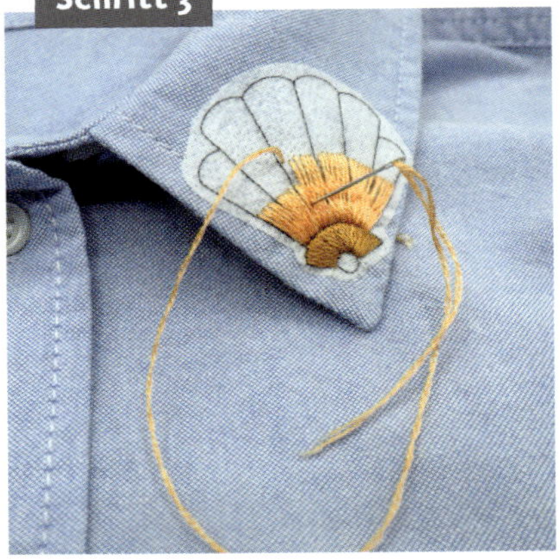

Verwende den versetzten Plattstich für die Hälfte der Muschel. Sticke sorgfältig in den einzelnen Abteilungen und beachte dabei die Stickrichtung (Farbe: Dunkles Apricot, 2 Fäden).

Schritt 4

Jetzt folgt der Übergang mit Farbverlauf: Sticke die nächste Reihe mit der hellen Farbe. Dabei greifen die Stiche vom versetzten Plattstich ineinander und die Farben vermischen sich (Farbe: Helles Apricot, 2 Fäden).

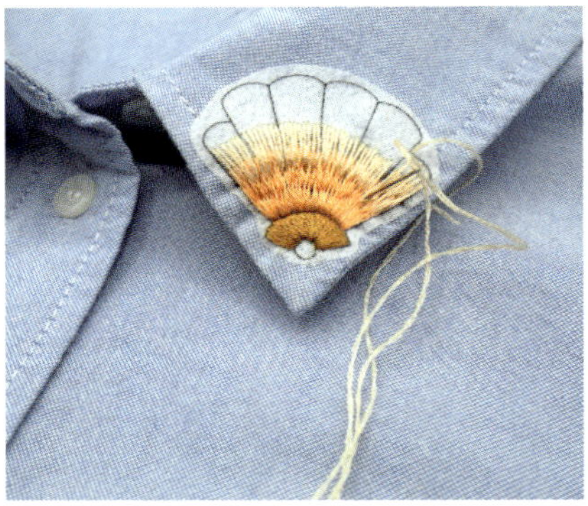

Schritt 5

Umrande die einzelnen Abteilungen des Muschelfächers und die obere Linie des Kreisbogens mit dem Rückstich (Farbe: Gold, 2 Fäden). Zum Schluss setzt du die Paillette und die Perle jeweils in die Mitte.

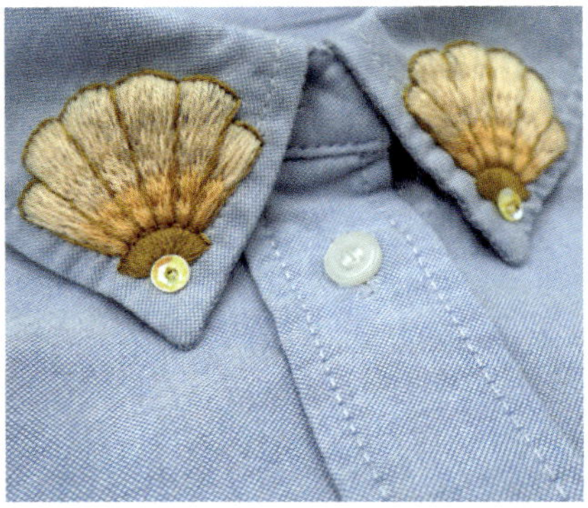

Schritt 6

Wasche das Vlies sorgfältig aus, sodass nur mehr die Stickerei auf dem Blusenkragen zu sehen bleibt. Die Bluse ist nun bereit, um dir als Glücksbringer zur Seite zu stehen!

EXTRA-TIPP:

Pailletten mit Perle annähen

Die Perlen mit den Pailletten werden ganz einfach angenäht und haben einen tollen Effekt! Das Garn wird geteilt. Gestickt wird mit einem Faden. Ein kleiner Knoten im Stickgarn sichert den Anfang. Dann sticht man von unten nach oben genau auf den Punkt, wo später die Mitte der Paillette sein soll. Die Nadel wird durch den Mittelpunkt der Paillette gezogen und auch gleich durch das Loch der Perle. Jetzt geht's wieder zurück: durch die Paillette und auf die Rückseite des Stoffes. Dort wird das Garn vernäht und die Paillette sitzt mit der Perle sicher auf der Oberseite.

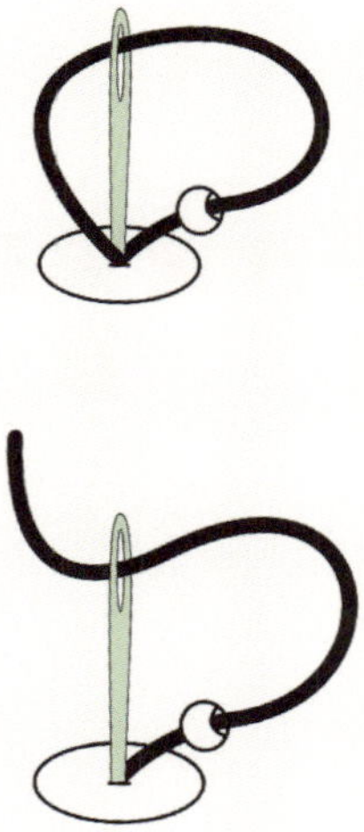

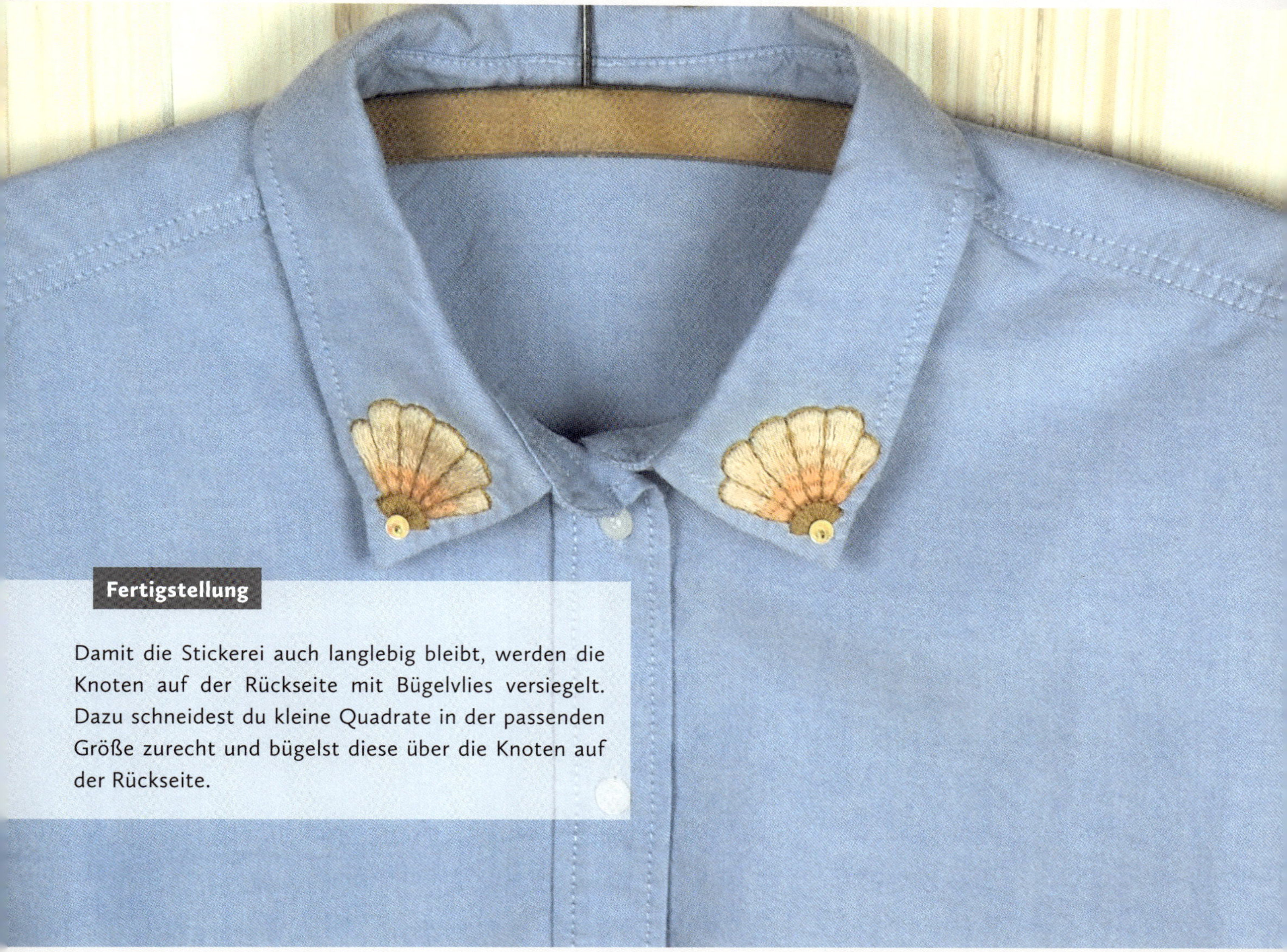

Fertigstellung

Damit die Stickerei auch langlebig bleibt, werden die Knoten auf der Rückseite mit Bügelvlies versiegelt. Dazu schneidest du kleine Quadrate in der passenden Größe zurecht und bügelst diese über die Knoten auf der Rückseite.

FARBKARTE

SCHWIERIGKEITSGRAD

Blütenleiste

Wie schön sind Wiesenblumen! Dezent, schick und handgemacht – so erstrahlen die Blumen auf deiner Jeanstasche. Mit dieser Stickerei zauberst du ein sommerliches Upgrade auf den Jeansstoff und hast die gute Laune immer auf Tasche.

MATERIAL UND ZUBEHÖR

- Jeansrock oder -hose
- Stickvlies (wasserlöslich, klebend)
- Trickmarker
- Stickgarn in den verschiedenen Farben
- Sticknadel
- Stickschere
- evtl. Bügelvlies in kleine Quadrate geschnitten

VORBEREITUNG

Zunächst wird das Motiv auf die Transferfolie übertragen. Kopiere das Motiv von der Vorlage auf das Stickvlies.

Vorbereitung

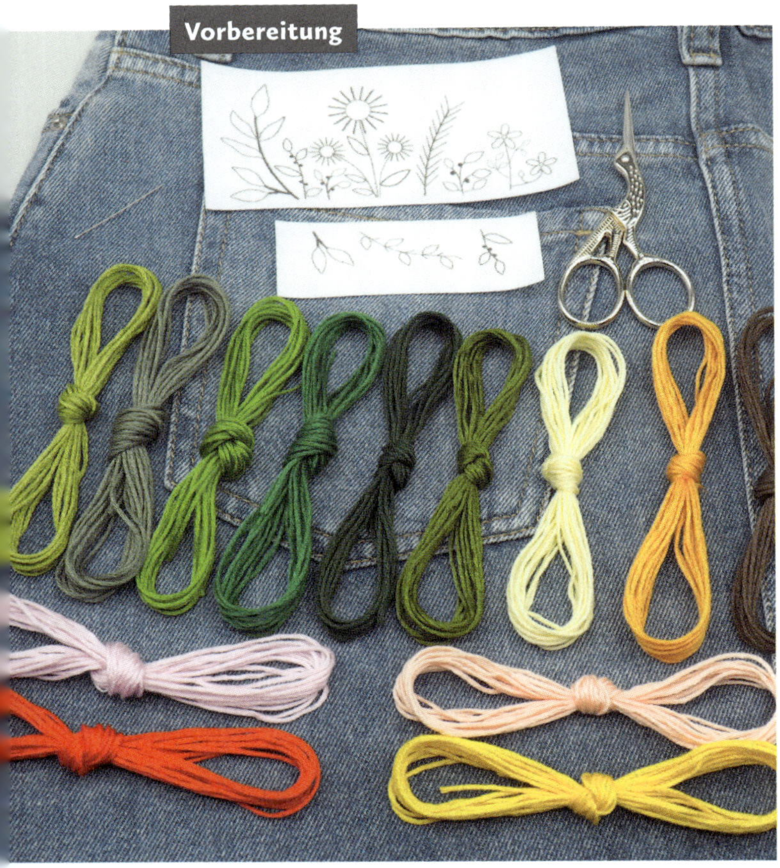

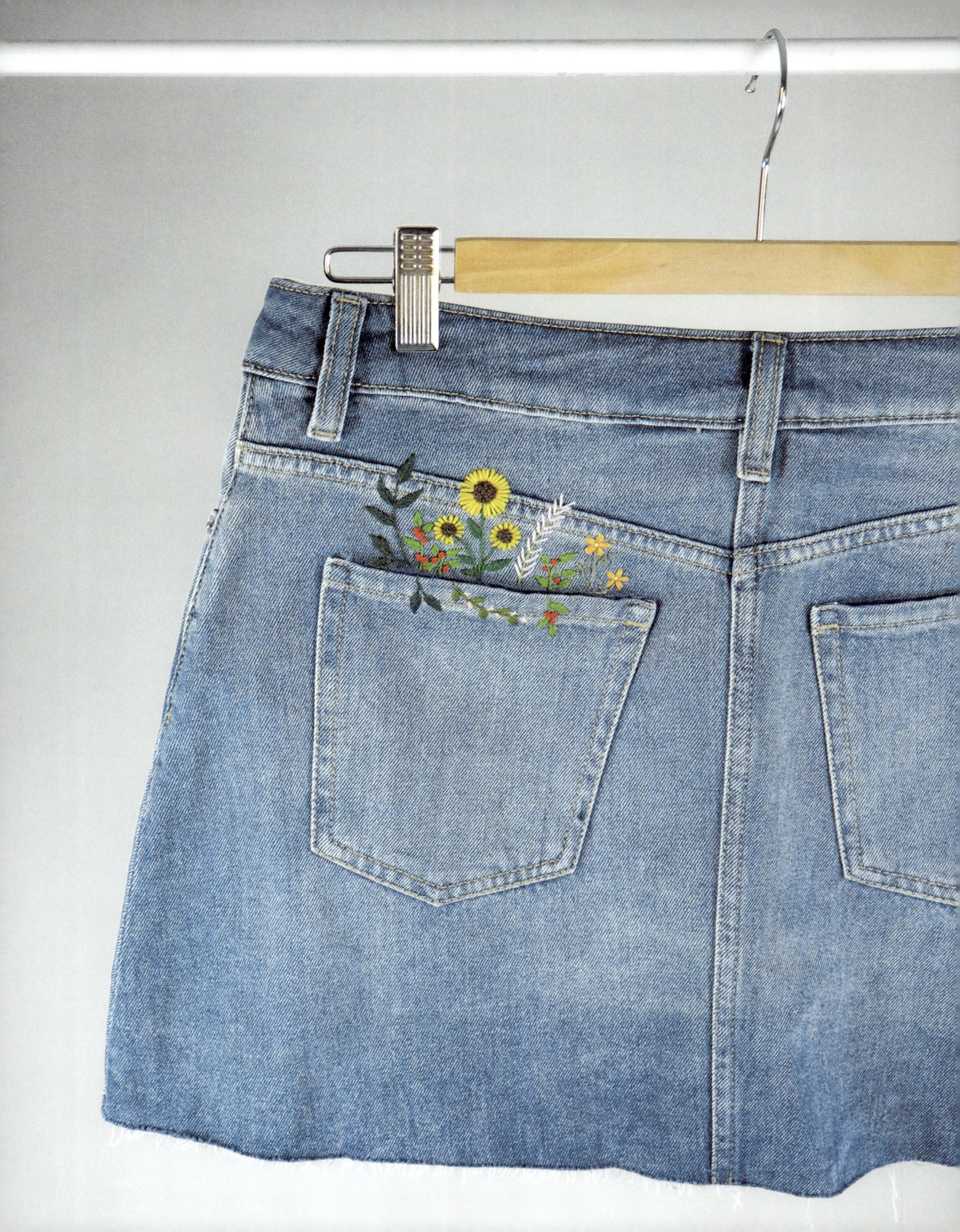

STICKEN

Schritt 1

Das Motiv besteht aus zwei Teilen: Platziere einen Teil oberhalb der Tasche (er ragt ca. 8 mm in die Tasche hinein) und den anderen Teil (den unteren) direkt auf die Tasche.

Schritt 2

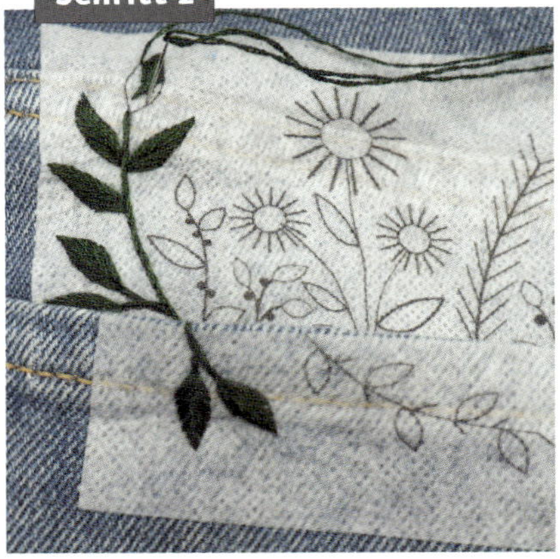

Beginne mit dem Stiel der Pflanze ganz links und verwende dafür den Outline-Stich. Sticke die Blätter mit dem Blattstich (Farbe: Dunkelgrün, 2 Fäden).

Schritt 3

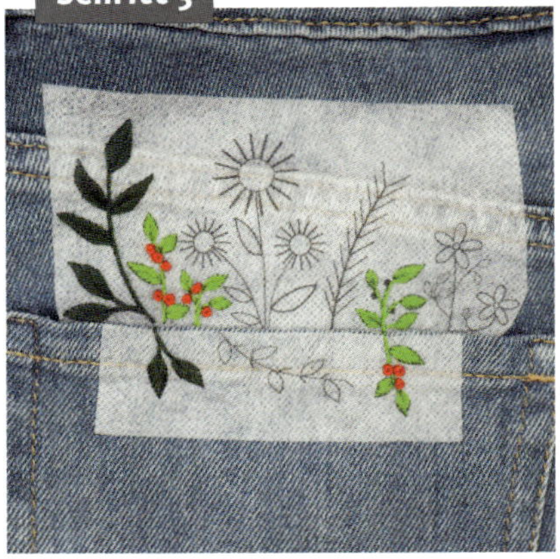

Fertige auch den Stiel und die Blätter der Rosen mit dem Outline- bzw. Blattstich an. Für die Rosenblüten verwende den Knötchenstich (Farbe: Hellgrün, Rot, jeweils 2 Fäden).

Schritt 4

Auch für die Pflanze, die sich auf der Tasche schlängelt, verwende den Outline- und den Blattstich. Die Blüten sind zwei direkt nebeneinandergesetzte Spannstiche (Farbe: Mittelgrün, Apricot, jeweils 2 Fäden).

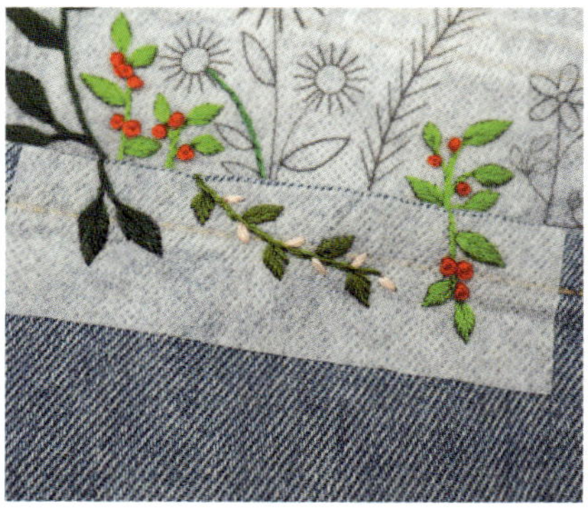

Schritt 5

Für die Stängel der Sonnenblumen verwende ebenfalls den Outline-Stich für den Stiel und den Blattstich für die Blätter (Farbe: Dunkles Grasgrün, 2 Fäden).

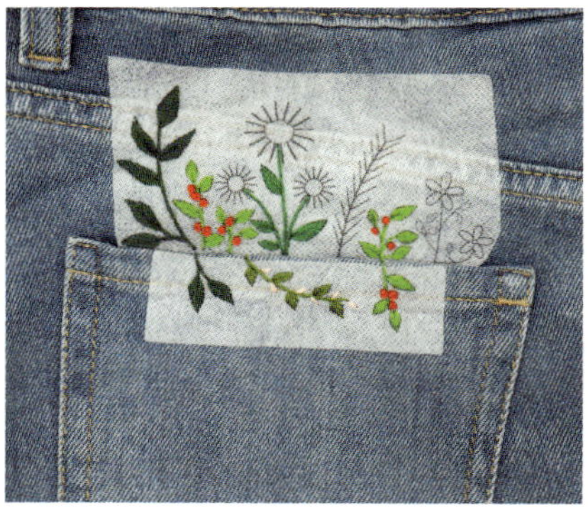

Schritt 6

Nun erblühen die Sonnenblumen: Arbeite mit Spannstichen einmal rundum bei den kleinen Blumenblättern und zwei Runden für die große Blume, damit die Blütenblätter schön dicht sind. Sticke das Innere der Sonnenblumen mit einem gleichmäßigen Knötchenstich (Farbe: Gelb, 2 Fäden, Dunkelbraun, 4 Fäden).

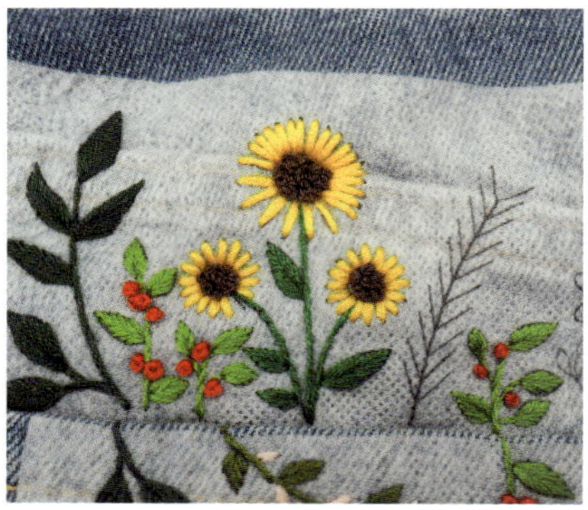

EXTRA-TIPP:

Blumen auf der Jeanshose

Wenn du keinen Jeansrock besitzt oder nicht so der Rock-Typ bist, dann sieht das Motiv auch sehr schön auf einer Jeanshose aus. Übertragen und gestickt wird das Design genau gleich, nur auf einem anderen Jeans-Modell. Natürlich würde auch ein T-Shirt mit Tasche (in der gleichen Größe) oder eine Stoffhose funktionieren.

Schritt 7

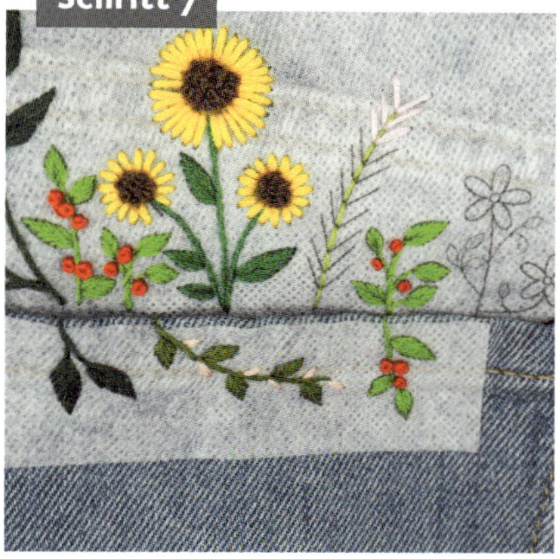

Sticke den Stiel der langen, nach oben ragenden Blume mit einem Rückstich. Die Blütenblätter sind Spannstiche, die zur Mitte gesetzt werden (Farbe: Helles Grasgrün, Rosa, jeweils 2 Fäden).

Schritt 8

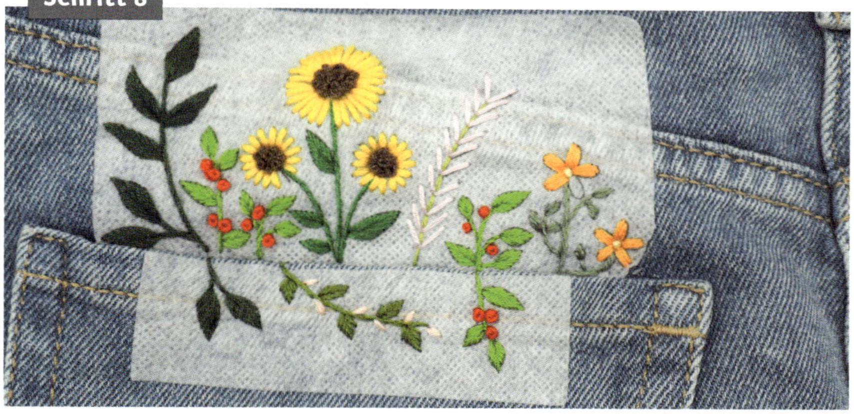

Verwende für das Schlusslicht der Blumenreihe einen Outline-Stich für den Stiel, einen Blattstich für die kleinen Blätter und für den Stempel und die Blätter jeweils einen einfachen Plattstich.

Schritt 9

Wasche das Vlies sorgfältig aus, sodass nur mehr die Stickerei auf dem Jeansrock zu sehen bleibt. Nach dem Trocknen kannst du die bunte Blütenpracht der Welt zeigen!

Fertigstellung

Damit die Stickerei auch langlebig bleibt, werden die Knoten auf der Rückseite mit Bügelvlies versiegelt. Dazu schneidest du kleine Quadrate in der passenden Größe zurecht und bügelst diese über die Knoten auf der Rückseite.

FARBKARTE

SCHWIERIGKEITSGRAD

Knöpfe

Beige Jacke, beige Knöpfe? Das war gestern. Knöpfe können nämlich auch ein echter Blickfang sein! Egal ob du den Grundstoff in einer passenden oder einer aufregenden anderen Farbe wählst, diese Knöpfe werden zu einem echten Highlight einer Jacke.

MATERIAL UND ZUBEHÖR

- Jacke mit abtrennbaren Knöpfen (keine Jeansjacken mit klassischen Metallknöpfen)
- Webware in passender Farbe
- Trickmarker
- Stickgarn in den verschiedenen Farben
- Sticknadel
- Stickschere
- Stickrahmen ca. Ø 10 cm
- Knopfset für überziehbare Knöpfe in der passenden Größe und Anzahl der Knöpfe (evtl. +1 für einen Probeknopf). Achte darauf, dass du eine Anleitung für das Set hast und alle notwendigen Tools (im Zweifel frage im Handarbeitsgeschäft nach).

Vorbereitung

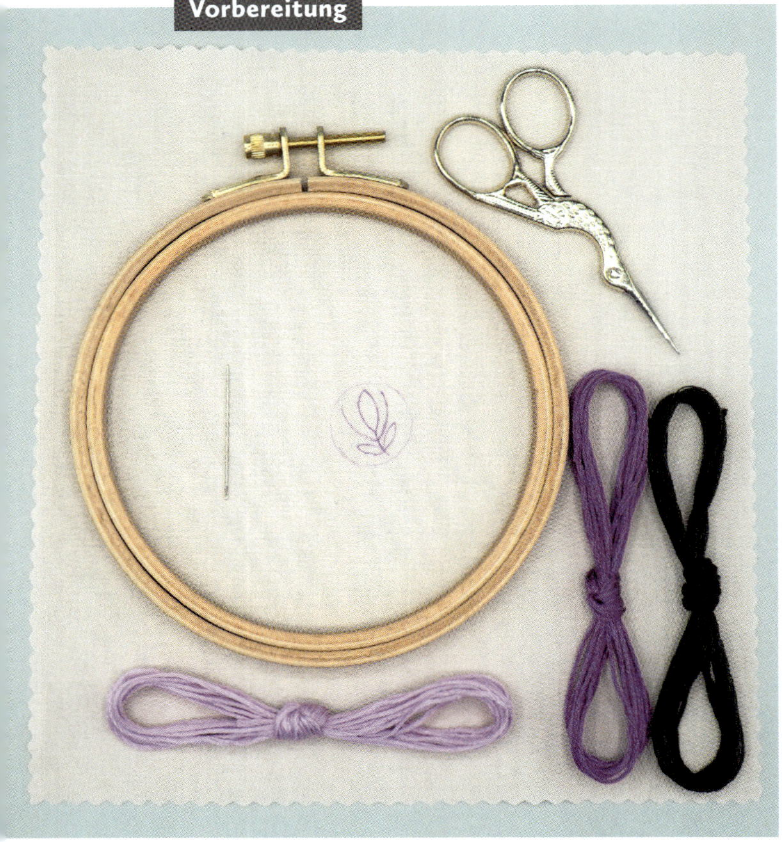

VORBEREITUNG

Zunächst wird das Motiv auf den Webstoff übertragen. Kopiere das Motiv von der Vorlage auf den Stoff. Achte beim Übertragen auf Symmetrie. In diesem Beispiel werden Knopfrohlinge in einer Größe von 23 mm überzogen. Messe die Originalknöpfe der Jacke ab und besorge dir die entsprechende Größe. Sie sollten nicht zu klein sein (dann hält die geschlossene Jacke nicht) und auch nicht zu groß (die Jacke lässt sich sonst nicht schließen).

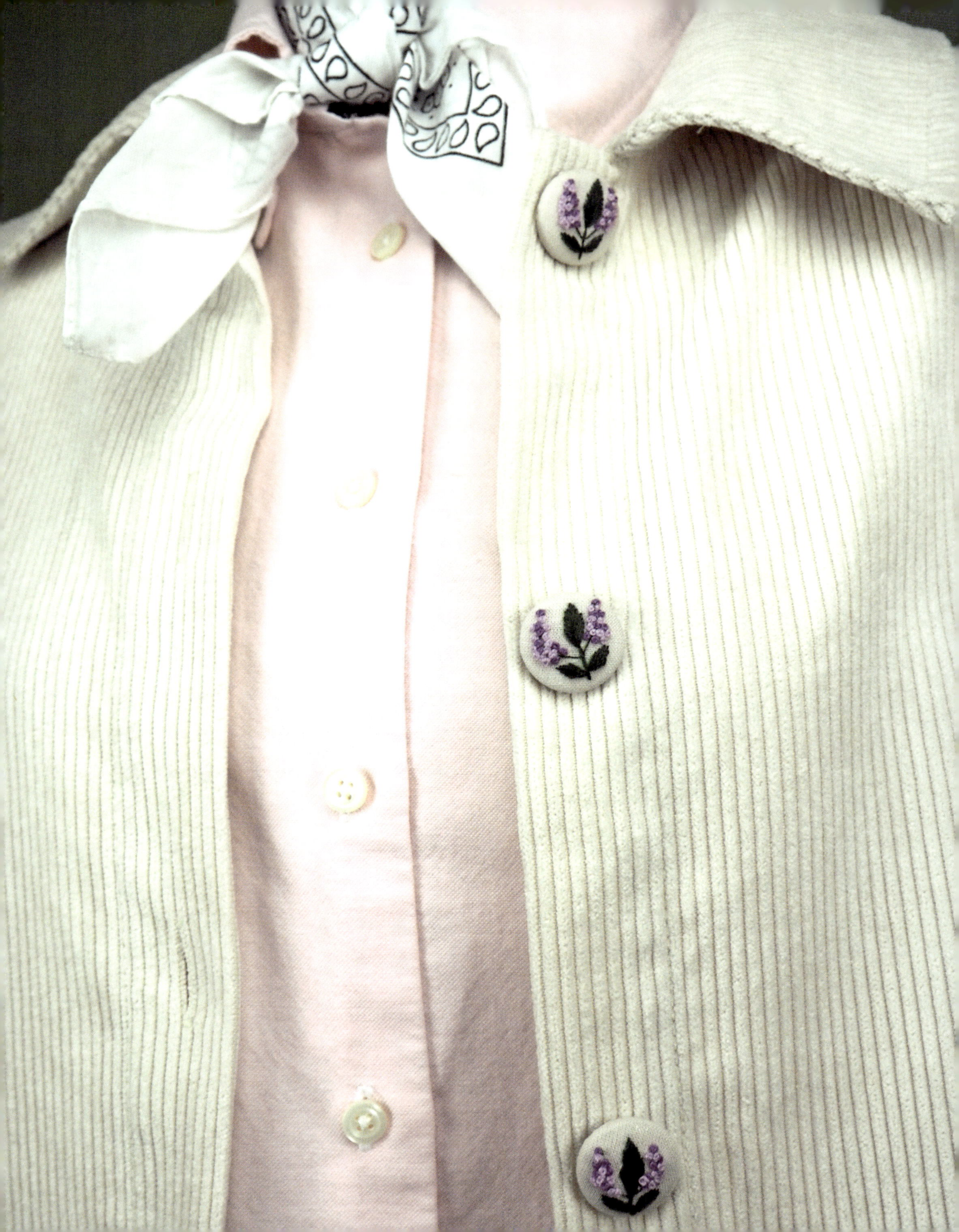

STICKEN

Schritt 1

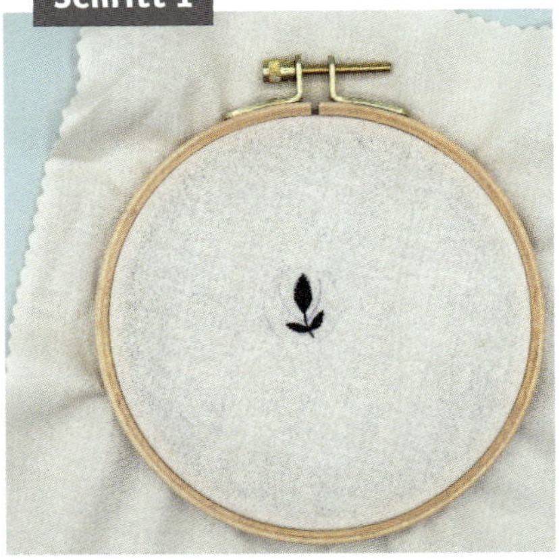

Beginne mit einem Outline-Stich für den Stiel und dem Blattstich für die drei Blätter (Farbe: Dunkelgrün, 2 Fäden).

Schritt 2

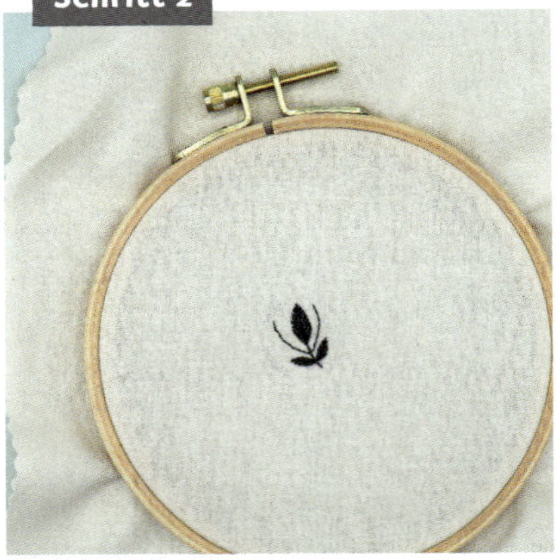

Fertige auch die kleinen Äste, die als Grundlage für die Blüten dienen, mit dem Outline-Stich (Farbe: Dunkelgrün, 2 Fäden).

Schritt 3

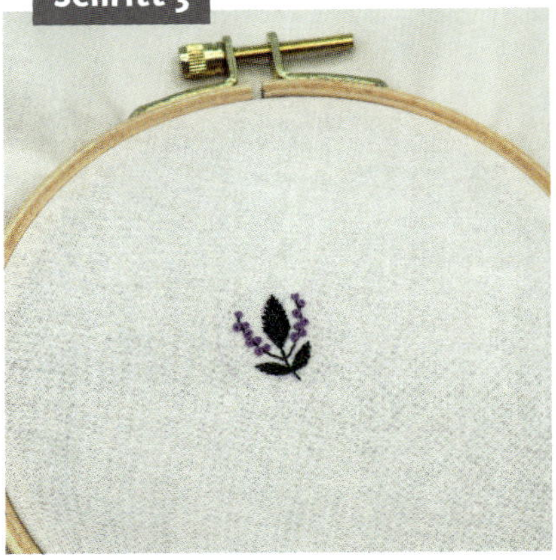

Zeit für die Blüten! Sticke die dunklen Knötchen zuerst und setze sie so, dass später eine schöne Form mit der helleren Farbe aufgefüllt wird (Farbe: Dunkles Violett, 2 Fäden).

Schritt 4

Vervollständige die Knötchen, damit eine satte Füllung entsteht. Die Blüten sollten spitz zulaufen, das heißt, unten gibt es mehr Knötchen als oben.

Schritt 5

Wasche den Trickmarker vorsichtig aus und lass den Stoff trocknen. Verfahre gleich für alle Knöpfe, die du beziehen möchtest.

Schritt 6

Nun werden die Knöpfe bezogen. Je nach Hersteller-Tool werden sie unterschiedlich fertiggestellt. Halte dich an die Vorgabe der Anleitung und arbeite sorgfältig. Es empfiehlt sich, einen Probeknopf zu machen.

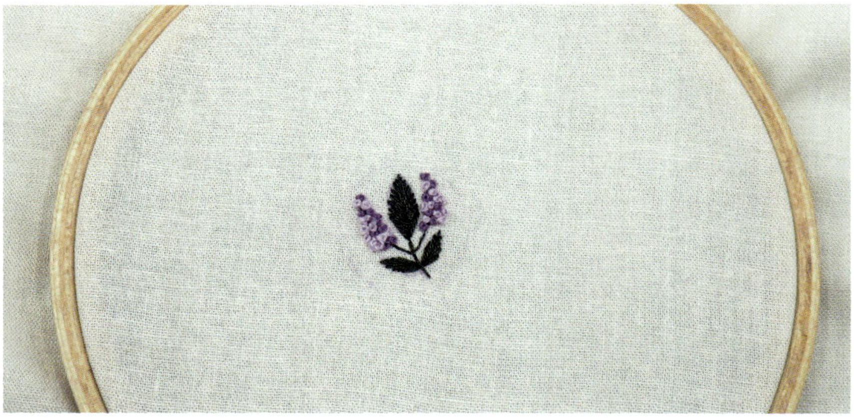

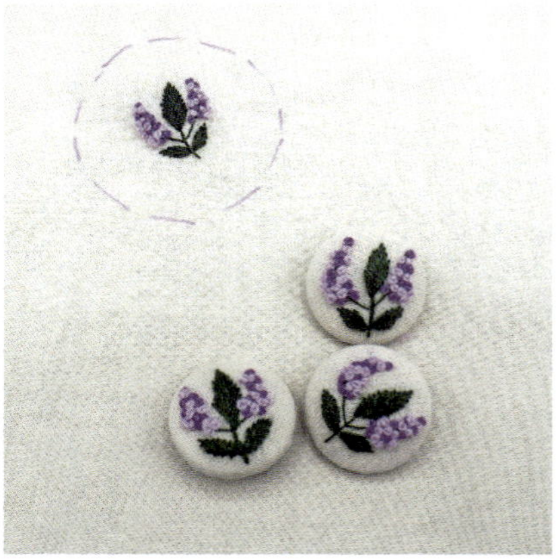

EXTRA-TIPP:

Bring Farbe ins Leben!

Um die Akzente noch farbenfroher zu machen, kannst du auch drei oder vier Farben kombinieren. Achte nur darauf, dass du die nach oben hin zulaufende Form behältst.

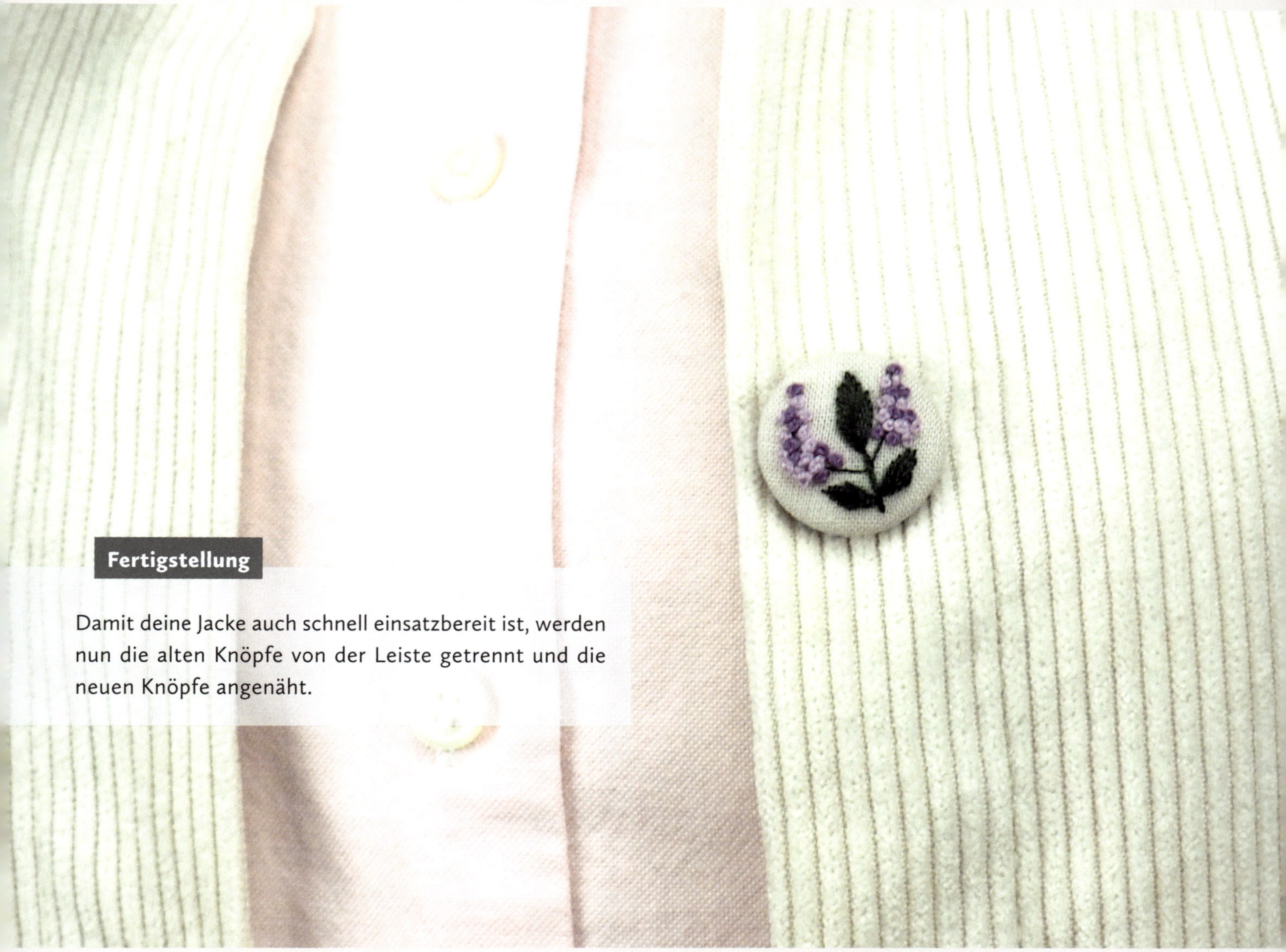

Fertigstellung

Damit deine Jacke auch schnell einsatzbereit ist, werden nun die alten Knöpfe von der Leiste getrennt und die neuen Knöpfe angenäht.

FARBKARTE

SCHWIERIGKEITSGRAD

Kakteen

Du hast keinen grünen Daumen? Kein Problem, an den gestickten Pflanzen hast du sehr lange Freude. Denn die Kakteen sind zurück! Dabei hast du die Qual der Wahl: solo, als Hingucker auf deinem Kleidungsstück, oder in der Kombination von allen drei.

MATERIAL UND ZUBEHÖR

- Jeansjacke
- Stickvlies (wasserlöslich, klebend)
- Trickmarker
- Stickgarn in den verschiedenen Farben
- Sticknadel
- Stickschere
- evtl. Bügelvlies in kleine Quadrate geschnitten

Vorbereitung

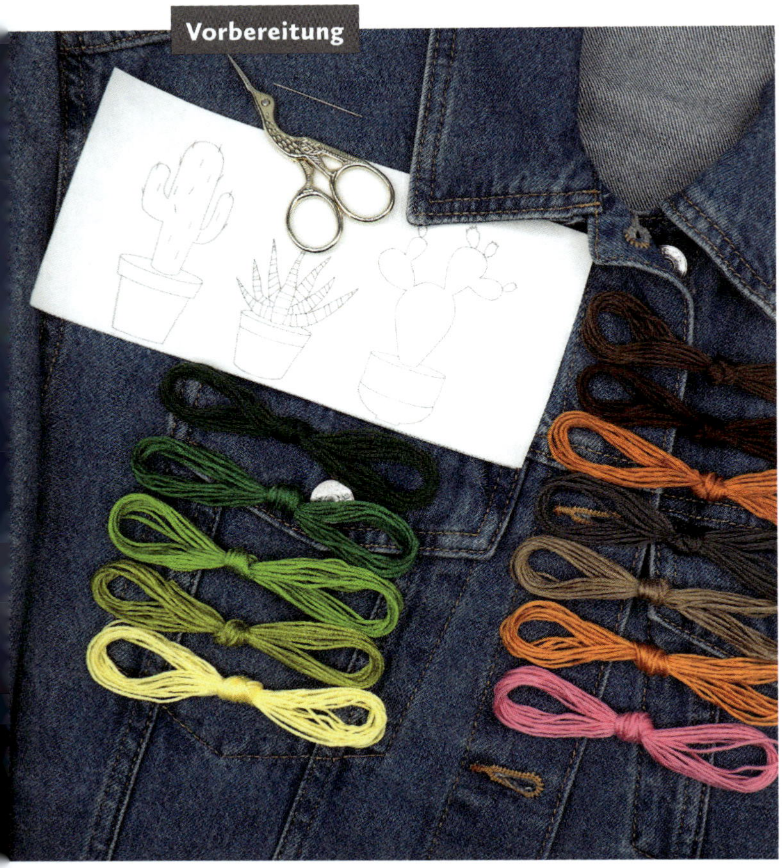

VORBEREITUNG

Zunächst wird das Motiv auf die Transferfolie übertragen. Kopiere das Motiv von der Vorlage auf das Stickvlies.

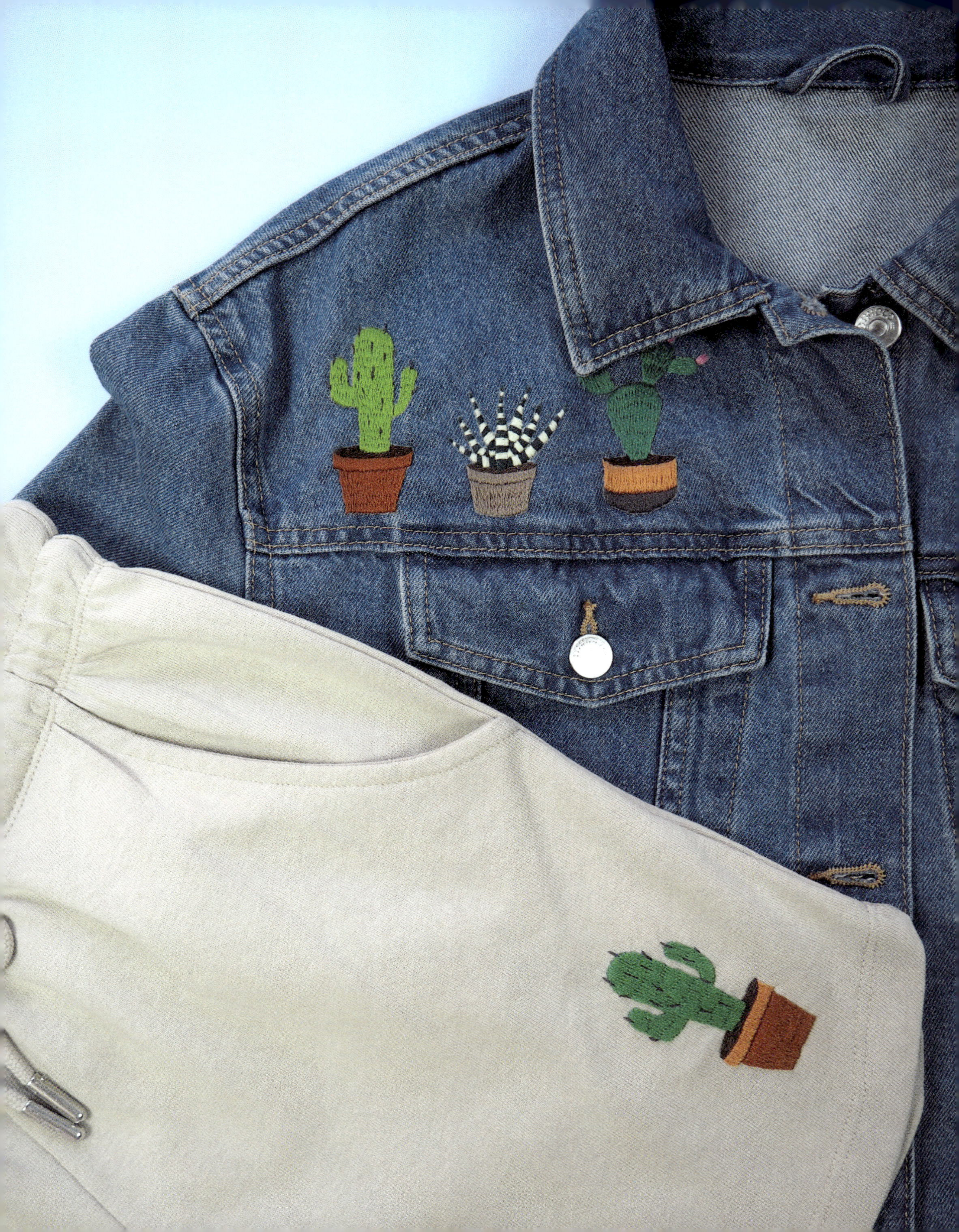

STICKEN

Schritt 1

Klebe deine Vorlage an die Stelle, wo du die Kakteen schön findest. Bei dieser Variante kleben die Pflanzen über der rechten Brusttasche (abhängig von dem Modell und dem Platz, den du zur Verfügung hast).

Schritt 2

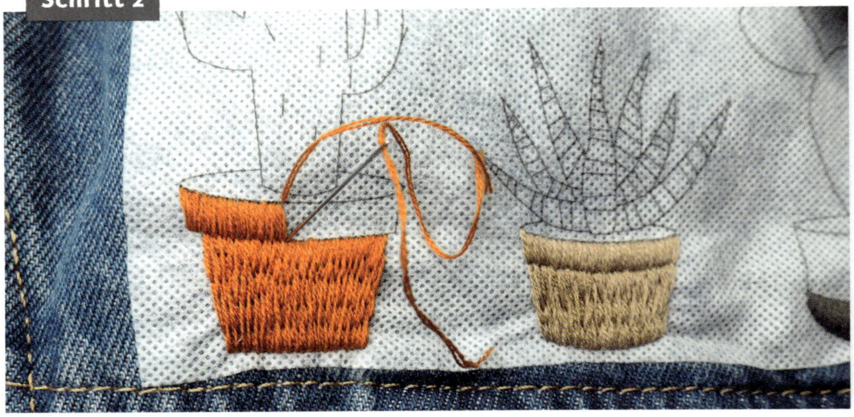

Beginne mit den Töpfen: Sticke die großen Flächen der linken und mittigen Pflanze mit einem horizontalen, versetzten Plattstich. Arbeite die beiden Abteilungen des großflächigen Bereichs des Topfs vom Kaktus rechts mit einem einfachen Plattstich. Verwende für alle Topfränder einen einfachen Plattstich (Farben von links nach rechts: Terracotta, Beige, Orange, Grau, jeweils 2 Fäden).

Schritt 3

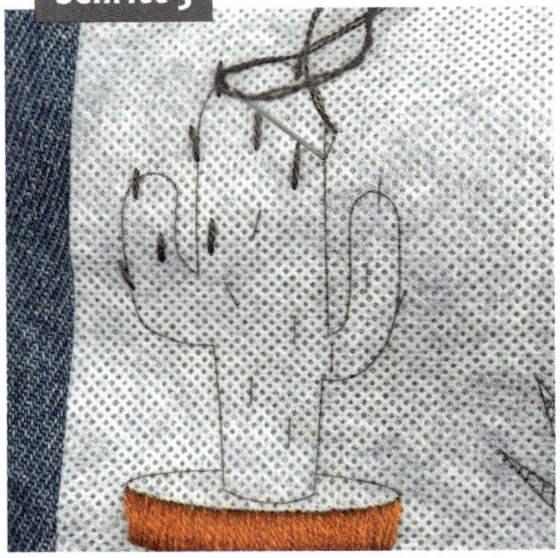

Setze Spannstiche in den linken Kaktus (Farbe: Grau, 2 Fäden).

Schritt 4

Sticke die pinken Blüten mit dem einfachen Plattstich und die grünen Blätter mit dem versetzten Plattstich (Farben: Pink, und Mittelgrün, jeweils 2 Fäden).

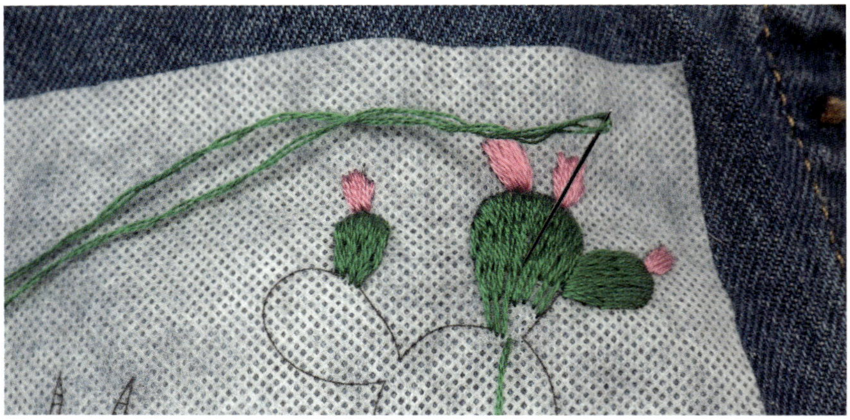

EXTRA-TIPP:

Kleine Kakteen

Du hast nicht so viel Platz für alle drei stacheligen Gesellen? Dann kopiere nur einen Kaktus und setze ihn auf dein Kleidungsstück!

Schritt 5

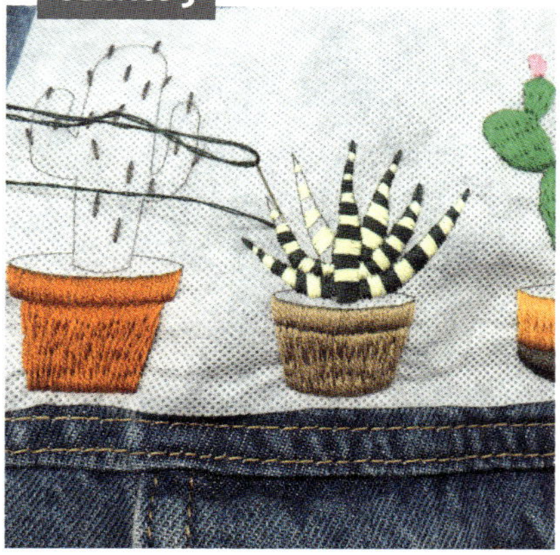

Sticke den Kaktus in der Mitte in zwei Schritten: Beginne mit dem einfachen Plattstich (Farbe: Offwhite, 2 Fäden) und arbeite danach die ausgesparten Flächen ebenfalls mit dem einfachen Plattstich (Farbe: Dunkelgrün, 2 Fäden).

Schritt 6

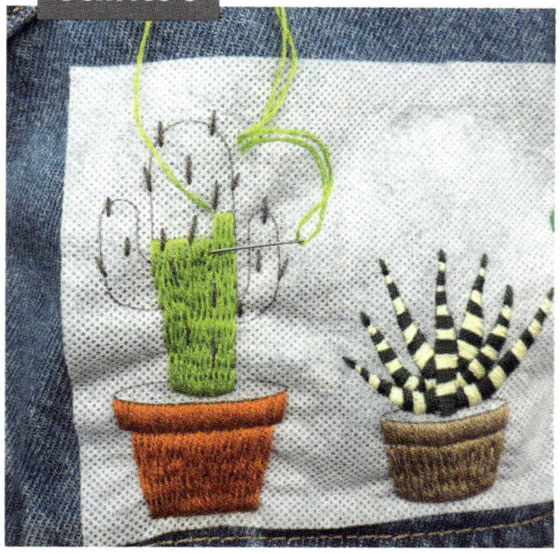

Nun zum linken Kaktus: Sticke ihn mit dem versetzten Plattstich und spare dabei die vorher gesetzten Spannstiche aus (Farbe: Hellgrün, 2 Fäden).

Schritt 7

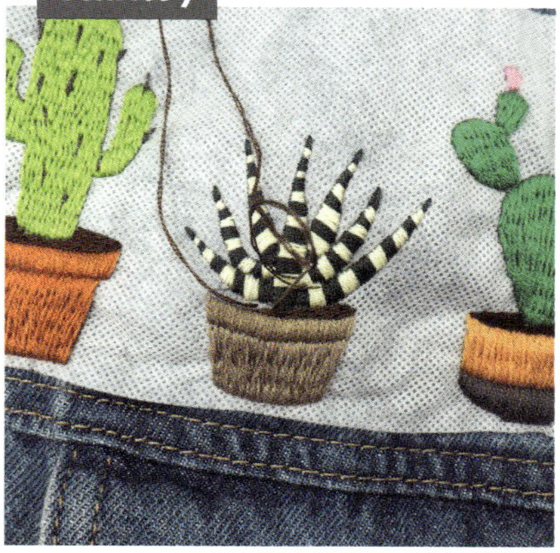

Jetzt kommt noch die Erde in die Töpfe: Fertige einen waagerechten versetzten Plattstich in jeden Topf (Farben von links nach rechts: Dunkelbraun, Hellbraun, Dunkelbraun, jeweils 2 Fäden).

Schritt 8

Wasche das Vlies sorgfältig aus, sodass nur mehr die Stickerei auf der Tasche zu sehen bleibt. Nach dem Trocknen kannst du die Jeansjacke schon anziehen.

Fertigstellung

Damit die Stickerei auch langlebig bleibt, werden die Knoten auf der Rückseite mit Bügelvlies versiegelt. Dazu schneidest du kleine Quadrate in der passenden Größe zurecht und bügelst diese über die Knoten auf der Rückseite.

FARBKARTE

SCHWIERIGKEITSGRAD

Katzengesicht

Wer lugt denn da aus der Tasche – oh, hello Kitty! Wenn du das T-Shirt mit dem süßen Katzengesicht trägst, hast du immer einen niedlichen Begleiter mit dabei, der dir treu zur Seite steht und mit dir durch dick und dünn geht.

MATERIAL UND ZUBEHÖR

- T-Shirt mit Tasche ca. 9,5–10 cm (Außenmaß) in heller Farbe
- Stickvlies (wasserlöslich, klebend)
- Trickmarker
- Stabilisierungsvlies
- Stickgarn in den verschiedenen Farben
- Stickrahmen ca. Ø 10 cm
- Sticknadel
- Stickschere
- evtl. Bügelvlies in kleinen Quadrate geschnitten

VORBEREITUNG

Zunächst wird das Motiv auf die Transferfolie übertragen. Kopiere das Motiv von der Vorlage auf das Stickvlies.

Vorbereitung

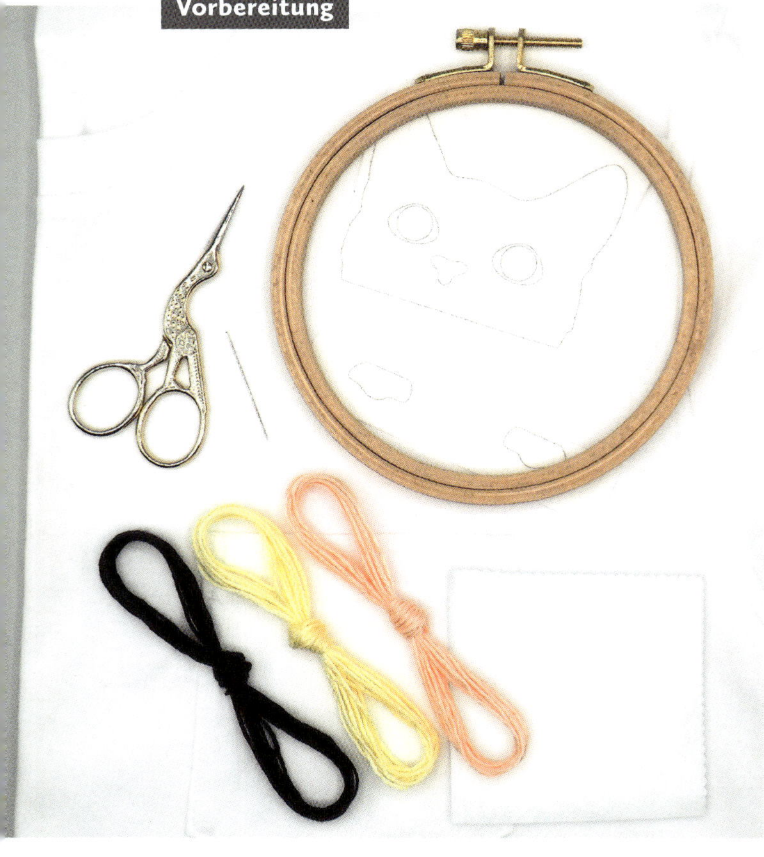

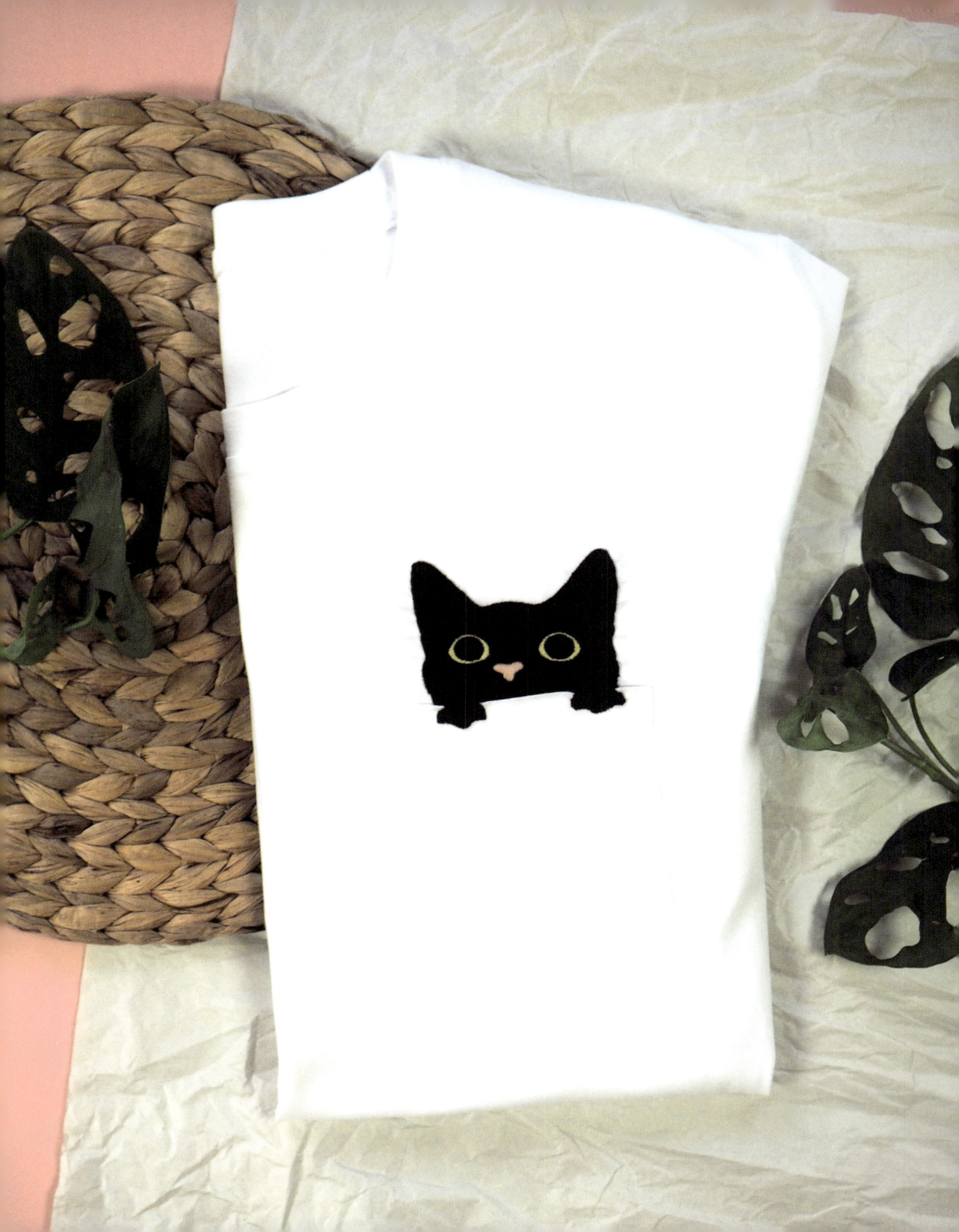

STICKEN

Schritt 1

Platziere das Gesicht der Katze oberhalb der Tasche. Das Vlies sollte ca. 8 mm in die Tasche ragen, damit es einen fließenden Übergang gibt. Positioniere die Pfoten auf der Tasche.

Schritt 2

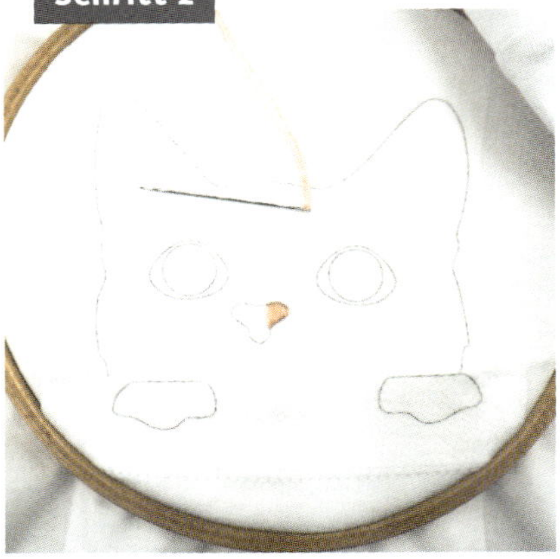

Fülle die Nase mit einem einfachen Plattstich (Farbe: Apricot, 2 Fäden).

Schritt 3

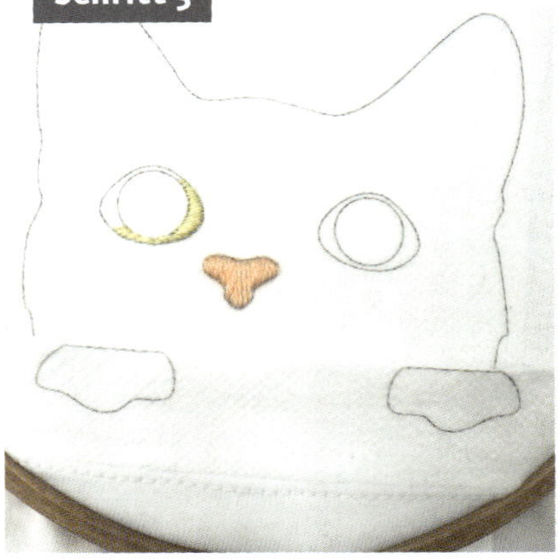

Weiter geht es mit den Augen: Sticke mit einem waagerechten einfachen Plattstich die äußere Umrandung (Farbe: Gelb, 2 Fäden).

Schritt 4

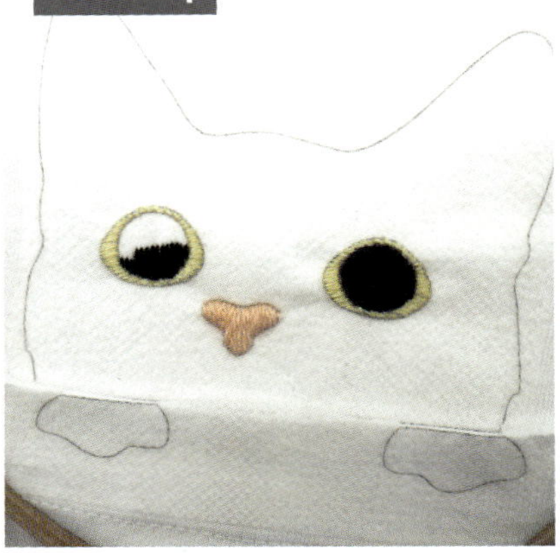

Nun sind die Pupillen an der Reihe: Arbeite hier mit einem senkrechten versetzten Plattstich (Farbe: Schwarz, 2 Fäden).

Schritt 5

Sticke mit dem versetzten Plattstich in diesem Schritt das Gesicht der Katze (Farbe: Schwarz, 2 Fäden).

Schritt 6

Verwende für die Tatzen ebenfalls den versetzten Plattstich. Damit der Übergang schön sauber wird, drehe die Stickerei und sticke zur Kante hin. Die Kante umwickelst du bei jedem Stich, sodass keine weiße Linie bleibt.

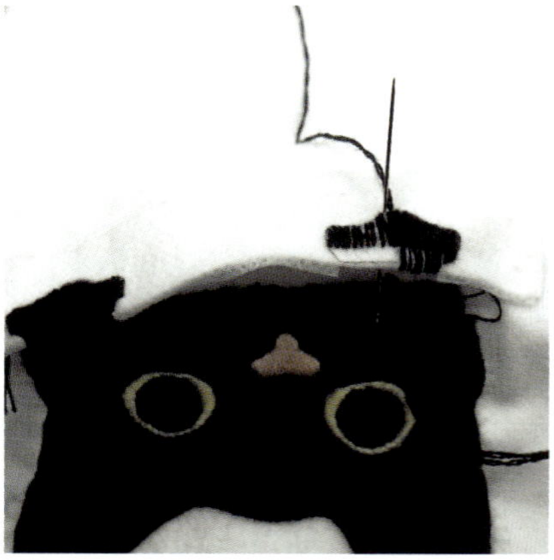

EXTRA-TIPP:

Kitties in vielen Farben!

Natürlich muss deine Katze nicht schwarz sein, sie kann auch deinem Liebling ähnlich sehen. Zeichne einfach das Muster von deinem Schatz in die Vorlage ein und suche entsprechende Farben aus.

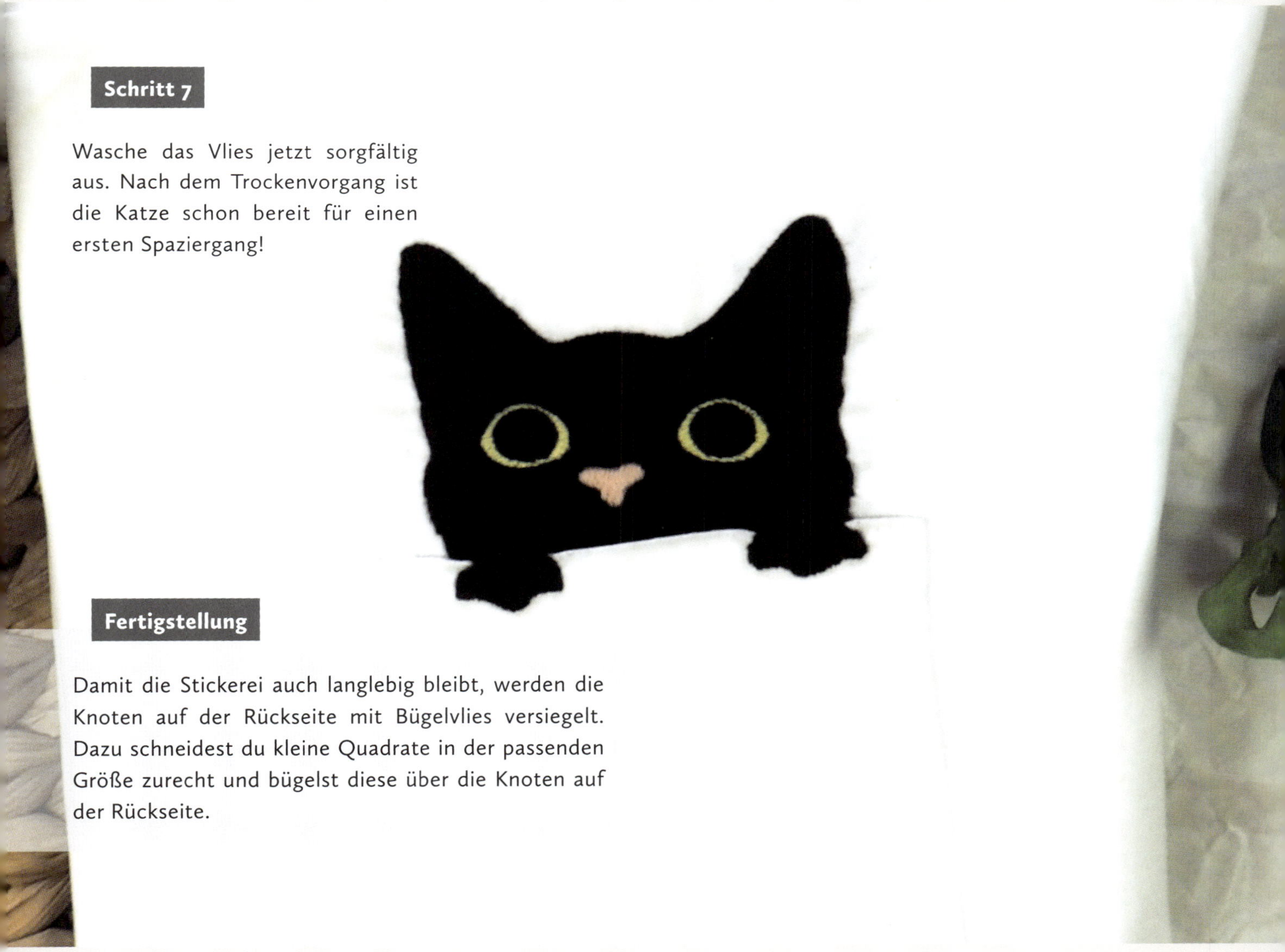

Schritt 7

Wasche das Vlies jetzt sorgfältig aus. Nach dem Trockenvorgang ist die Katze schon bereit für einen ersten Spaziergang!

Fertigstellung

Damit die Stickerei auch langlebig bleibt, werden die Knoten auf der Rückseite mit Bügelvlies versiegelt. Dazu schneidest du kleine Quadrate in der passenden Größe zurecht und bügelst diese über die Knoten auf der Rückseite.

FARBKARTE

SCHWIERIGKEITSGRAD

Waldszene

Die untergehende Sonne, die sich glitzernd im Wasser spiegelt, und Berge, die sehnsüchtig an eine wunderbare Zeit in der Natur erinnern. Träumen darf man schon mal! Damit es nicht nur dabei bleibt, kannst du die Szene auch auf ein Kleidungsstück sticken und so immer bei dir tragen, wenn du Lust auf einen (zumindest gedanklichen) Ausflug hast.

MATERIAL UND ZUBEHÖR

- Stickvlies (wasserlöslich, klebend)
- Trickmarker
- Stabilisierungsvlies
- Schwarzes Stickgarn
- Sticknadel
- Stickrahmen ca. Ø 10 cm
- Stickschere
- Lineal
- evtl. Bügelvlies in kleine Quadrate geschnitten

Vorbereitung

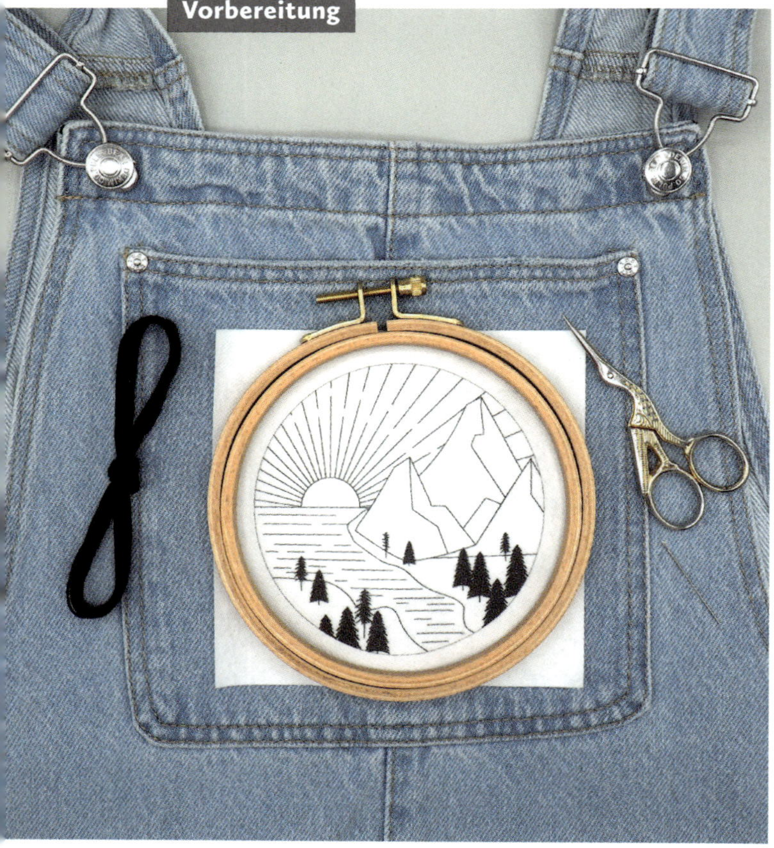

VORBEREITUNG

Zunächst wird das Motiv auf die Transferfolie übertragen. Kopiere das Motiv von der Vorlage auf das Stickvlies. Achte beim Übertragen auf gerade Linien und verwende ein Lineal.

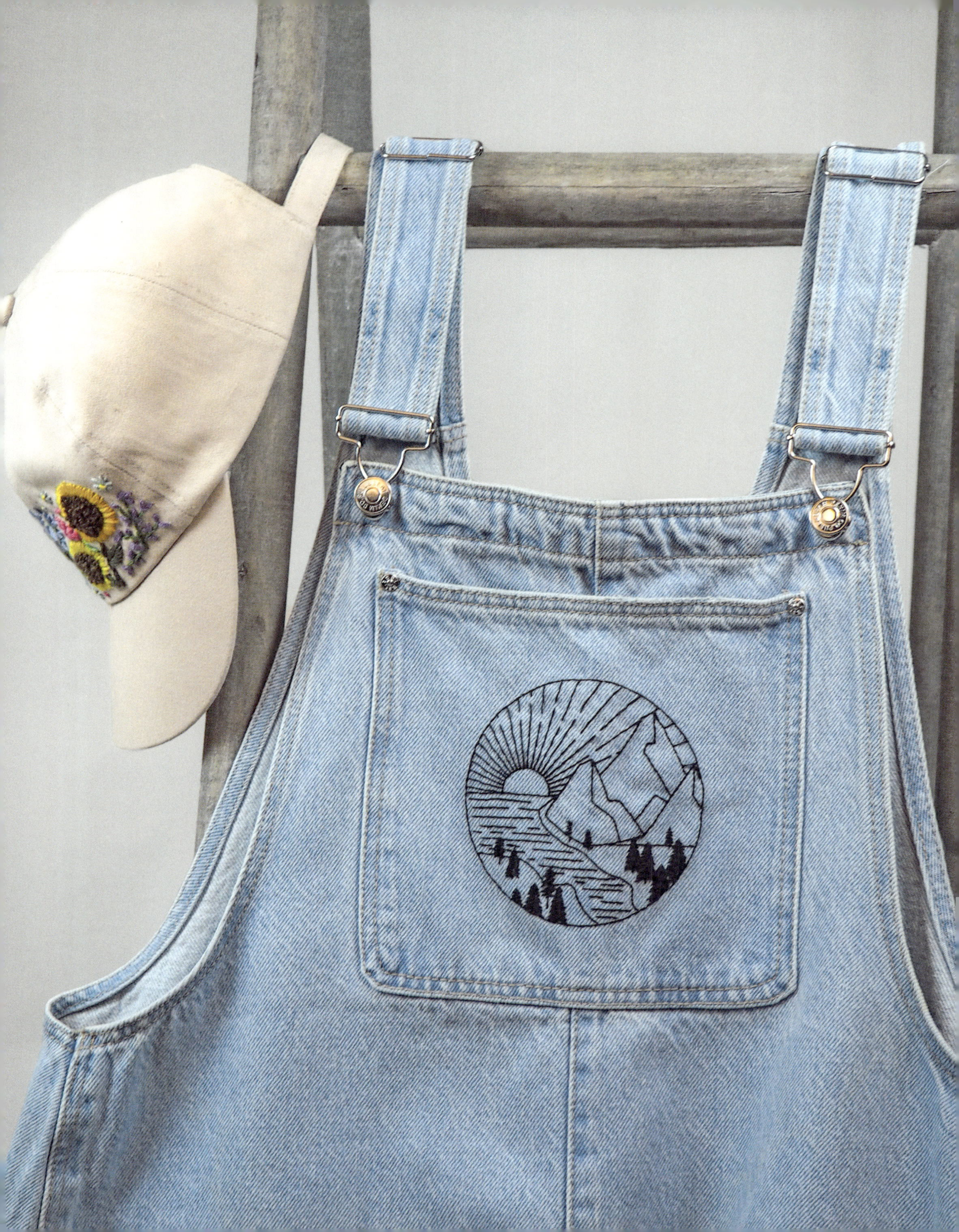

STICKEN

Schritt 1

Nimm den Stickrahmen zur Hand und spanne den Stoff ein. Im Beispiel ist es die Tasche einer Latzhose. Da die Tasche recht groß ist, muss sie nicht vom restlichen Stoff getrennt werden. Wenn du das Motiv auf der Gesäßtasche einer Hose oder ähnlich kleinen, aufgesetzten Taschen anbringen möchtest, empfiehlt es sich, die Tasche aufzutrennen und nach dem fertigen Sticken (mit demselben Garn) wieder anzunähen. Bei T-Shirts, Pullover usw. kann das Motiv direkt übertragen werden. Gestickt wird mit zwei Fäden. Arbeite exakt, da es sich hier um eine geometrische Zeichnung handelt, die ihre volle Wirkung entfaltet, wenn die Linien ordentlich und gerade sind.

Schritt 2

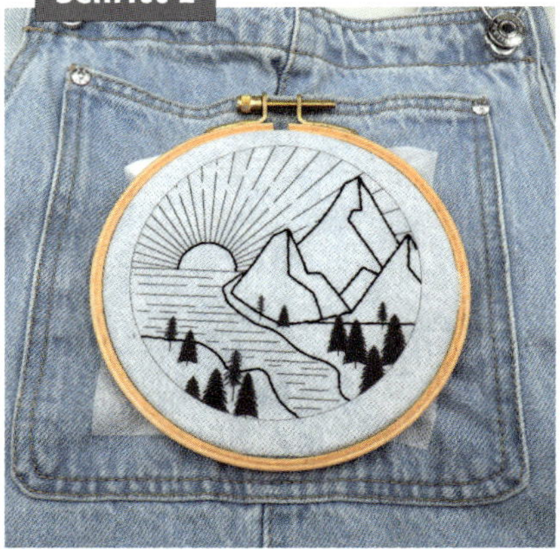

Beginne mit dem Rückstich bei den Landlinien und gehe dann über zu den Bergen. Wenn eine Linie fertig ist, vernähe das Garn und setze bei der nächsten neu an. Bei jedem Beginn sichert ein kleiner Knoten das Ende des Stickgarns (Farbe: Schwarz, 2 Fäden).

Schritt 3

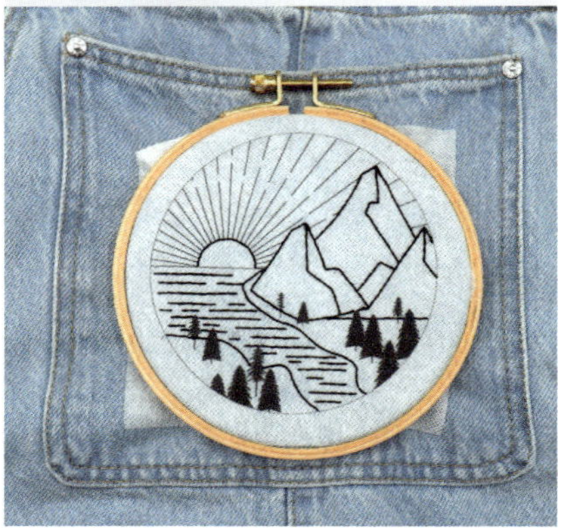

Sind die Berge fertig, gehe weiter zu den Wasserlinien und der Sonne. Sticke auch diese mit dem Rückstich (Farbe: Schwarz, 2 Fäden).

Schritt 4

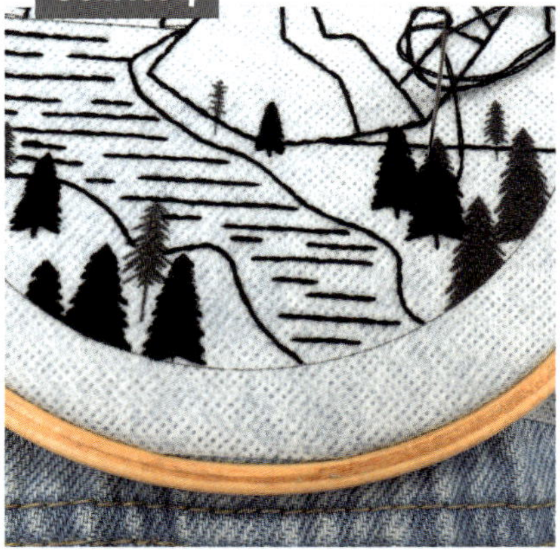

Die Bäume arbeitest du nach dem gleichen Prinzip wie den Blattstich. Der Unterschied zwischen den dichten Bäumen und den lichten Bäumen ist nur, wie eng die Stiche übereinandergesetzt bzw. wie locker diese angeordnet werden. Für den kleinen Baum mit wenig Geäst setzt du einfach Spannstiche übereinander (Farbe: Schwarz, 2 Fäden).

EXTRA-TIPP:

Heller Hintergrund

Wenn du dieses Motiv z. B. auf ein weißes T-Shirt sticken möchtest, dann empfiehlt es sich, dass du immer sauber vernähst, wenn du einen Stich absetzt. Sonst siehst du die Verbindungslinien von der Rückseite auf die Vorderseite durchscheinen.

Schritt 5

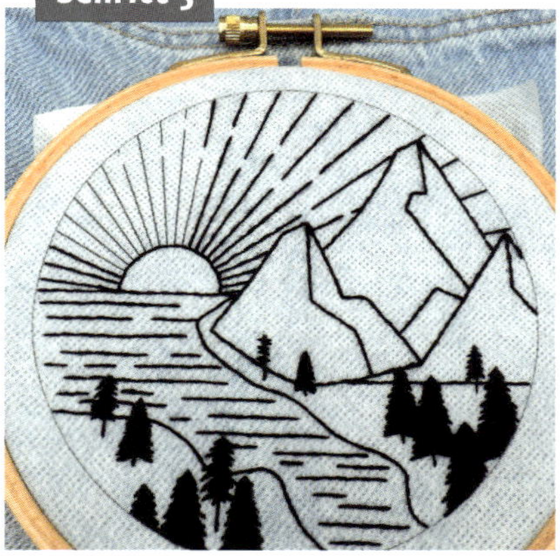

Zeit, die Sonne scheinen zu lassen! Arbeite auch die Sonnenstrahlen mit Rückstichen, die sauber eine gerade Linie ergeben (Farbe: Schwarz, 2 Fäden).

Schritt 6

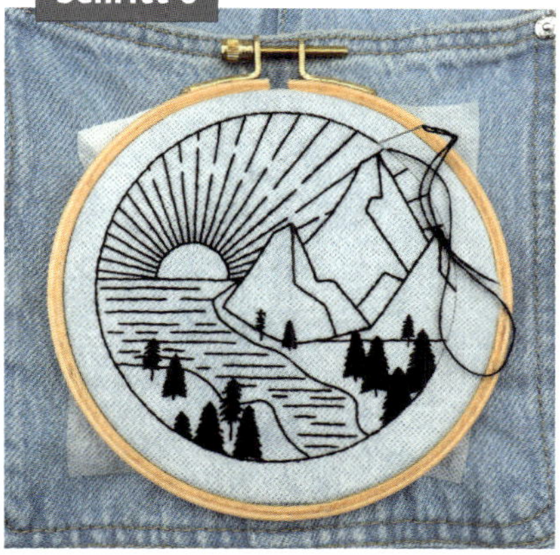

Der Abschluss der Stickerei ist die Umrandung. Sticke kleine Rückstiche (2–3 mm) aneinander, um einen sauberen Kreis zu bekommen (Farbe: Schwarz, 2 Fäden).

Schritt 7

Jetzt ist es Zeit, das Stickvlies auszuwaschen, das Kleidungsstück zu trocknen, und schon kannst du die bestickte Latzhose ausführen.

Fertigstellung

Damit die Stickerei auch langlebig bleibt, werden die Knoten auf der Rückseite mit Bügelvlies versiegelt. Dazu schneidest du kleine Quadrate in der passenden Größe zurecht und bügelst diese über die Knoten auf der Rückseite.

FARBKARTE

SCHWIERIGKEITSGRAD

Cookie

Knusprige Kekse – ganz ohne Kalorien! Wer dem Duft von süßen Cookies mit Schokoladenstückchen nicht widerstehen kann, ist bei dieser Stickerei genau richtig. Auf einer Schürze werden Meisterbäcker:innen nicht nur für den besonderen Geschmack, sondern auch für den außergewöhnlichen Look gelobt – garantiert!

MATERIAL UND ZUBEHÖR

- Schürze in einem Braunton
- Stickvlies (wasserlöslich, klebend)
- Trickmarker
- Stabilisierungsvlies
- Stickgarn in den verschiedenen Farben
- Stickrahmen ca. Ø 15 cm
- Sticknadel
- Stickschere
- evtl. Bügelvlies in kleine Quadrate geschnitten

Vorbereitung

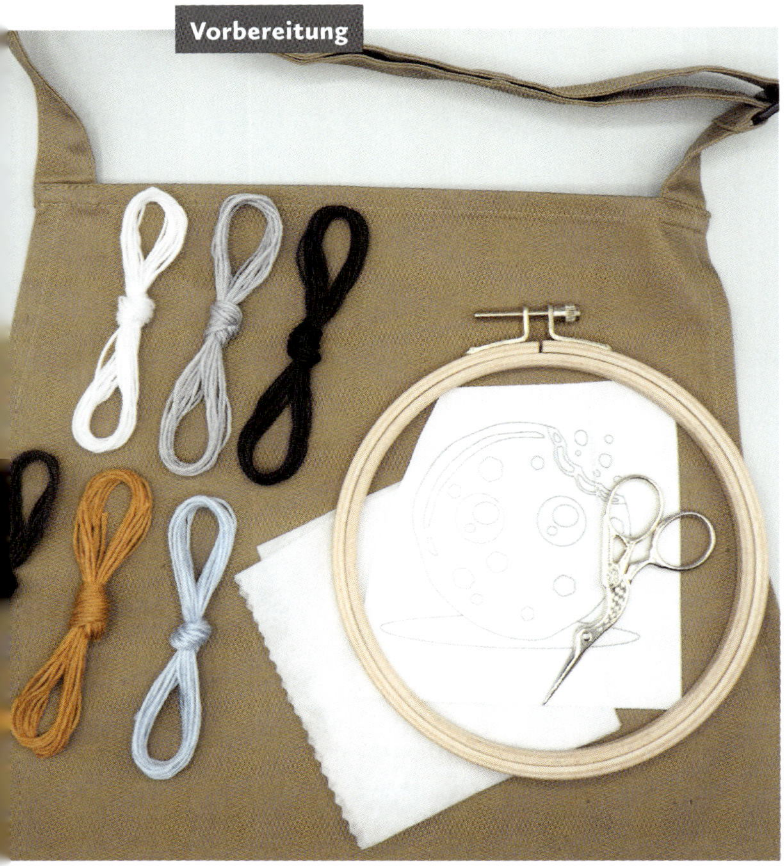

VORBEREITUNG

Zunächst wird das Motiv auf die Transferfolie übertragen. Kopiere das Motiv von der Vorlage auf das Stickvlies. Achte beim Übertragen auf symmetrische Linien.

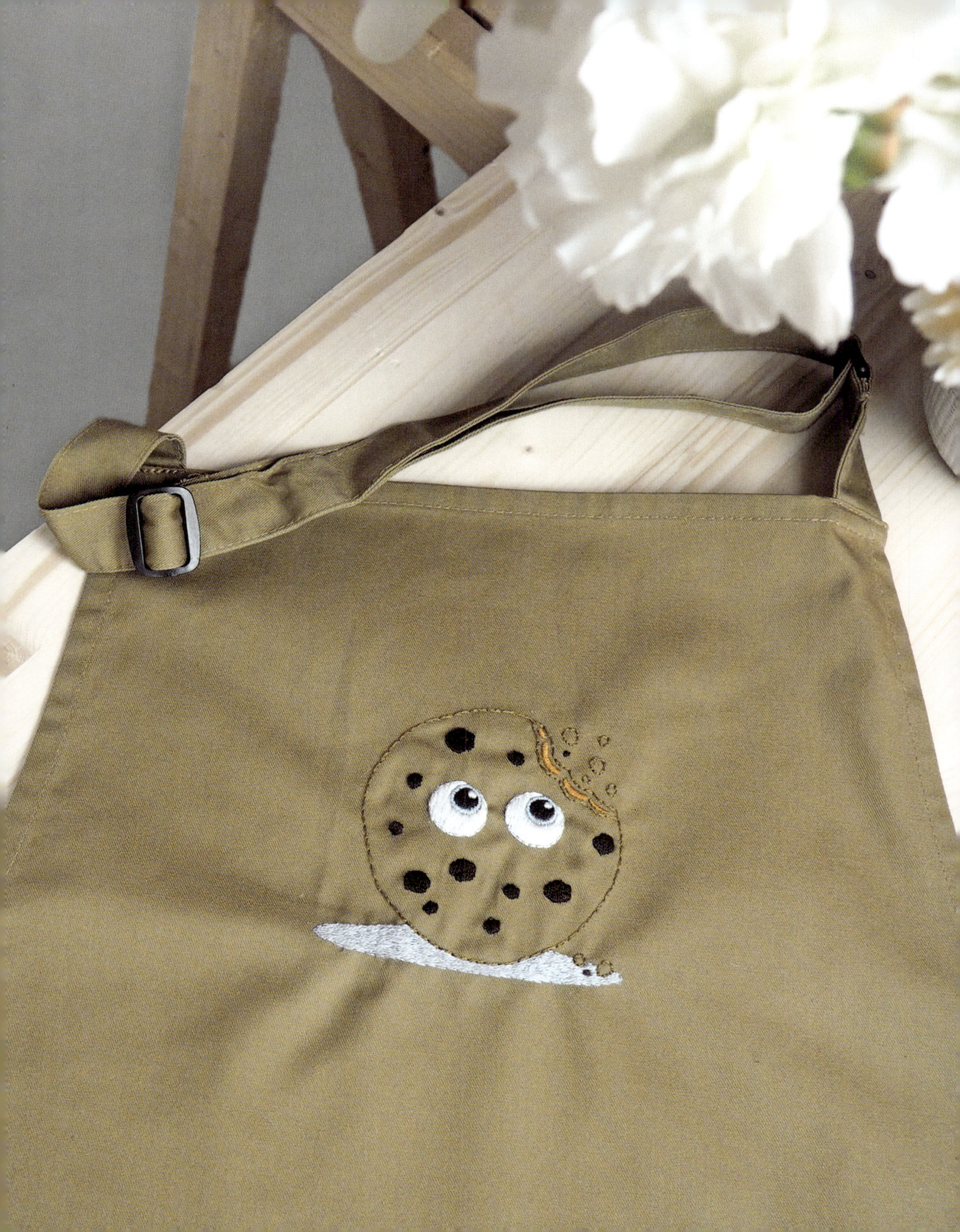

STICKEN

Schritt 1

Platziere das Klebevlies auf der Schürze, in dem Fall ist das Motiv mittig auf den oberen Teil gesetzt. Du kannst die Mitte ausmessen oder das Design mit Augenmaß platzieren.

Schritt 2

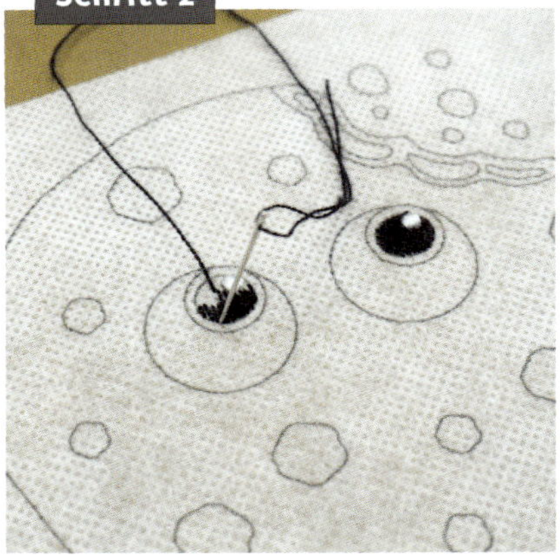

Beginne mit den Augen: Sticke die weißen Highlights mit einem einfachen Plattstich und die Pupillen mit einem versetzten Plattstich (Farben: Weiß, Schwarz, jeweils 2 Fäden).

Schritt 3

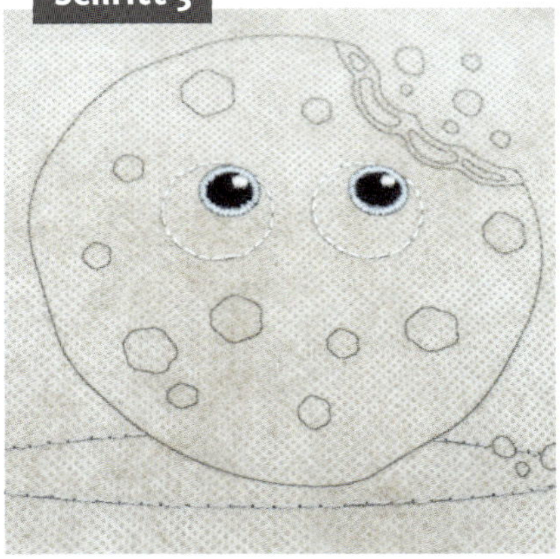

Arbeite die Iris kreisrund mit dem Plattstich und sticke die Outline des Augapfels mit einem Rückstich. Umrande auch den Boden, auf dem der Keks steht, mit einem Rückstich (Farben: Hellblau, Weiß, Grau, jeweils 2 Fäden).

Schritt 4

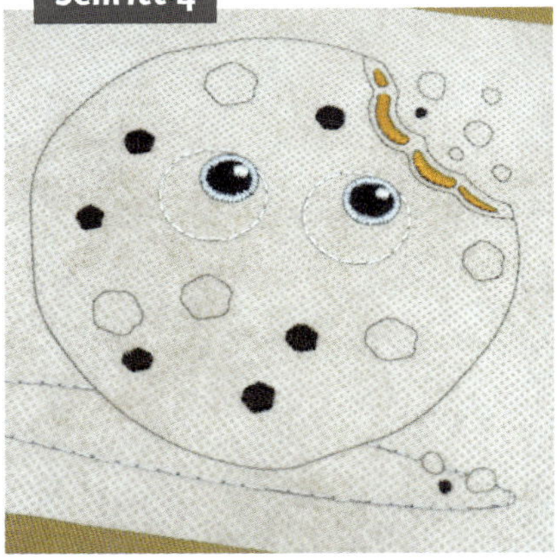

Jetzt wird es süß! Verwende für die kleinen Schokoladenstückchen sowie das Karamell beim Zahnabdruck den einfachen Plattstich (Farbe: Dunkelbraun, Karamell, Grau, jeweils 2 Fäden).

EXTRA-TIPP:

Die Schürze in einer anderen Farbe

Wenn du eine andere Farbe für die Schürze wählst, kann die Stickerei auch toll werden! Beachte dabei, dass du dann den Cookie mit einem Hellbraun füllst, damit er besonders süß aussieht!

Schritt 5

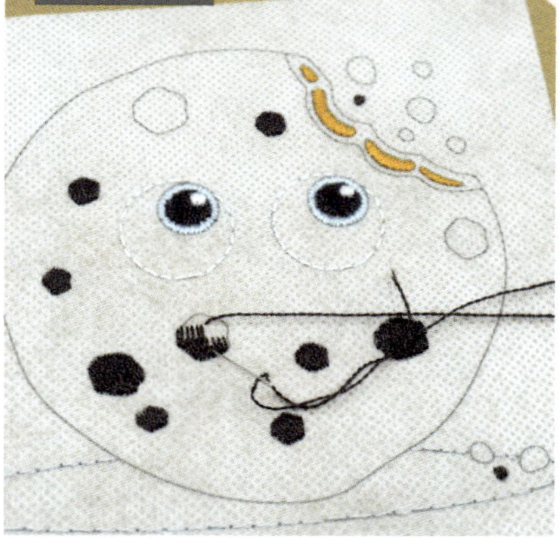

Nimm für die großen Schokochips den versetzten Plattstich (Farbe: Dunkelbraun, 2 Fäden).

Schritt 6

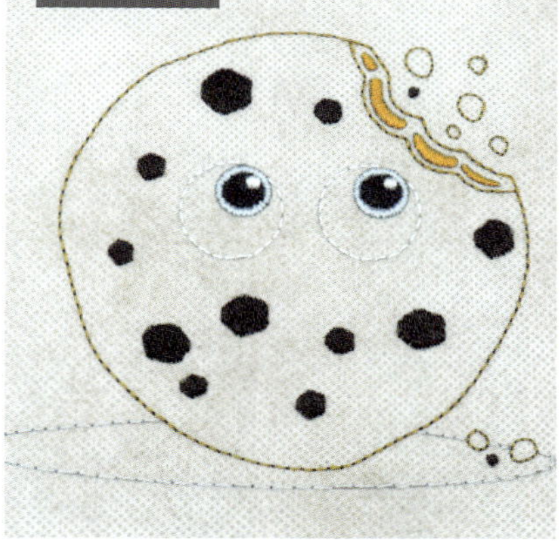

Umrande den Cookie und die Krümel mit einem Rückstich. Danach ist es Zeit, das Vlies sorgfältig auszuwaschen (Farbe: Karamell, 2 Fäden).

Schritt 7

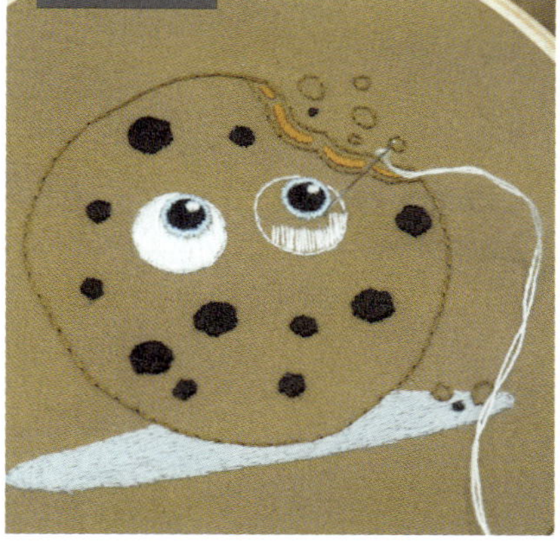

Nun wird die Stickerei fertiggestellt: Fülle den Augapfel sowie den Boden vom Cookie mit einem versetzten Plattstich. Schon ist die Schürze einsatzbereit, um vor Flecken zu schützen! (Farbe: Weiß, Grau, jeweils 2 Fäden)

Fertigstellung

Damit die Stickerei auch langlebig bleibt, werden die Knoten auf der Rückseite mit Bügelvlies versiegelt. Dazu schneidest du kleine Quadrate in der passenden Größe zurecht und bügelst diese über die Knoten auf der Rückseite.

FARBKARTE

SCHWIERIGKEITSGRAD

Whatever

»Was auch immer« – ein trendiger Statement-Schriftzug, der dich mit Coolness durch den Alltag bringt. Wer braucht nicht ein bisschen mehr Gelassenheit, wenn es mal wieder hektisch wird. Ein klares »Whatever« als Reminder, die Dinge ein bisschen lockerer zu nehmen.

MATERIAL UND ZUBEHÖR

- Helle Jeans
- Stickvlies (wasserlöslich, klebend)
- Trickmarker
- Rotes Stickgarn
- Große Sticknadel
- Stickschere
- evtl. Bügelvlies in kleine Quadrate geschnitten

VORBEREITUNG

Zunächst wird das Motiv auf die Transferfolie übertragen. Kopiere das Motiv von der Vorlage auf das Stickvlies. Achte beim Übertragen auf harmonische Linien.

Vorbereitung

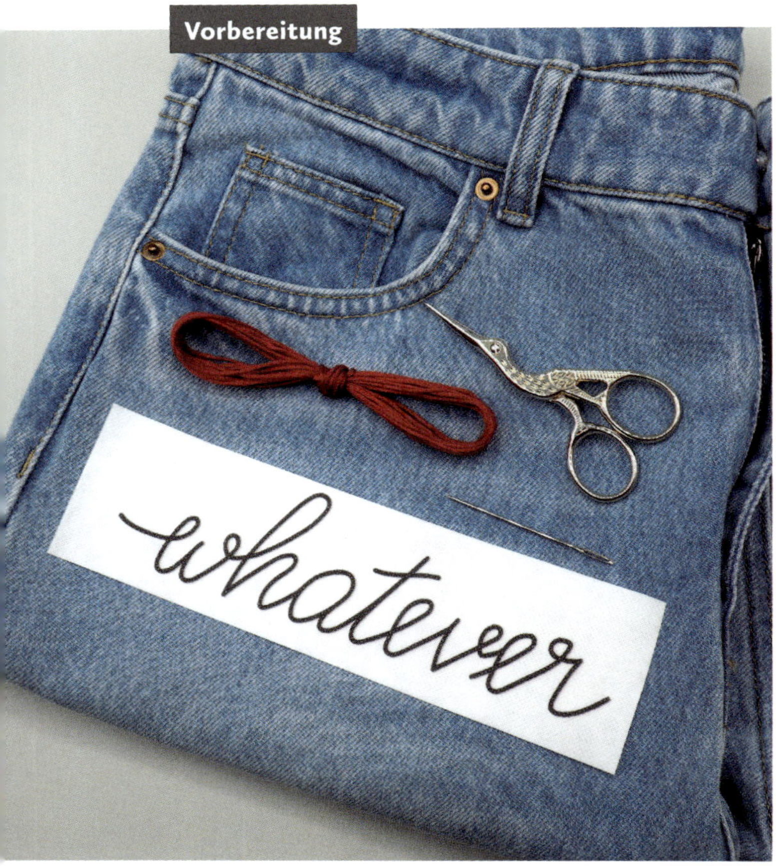

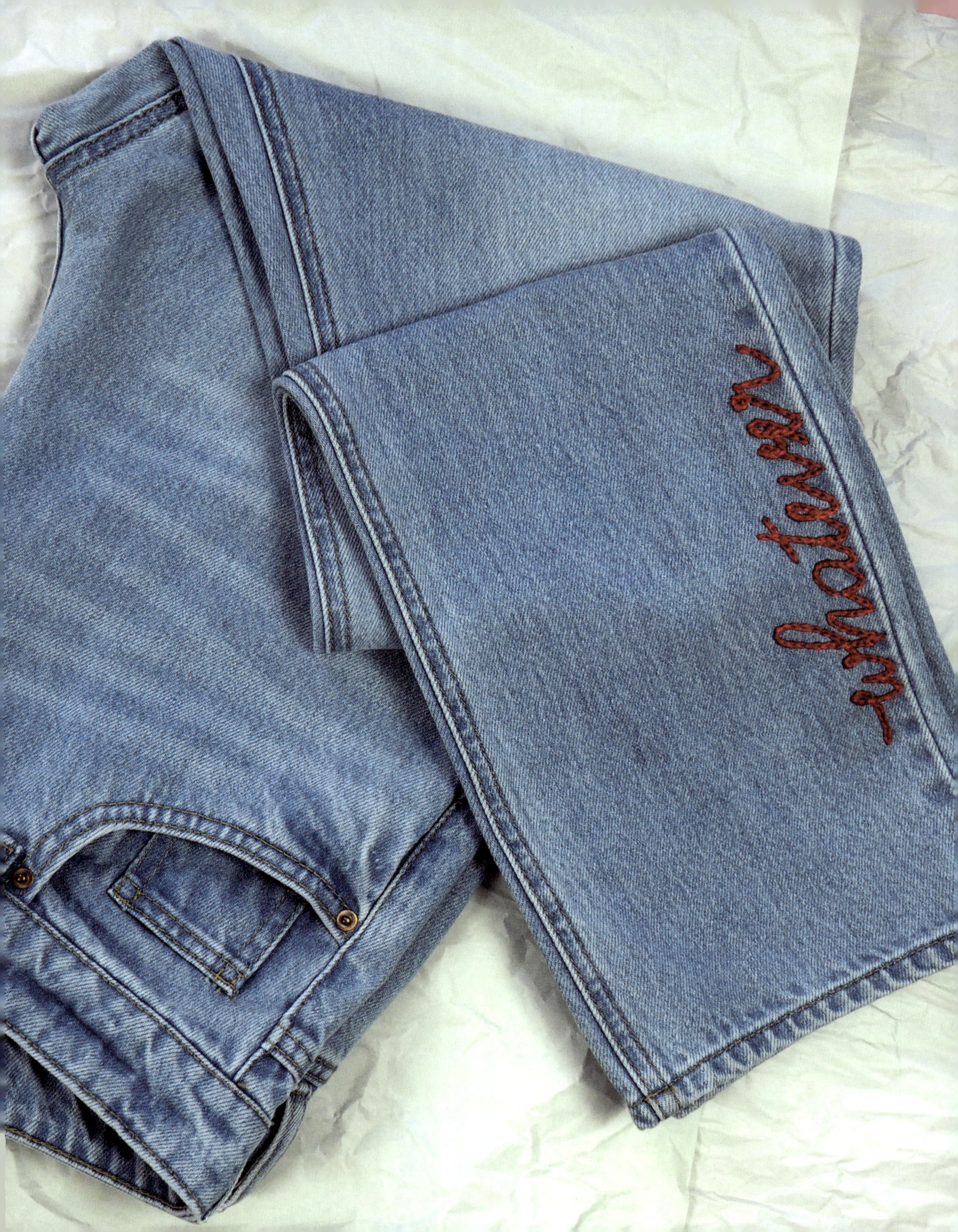

STICKEN

Schritt 1

Platziere das Klebevlies auf dem seitlichen Hosenbein, das Motiv verläuft parallel zur Außennaht.

Schritt 2

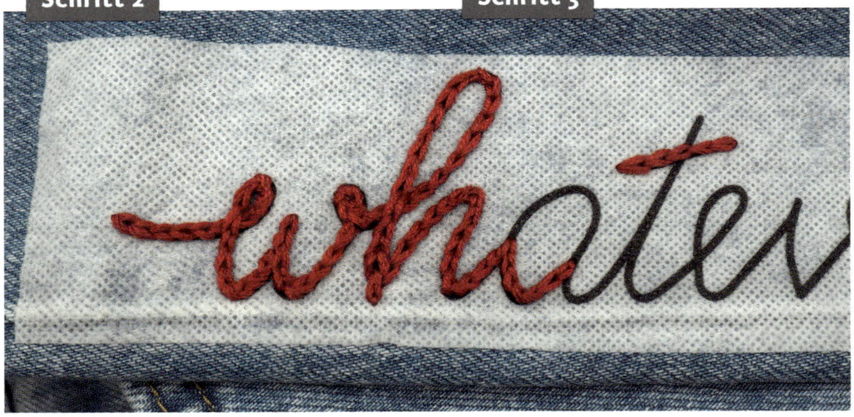

Sticke das ganze Motiv mit dem Kettstich. Ziehe die Buchstaben W und H in einem Schwung durch (Farbe: Rot, ganzer Strang – 6 Fäden).

Schritt 3

Die nächsten Schritte sind der untere Bogen des A sowie der Querstrich vom T (Farbe: Rot, ganzer Strang – 6 Fäden).

Schritt 4

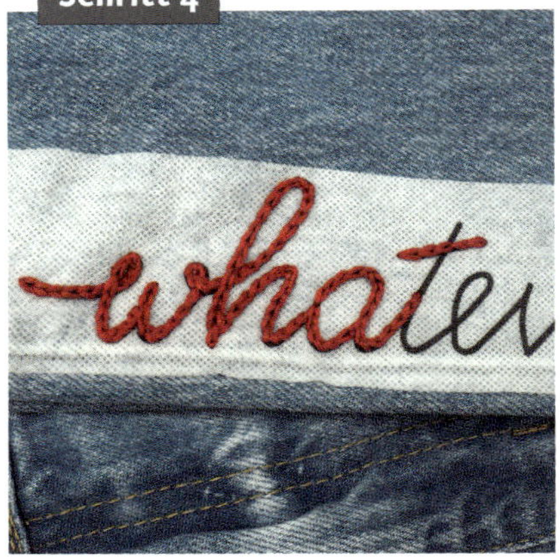

Vervollständige das A bis hin zur Mitte des T (Farbe: Rot, ganzer Strang – 6 Fäden).

Schritt 5

Sticke die restlichen Buchstaben, ohne abzusetzen. Achte vor allem bei den kleinen Rundungen darauf, dass sie schön gleichmäßig werden (Farbe: Rot, ganzer Strang – 6 Fäden). Schneide dann das Vlies kurz, um es leichter auswaschen zu können.

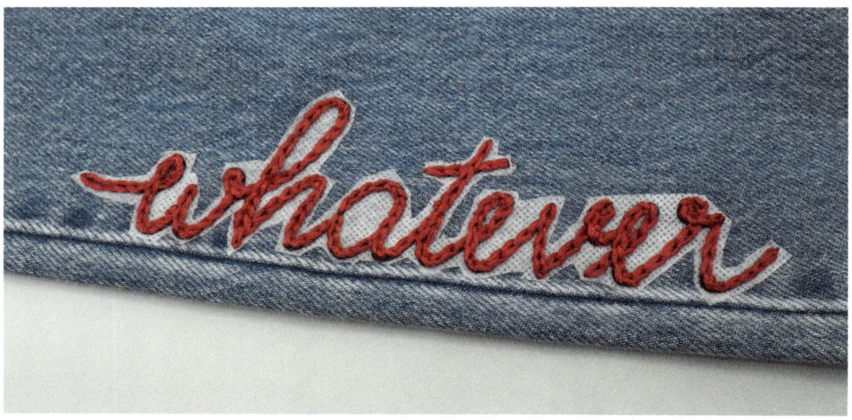

Schritt 6

Wasche das Vlies sorgfältig aus, sodass nur mehr die Stickerei auf der Hose zu sehen bleibt. Nach dem Trocknen kannst du die Jeans schon ausführen!

EXTRA-TIPP:

Bunte Schriften in voller Farbenpracht!

Du kannst auch jeden Buchstaben in einer anderen Farbe erstrahlen lassen! Dazu suchst du dir die gewünschten Farben aus und stickst einen Buchstaben nach dem anderen. Das Prinzip ist wie in der Schritt-für-Schritt-Anleitung beschrieben, nur dass du nach jedem Buchstaben vernähst und die Farbe wechselst. Sticke das A in diesem Fall kürzer, sodass der Bogen nicht so weit in das T ragt.

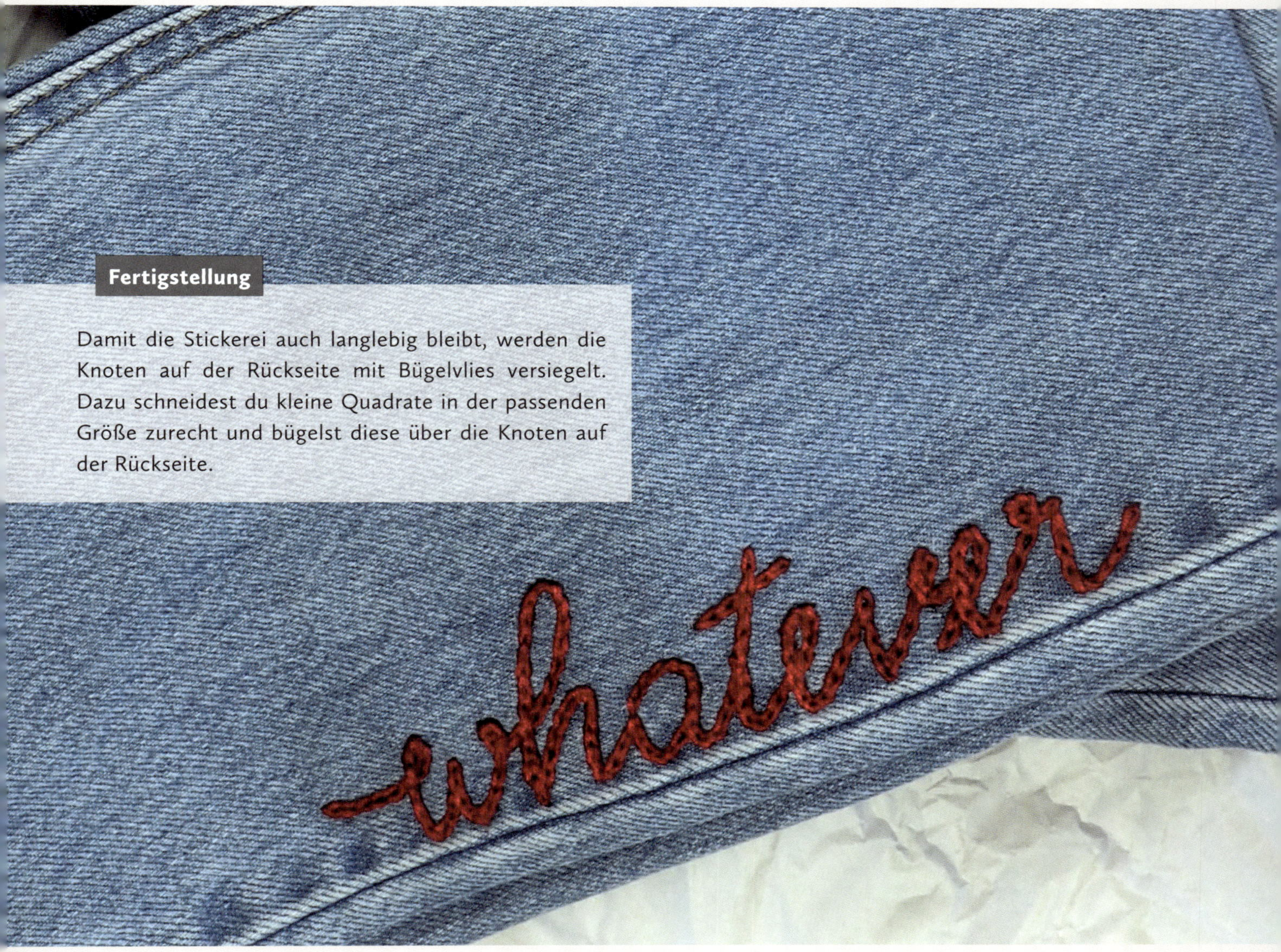

Fertigstellung

Damit die Stickerei auch langlebig bleibt, werden die Knoten auf der Rückseite mit Bügelvlies versiegelt. Dazu schneidest du kleine Quadrate in der passenden Größe zurecht und bügelst diese über die Knoten auf der Rückseite.

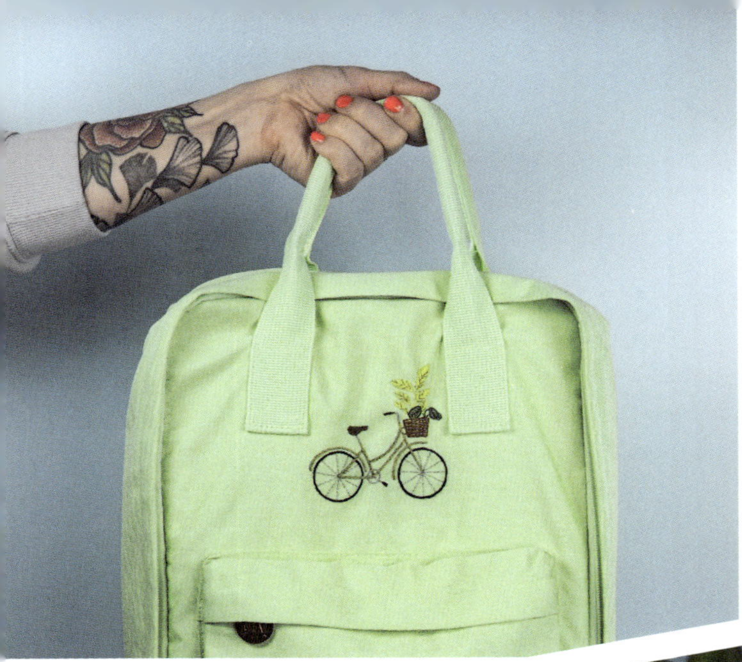

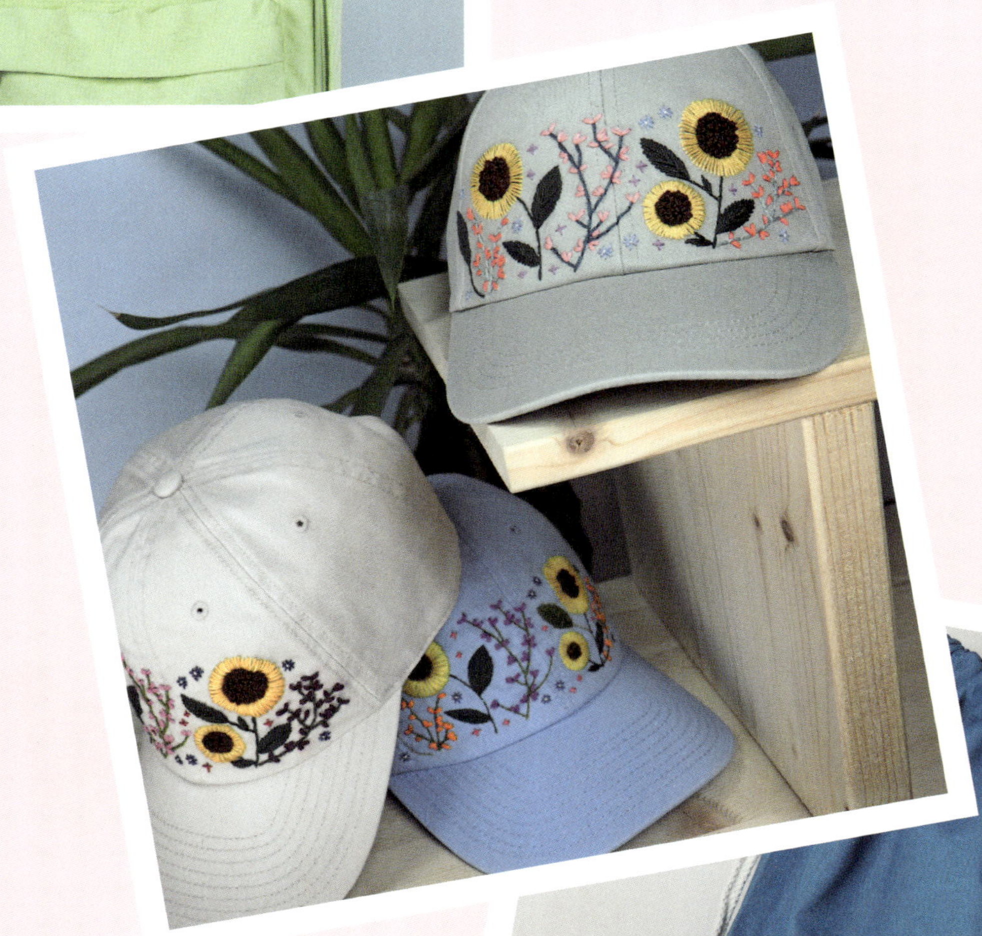

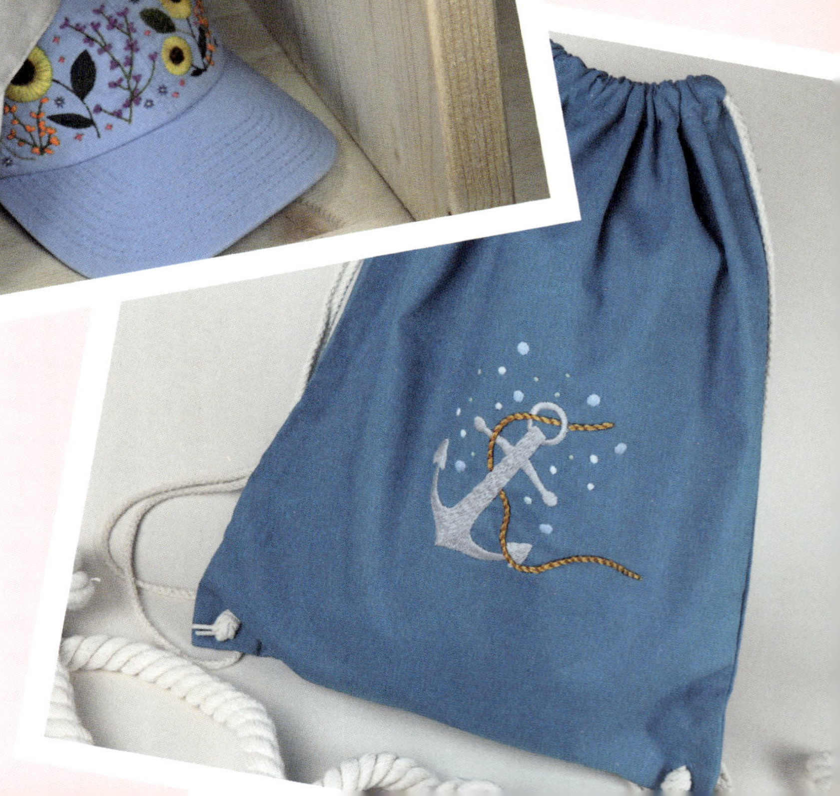

Accessoires

Besticke nicht nur Kleidungstücke sondern auch Accessoires, Schuhe und viel mehr! In diesem Kapitel findest du kleine und große Projekte, um deinen Alltagsbegleitern einen einzigartigen Look zu geben. So gelingt dir der perfekte Auftritt mit dem gewissen Extra.

FARBKARTE

SCHWIERIGKEITSGRAD

Blumensneaker

Die stylischen Sneaker mit der Blumenstickerei sind ein echter Hingucker an deinen Füßen! Bring mit den bunten Blüten etwas Farbe ins Leben – egal ob casual im Büro zu Jeans und Blazer oder sportlich zu Jeansshorts, die Blumensneakerr ziehen garantiert Blicke auf sich!

MATERIAL UND ZUBEHÖR

- Sneaker oder Turnschuhe aus Stoff
- Stickvlies (wasserlöslich, klebend)
- Trickmarker
- 4 Pailletten
- 4 Perlen
- Stickgarn in den verschiedenen Farben
- Sticknadel
- Stickschere

Vorbereitung

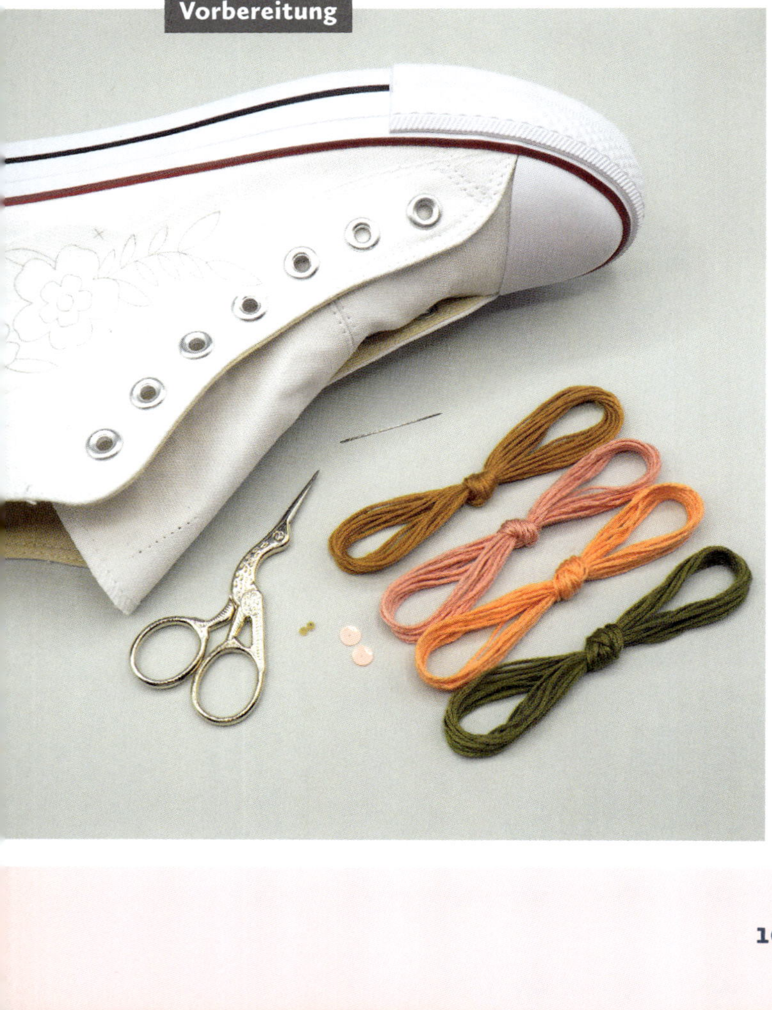

VORBEREITUNG

Zunächst wird das Motiv auf die Transferfolie übertragen. Kopiere das Motiv von der Vorlage auf das Stickvlies. Es gibt ein Design für den linken und eins für den rechten Schuh – gestickt werden beide gleich. Achte beim Übertragen auf harmonische Linien.

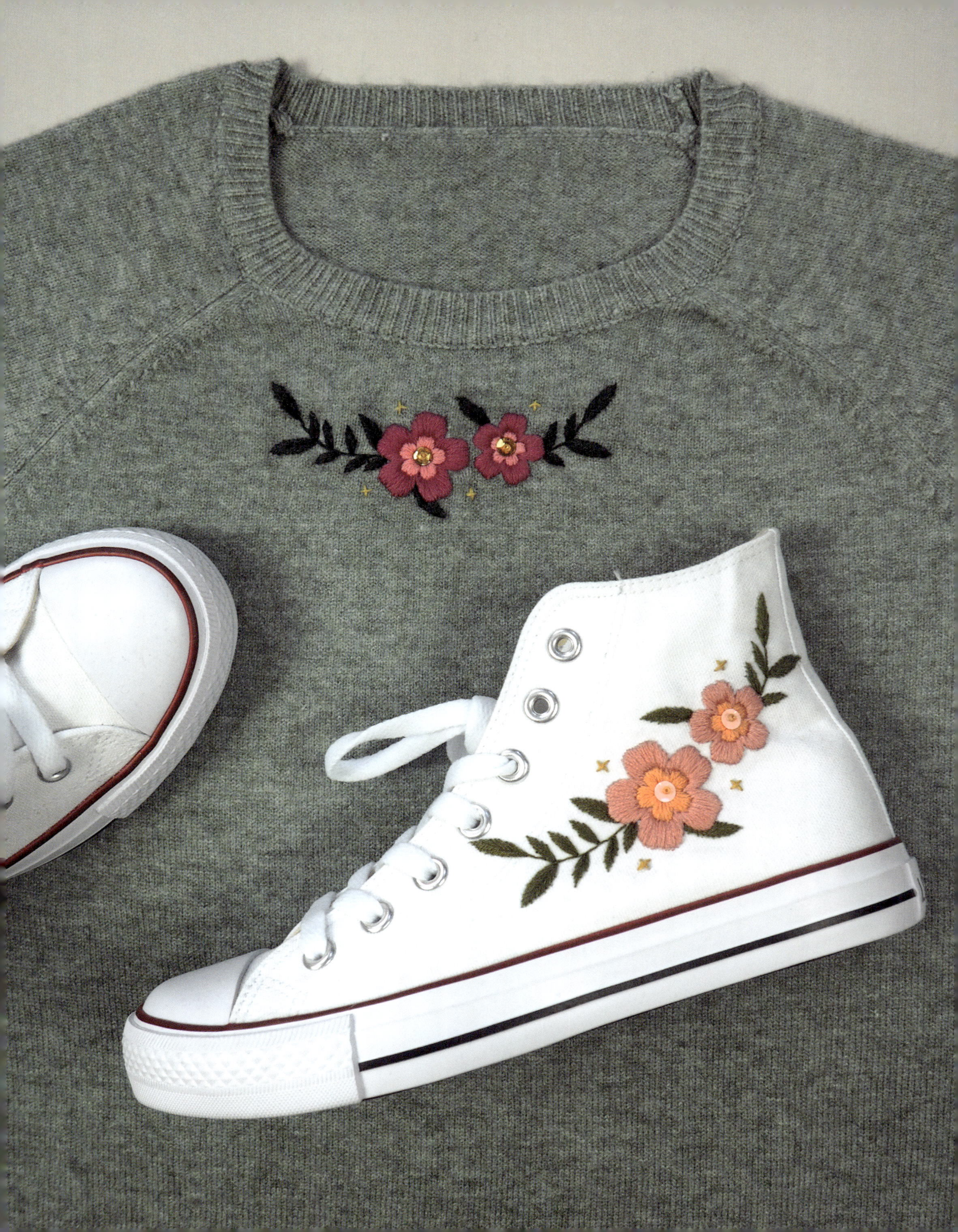

STICKEN

Schritt 1

Platziere das Klebevlies auf den Außenseiten der Sneaker.

Schritt 2

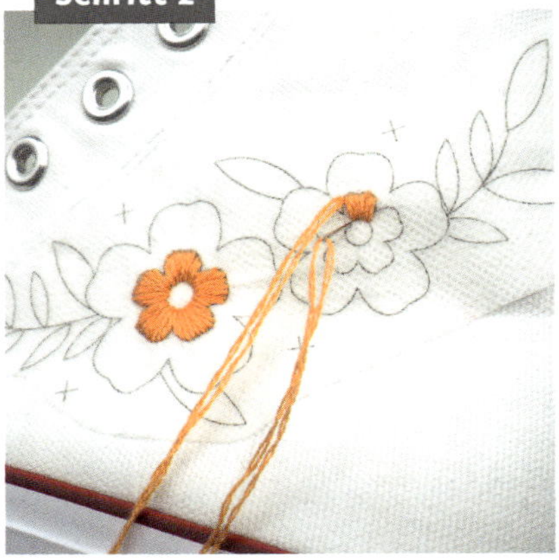

Verwende für die inneren, kleinen Blüten den einfachen Plattstich (Farbe: Helles Orange, 2 Fäden).

Schritt 3

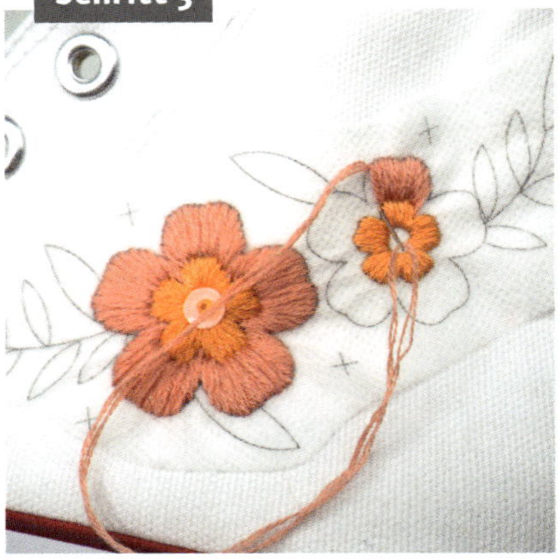

Sticke auch die äußeren Blütenblätter mit dem einfachen Blattstich (Farbe: Rosa, 2 Fäden). Befestige auch die Pailletten und die Perlen in der Mitte jeder Blume.

Schritt 4

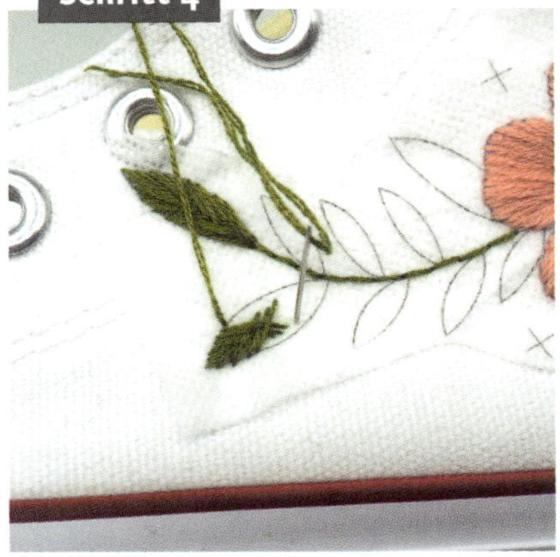

Fertige die Blumenstängel mit einem Outline-Stich und die Blätter mit dem Blattstich an (Farbe: Grün, 2 Fäden).

Schritt 5

Jetzt gibt es farbliche Akzente! Nimm für die kleinen, dekorativen X kurze Spannstiche.

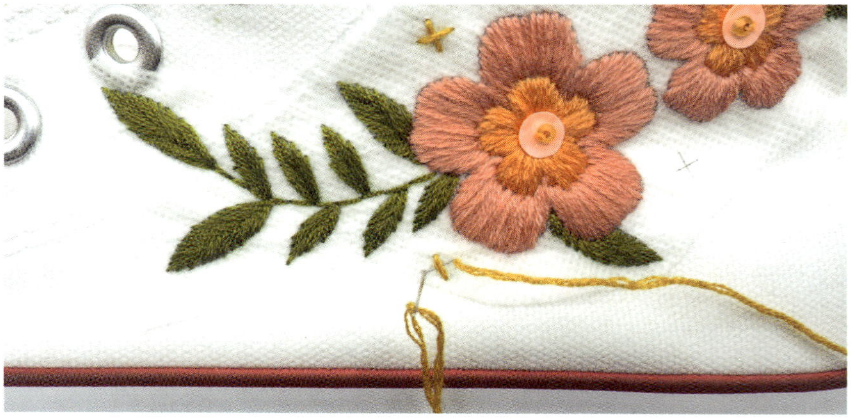

EXTRA-TIPP:

Pailletten mir Perle annähen

Die Perlen mit den Pailletten werden ganz einfach angenäht und haben einen tollen Effekt! Das Garn wird geteilt. Gestickt wird mit einem Faden. Ein kleiner Knoten im Stickgarn sichert den Anfang. Dann sticht man von unten nach oben genau auf den Punkt, wo später die Mitte der Paillette sein soll. Die Nadel wird durch den Mittelpunkt der Paillette gezogen und auch gleich durch das Loch der Perle. Jetzt geht's wieder zurück: durch die Paillette und auf die Rückseite des Stoffes. Dort wird das Garn vernäht und die Paillette sitzt mit der Perle sicher auf der Oberseite.

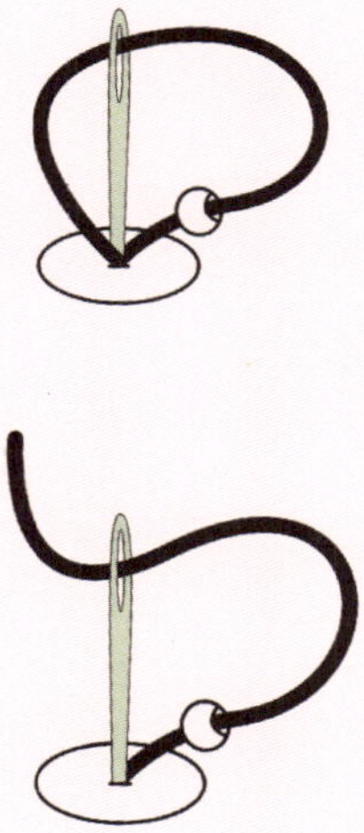

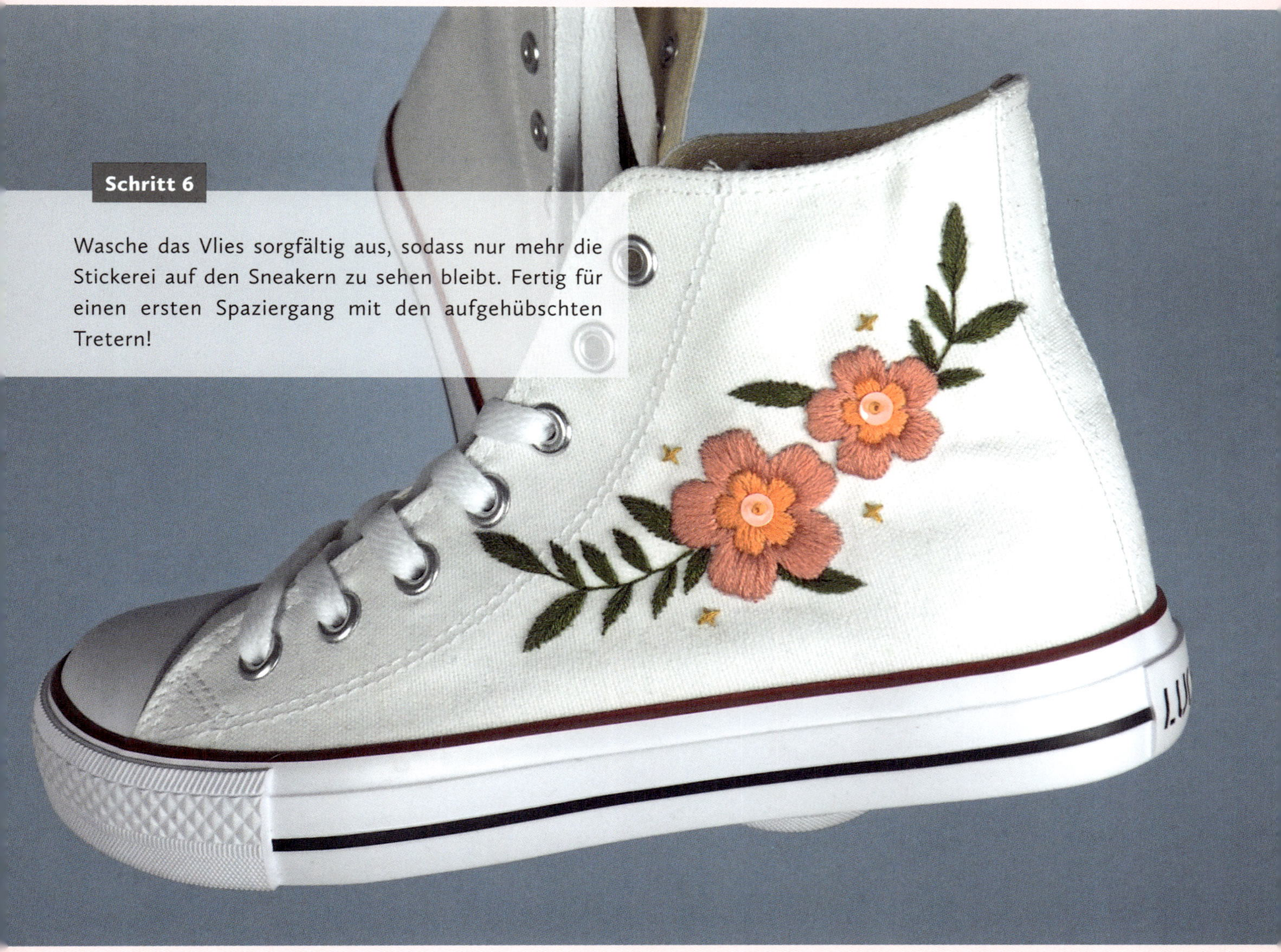

Schritt 6

Wasche das Vlies sorgfältig aus, sodass nur mehr die Stickerei auf den Sneakern zu sehen bleibt. Fertig für einen ersten Spaziergang mit den aufgehübschten Tretern!

FARBKARTE

SCHWIERIGKEITSGRAD

Fahrrad

Fahrradfahren ist ein Lifestyle und ein ganz besonderes Lebensgefühl. Du kannst mit dem Rad so gut wie alles machen und nimmst die Umgebung viel stärker wahr als mit anderen Verkehrsmitteln. Sticke dein Lieblingsfortbewegungsmittel nun als Statement im Kleinformat!

MATERIAL UND ZUBEHÖR

- Rucksack
- Stickvlies (wasserlöslich, klebend)
- Trickmarker
- Stickgarn in den verschiedenen Farben
- Sticknadel
- Stickschere
- evtl. Lineal

Vorbereitung

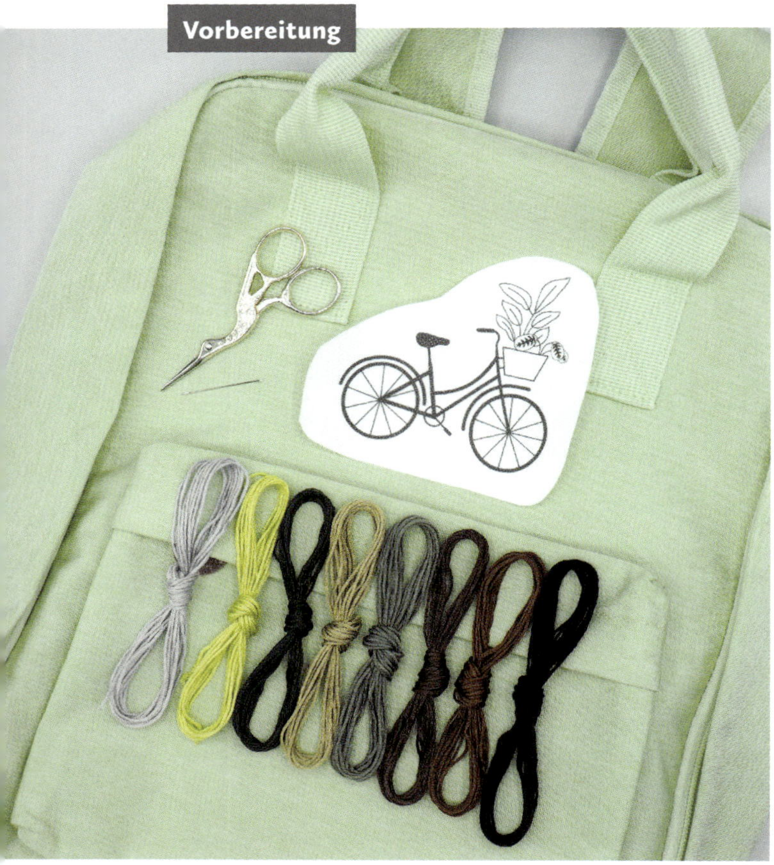

VORBEREITUNG

Zunächst wird das Motiv auf die Transferfolie übertragen. Kopiere das Motiv von der Vorlage auf das Stickvlies. Achte beim Übertragen auf gerade und saubere Linien. Nimm eventuell ein Lineal zur Hilfe.

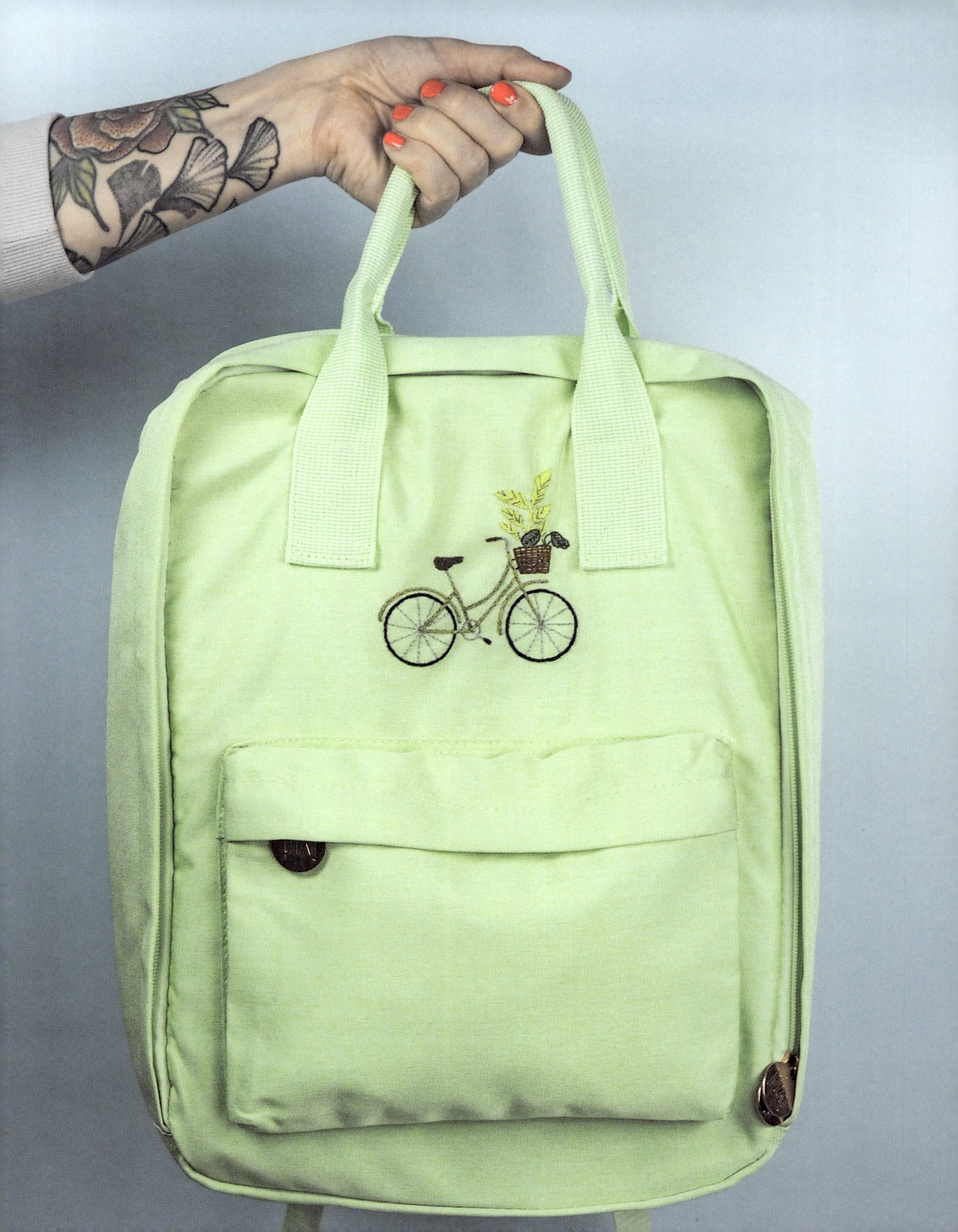

STICKEN

Schritt 1

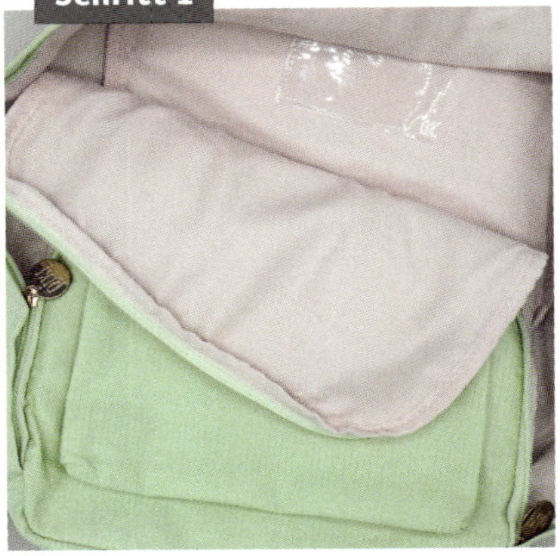

Schritt 2

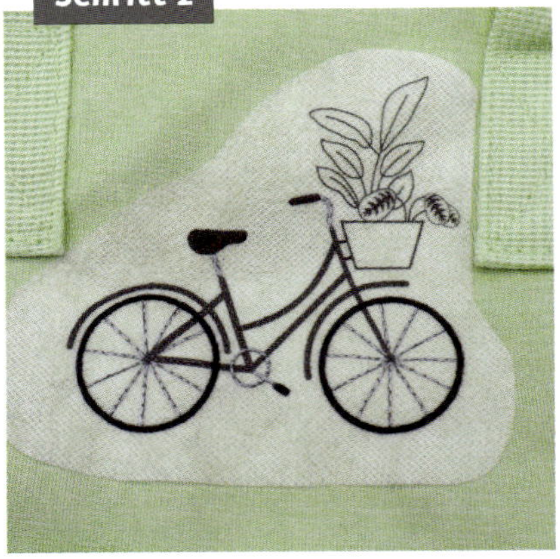

Schritt 3

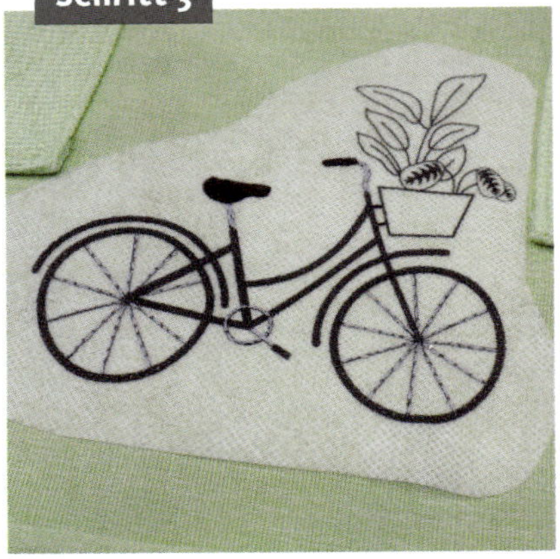

Manche Rucksäcke, wie der im Beispielbild, besitzen ein Innenfutter. Schöner wird die Stickerei, wenn du das Futter löst, bevor du zu sticken beginnst. Anderenfalls besteht die Gefahr, dass sich das Futter verzieht.

Klebe das Klebevlies auf die gewünschte Stelle auf. Sticke den Griff und den Sattel mit dem horizontal versetzten Plattstich (Farbe: Dunkelbraun, 2 Fäden). Arbeite die Sattelstütze und den Lenker auch mit einem versetzten Plattstich, allerdings vertikal. Verwende für die Kurbel einen Spannstich (Farbe: Hellgrau, 2 Fäden).

Für die Kettenübersetzung und die Speichen nimm einen engen Rückstich, ca. 2 mm (Farbe: Hellgrau, 2 Fäden).

Schritt 4

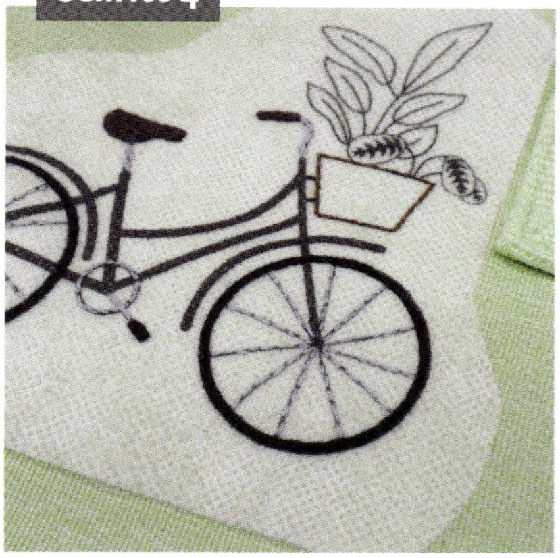

Sticke die Reifen ringsum im versetzten Plattstich. Achte auf eine saubere Ausführung, damit der Reifen später nicht wabbelig aussieht (Farbe: Schwarz, 2 Fäden). Fertige das Pedal mit einem einfachen Plattstich an (Farbe: Schwarz, 2 Fäden). Umrande den Korb mit einem Rückstich und zwei waagerechten Spannstichen für die Halterung (Farbe: Braun, 2 Fäden).

Schritt 5

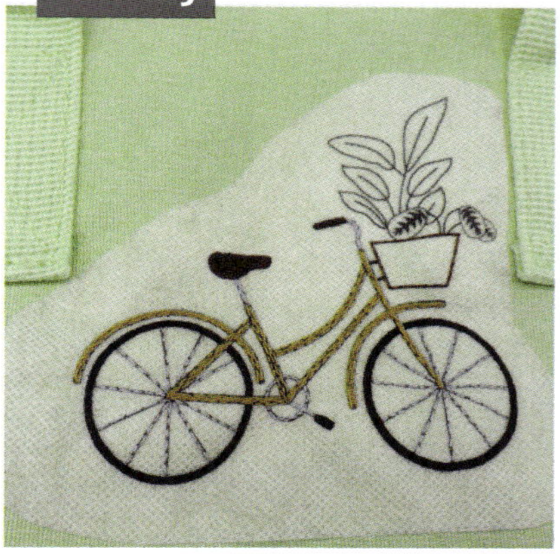

Verwende für den Rahmen des Fahrrads auch einen versetzten Plattstich. Dabei werden der Hinter- und der Vorderreifen überstickt, genauso wie die Kettenübersetzung (Farbe: Gold, 2 Fäden).

Schritt 6

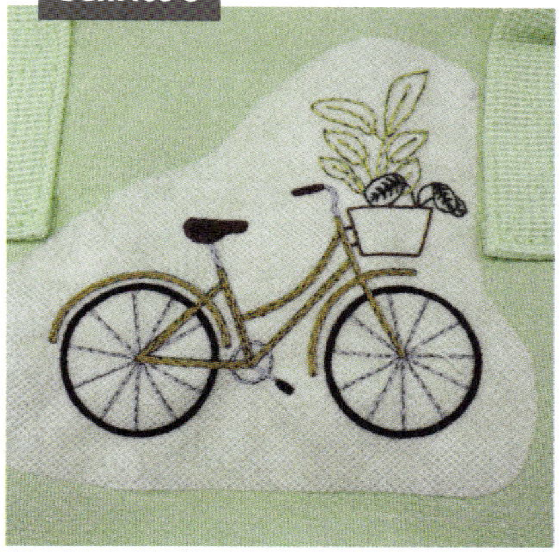

Zeit, um den Pflanzen Farbe zu geben! Sticke in diesem Schritt die Konturen und Stängel der hellen Pflanze mit einen engen Rückstich (1–2 mm) und arbeite mit Spannstichen auch das Innere der dunklen Pflanze (Farben: Hellgrün, Dunkelgrün, jeweils 2 Fäden).

Schritt 7

Wasche nun das Stickvlies vorsichtig aus und trockne den Rucksack.

Schritt 8

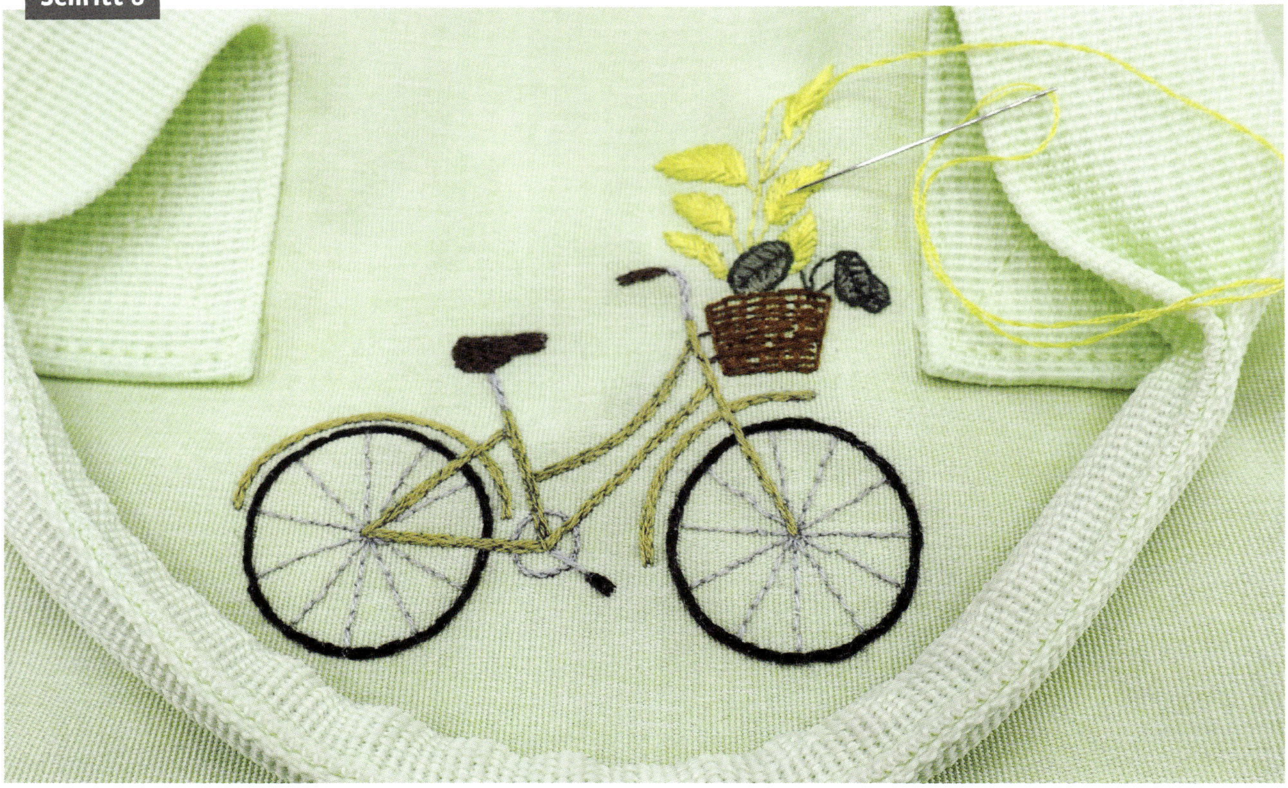

Jetzt wird die Stickerei vervollständigt: Der Korb besteht aus horizontalen und vertikalen Rückstichen. Beginne mit den horizontalen Linien, im Abstand von 3–4 mm. Darüber kommen die vertikalen Rückstiche. Der Korb soll nicht ganz akkurat aussehen, er darf ein bisschen wild sein, damit das fertige Bild lebendig ist! Verwende für die hellen Blätter den Blattstich (Farbe: Hellgrün, 2 Fäden). Wenn du damit fertig bist, setze einzelne dunkle Spannstiche in die Blätter (Farbe: Dunkelgrün, 2 Fäden). Für das Innere der dunklen Blätter nimm einen einfachen Plattstich (Farbe: Dunkelgrün, 2 Fäden).

EXTRA-TIPP:

Sticke dein Rad!

Dein Fahrrad hat eine andere Farbe? Dann tausche sie einfach gegen deine Radversion aus. Auch die Reifen, der Sattel oder die Griffe sind je nach Modell unterschiedlich und können selbstverständlich individualisiert werden.

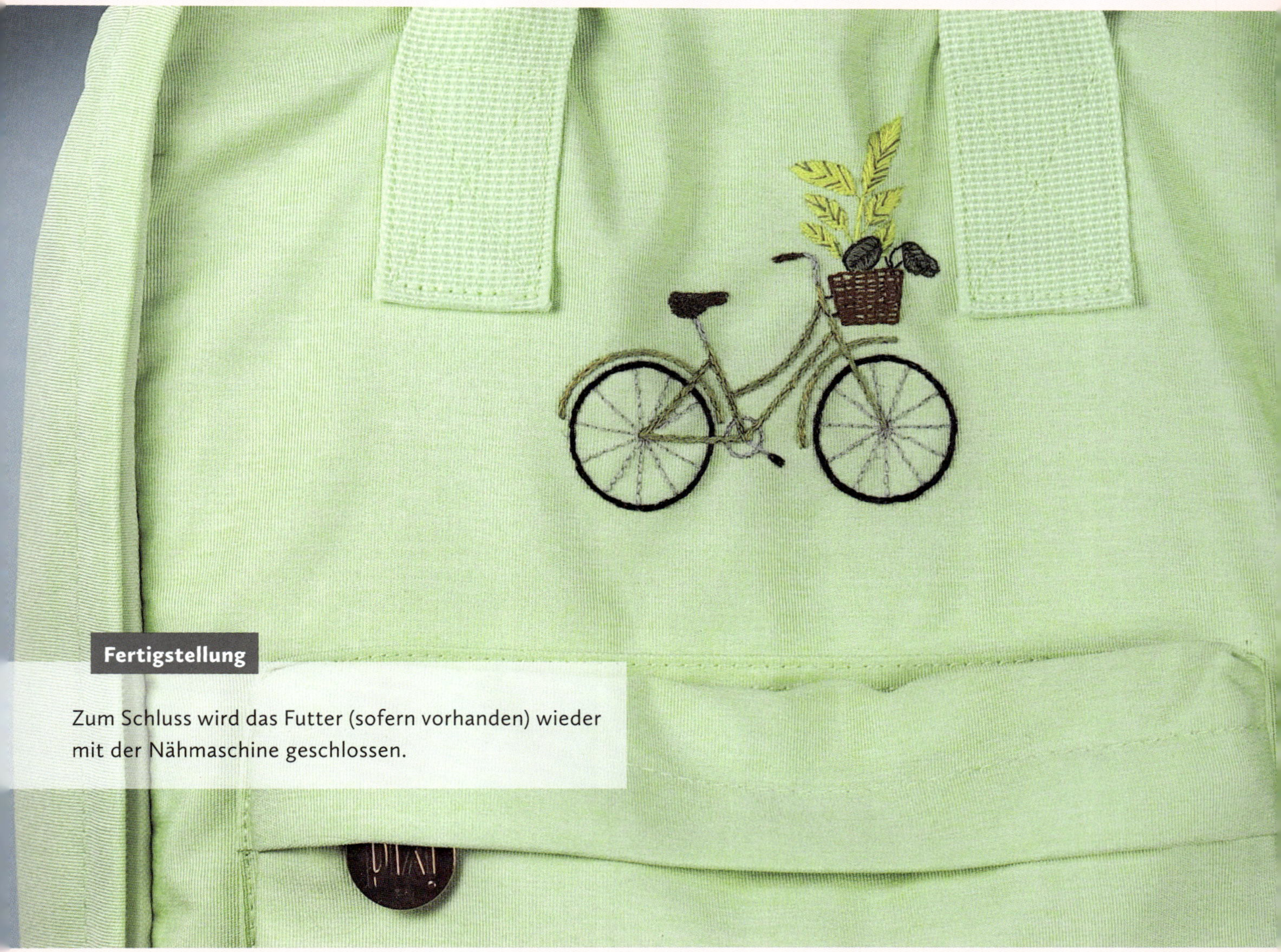

Fertigstellung

Zum Schluss wird das Futter (sofern vorhanden) wieder mit der Nähmaschine geschlossen.

FARBKARTE

SCHWIERIGKEITSGRAD

Erdbeeren

Strawberry Fields forever! Was schmeckt besser als eine saftige, süße, frisch gepflückte Erdbeere? So süß und intensiv – einfach ein Traum. Gestickt versprüht das fruchtige Rosengewächs auch ganzjährig sommerliche Vibes und lässt dich von den warmen Tagen des Jahres schwärmen.

MATERIAL UND ZUBEHÖR

- Fischerhut in Pastellfarbe
- Stickvlies (wasserlöslich, klebend)
- Trickmarker
- Stickgarn in den verschiedenen Farben
- Sticknadel
- Stickschere

VORBEREITUNG

Zunächst wird das Motiv auf die Transferfolie übertragen. Kopiere das Motiv von der Vorlage auf das Stickvlies.

Vorbereitung

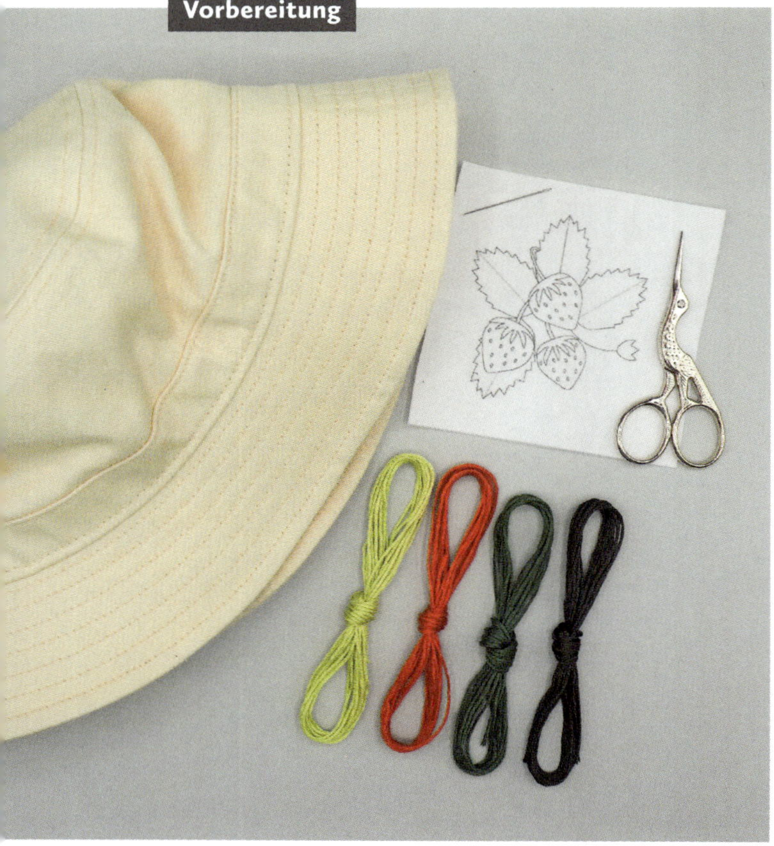

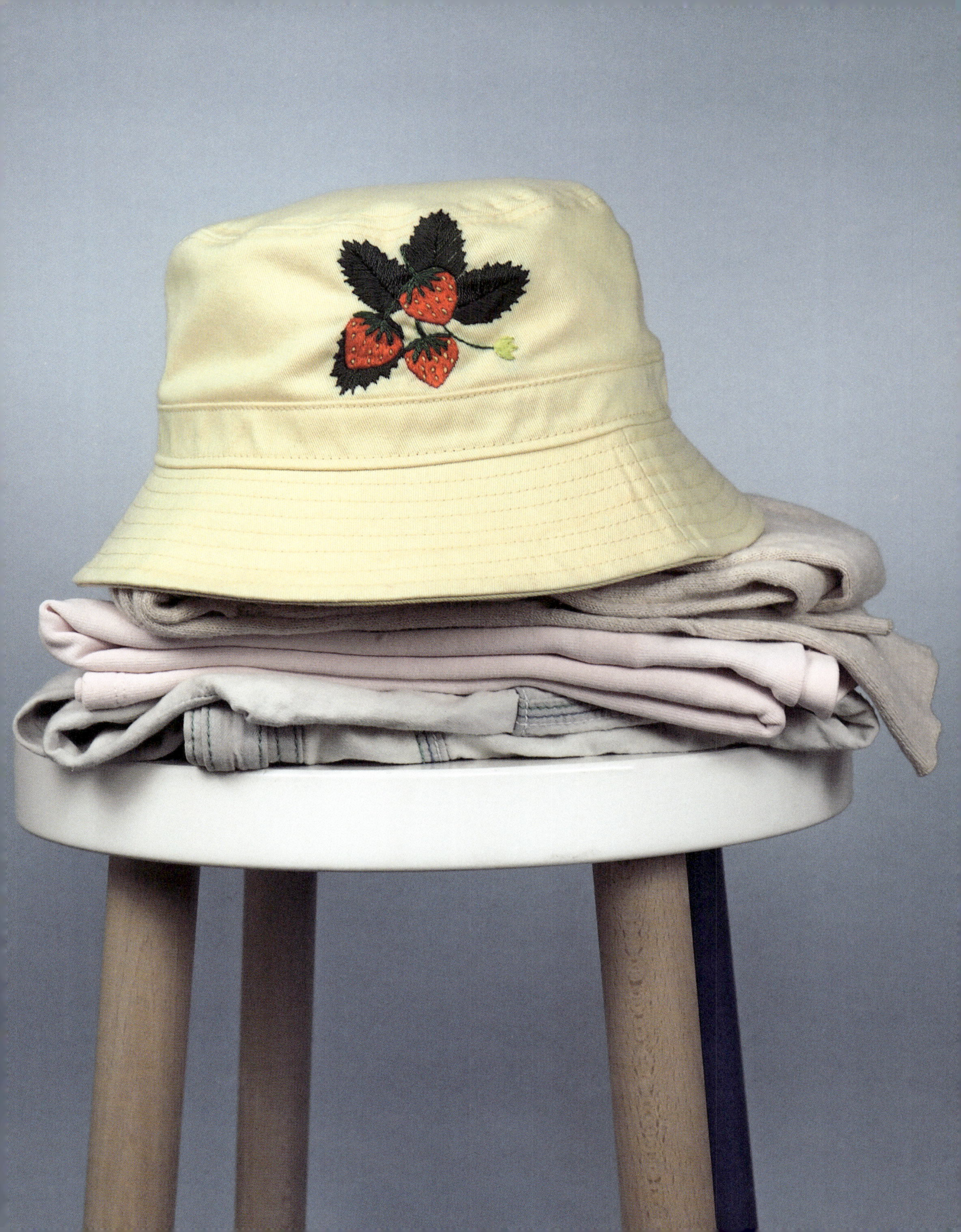

STICKEN

Schritt 1

Platziere das Klebevlies auf dem Fischerhut, in dem Fall ist das Motiv schräg gesetzt.

Schritt 2

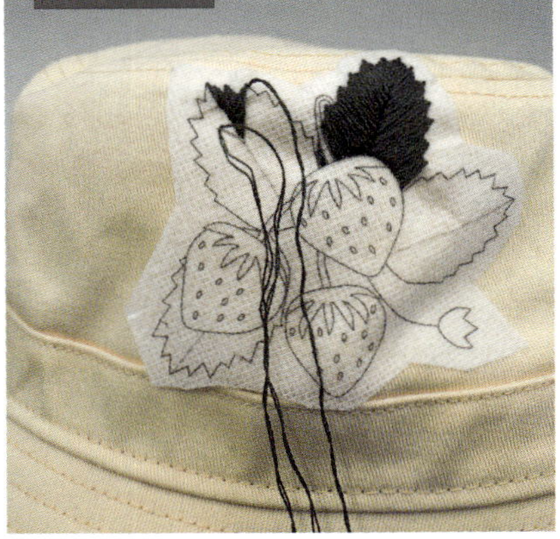

Sticke die Blätter mit dem Blattstich. Folge der Kontur wie bei den Blättern vorgegeben (eckige Kontur) (Farbe: Dunkelgrün, 2 Fäden).

Schritt 3

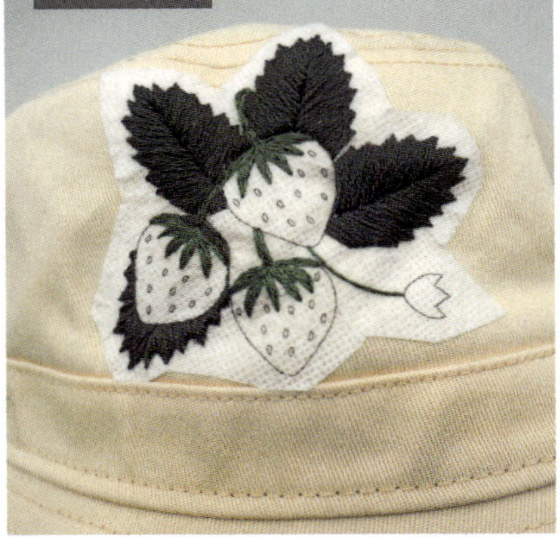

Verwende für die Stängel und das Grün der Erdbeere einen versetzten Plattstich (Farbe: Hellgrün, 2 Fäden).

Schritt 4

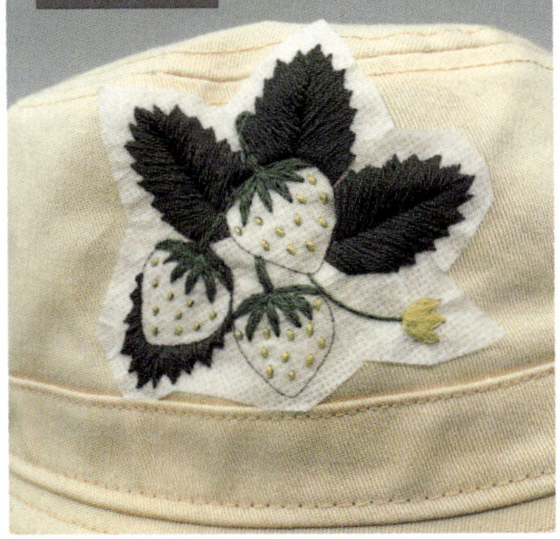

Arbeite die Blüte ebenfalls mit einem versetzten Plattstich. Setze für die Erdbeerkerne zwei kurze Spannstiche (Farbe: Gelbgrün, 2 Fäden).

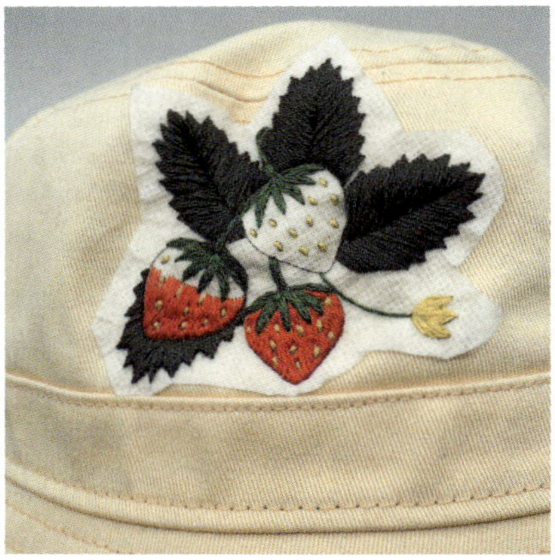

Schritt 5

Jetzt bekommen die Erdbeeren ihre saftige Farbe: Sticke einen versetzten Plattstich, um die Köstlichkeiten zu füllen (Farbe: Rot, 2 Fäden).

Schritt 6

Wasche das Vlies sorgfältig aus, sodass nur mehr die Stickerei auf dem Hut zu sehen bleibt. Dein perfekter Fischerhut, der auf jeden Fall gute Laune bringt, ist nun einsatzbereit!

EXTRA-TIPP:

Andere Platzierungen

Die Erdbeeren sehen auch auf anderen Kleidungsstücken super aus! Sie kommen z. B. auf einer Jacke, einem Sweater oder T-Shirt sehr gut zur Geltung und sorgen auf jeden Fall für Sommergefühle!

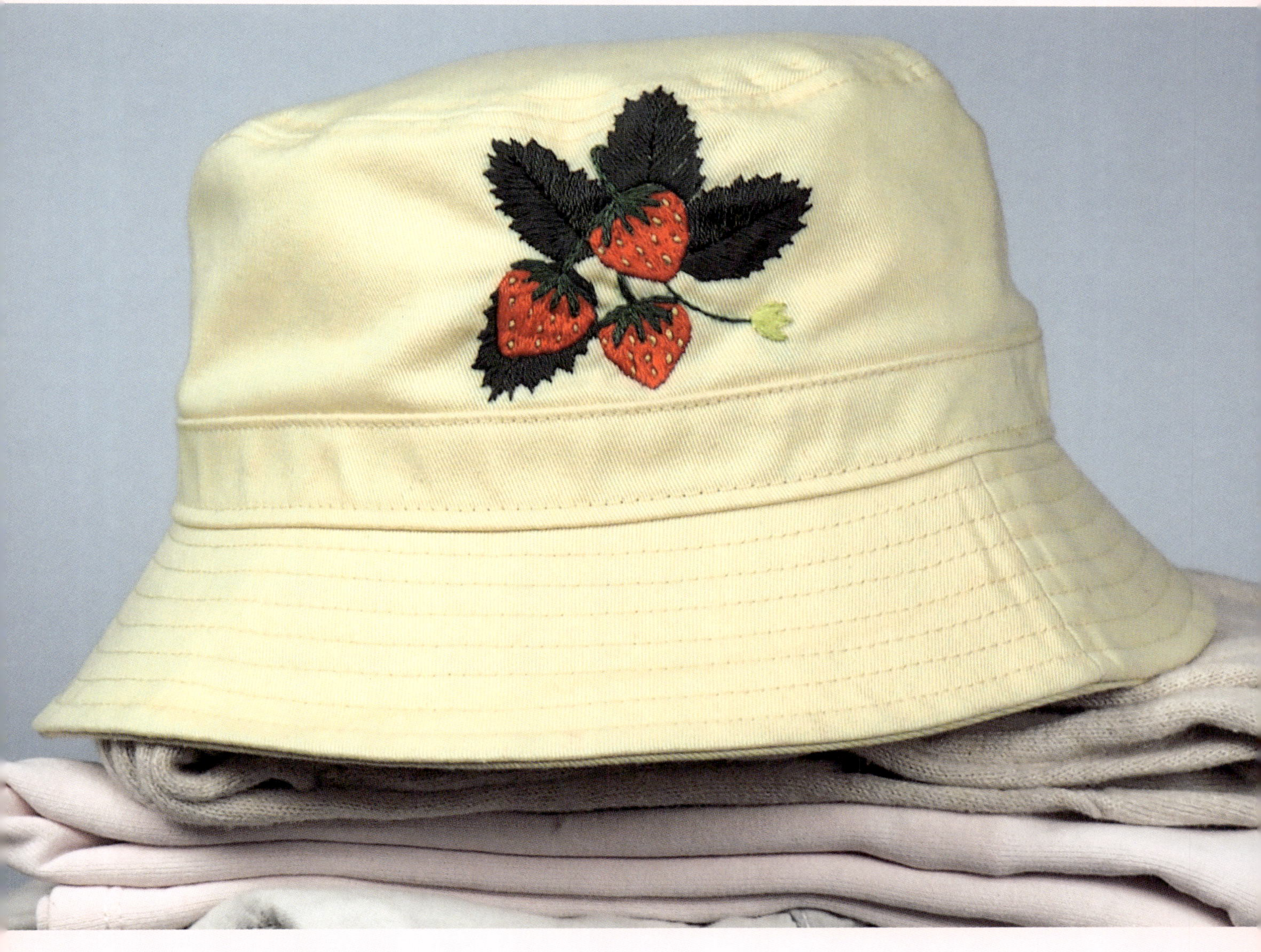

FARBKARTE

SCHWIERIGKEITSGRAD

Anker

Schiff ahoi – wir setzen den Anker und gehen an Land! Das Symbol steht nicht nur für Erdung, Halt und Tiefe, sondern auch für Hoffnung und ist deswegen ein tolles Motiv für deinen Beutel.

MATERIAL UND ZUBEHÖR

- Stoffbeutel
- Motivvorlage als Schablone
- Trickmarker
- Stickgarn in den verschiedenen Farben
- Große Sticknadel & kleine Sticknadel
- Stickschere
- evtl. Bügelvlies in kleine Quadrate geschnitten

VORBEREITUNG

Zunächst wird das Motiv mittels der Schablone übertragen. Achte beim Übertragen auf gerade und symmetrische Linien.

Vorbereitung

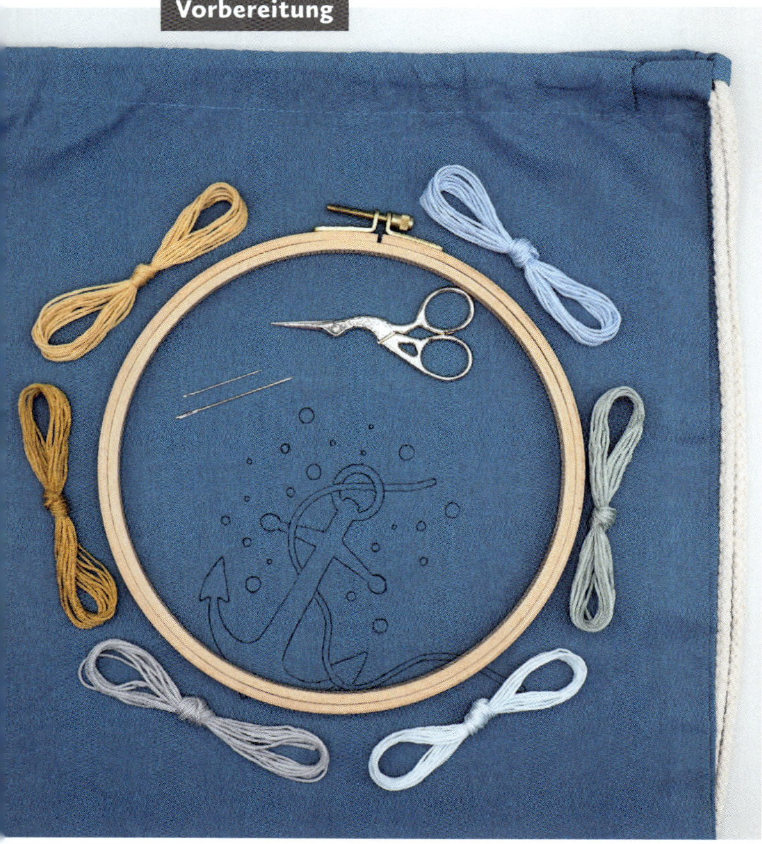

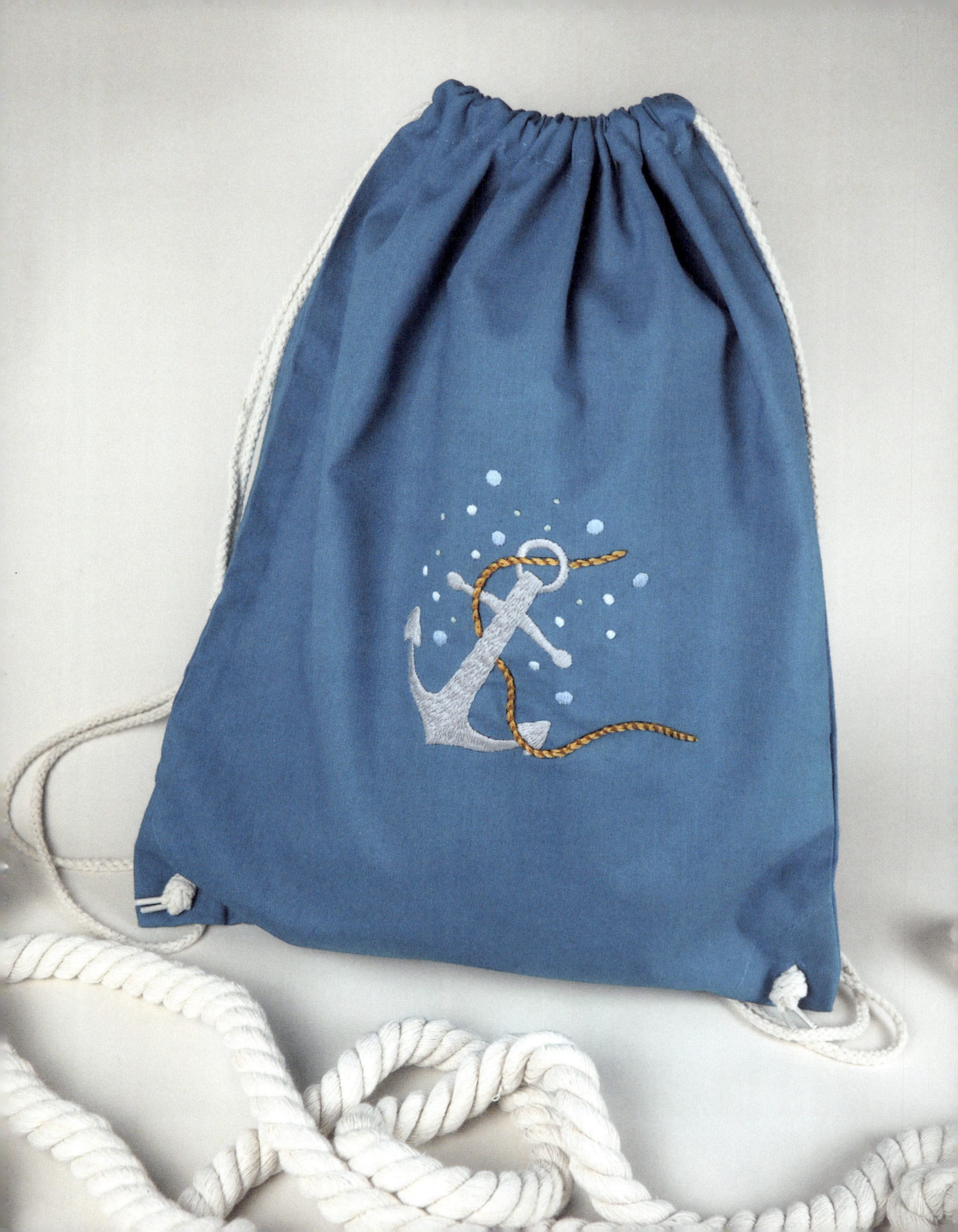

STICKEN

Schritt 1

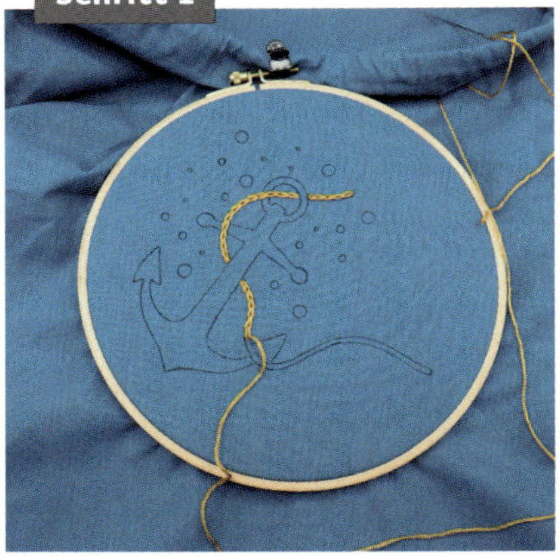

Die Grundlage für das Seil ist ein Kettenstich (Farbe: Gold, ganzes Garn – 6 Fäden, große Nadel).

Schritt 2

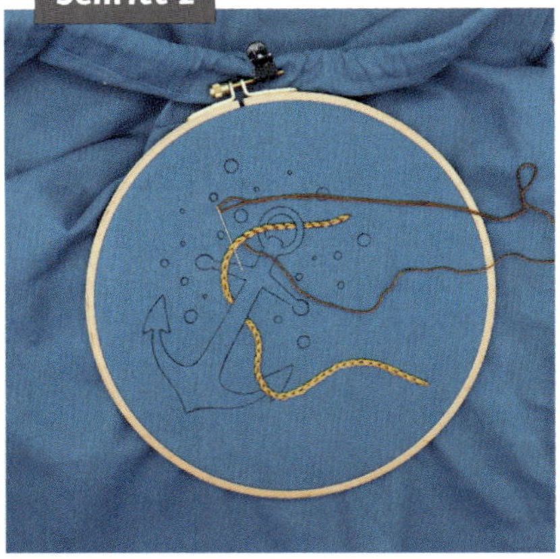

Arbeite nun den umwickelten Kettenstich, indem du das zweite Garn durch den einfachen Kettenstich ziehst (Farbe: Braun, ganzes Garn – 6 Fäden, große Nadel).

Schritt 3

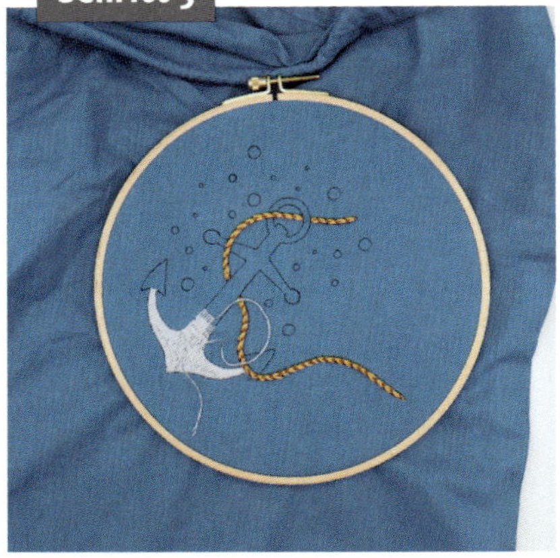

Sticke den Korpus des Ankers mit einem versetzen Plattstich. Nur der Ankerstock und der Ring werden ausgespart (Farbe: Grau, 2 Fäden, kleine Nadel).

Schritt 4

Fertige den Ankerstock mit einem senkrechten einfachen Plattstich (Farbe: Grau, 2 Fäden, kleine Nadel).

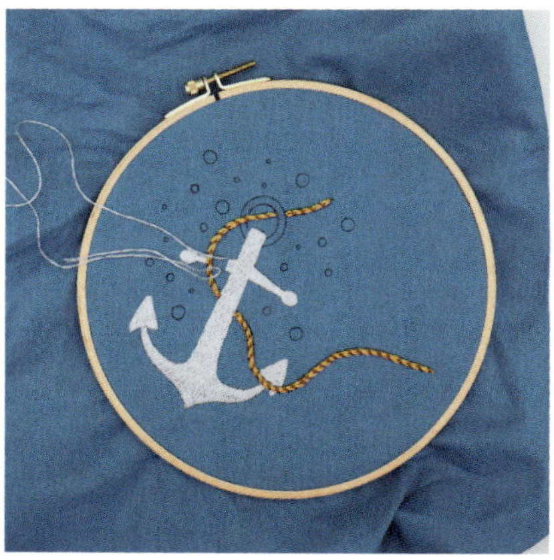

Schritt 5

Verwende für den Ring ebenfalls einen einfachen Plattstich, der ringsum geführt wird (Farbe: Grau, 2 Fäden, kleine Nadel).

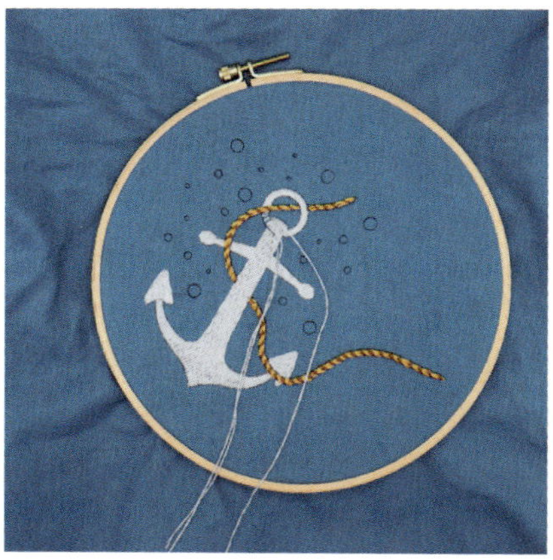

Schritt 6

Den Abschluss bilden die Luftblasen. Fülle sie auch mit einem einfachen Plattstich. Die unterschiedlichen Farben machen das Bild lebendig (Farben: Hellgrün – kleine Blasen, Zartblau – mittlere Blasen, Hellblau – große Blasen, Grau, 2 Fäden, kleine Nadel).

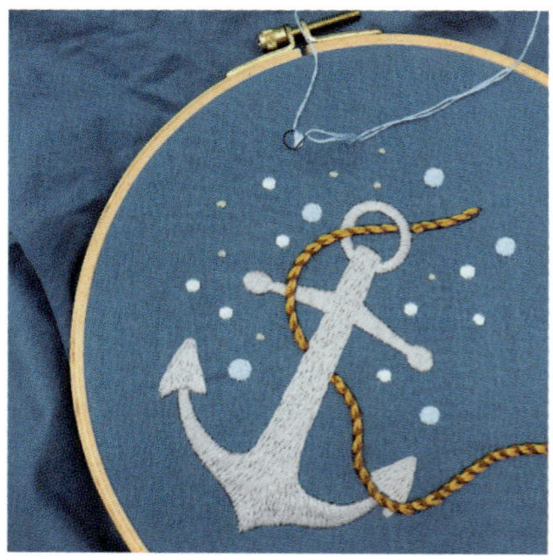

EXTRA-TIPP:

Große Motive eignen sich auch für den Rücken!

Der Anker muss nicht auf einem Beutel landen, er kann auch sehr dekorativ auf dem Rücken einer Jeans- oder Stoffjacke sein! Als Alternative zur Motivübertragung kannst du natürlich auch das auswaschbare Vlies verwenden.

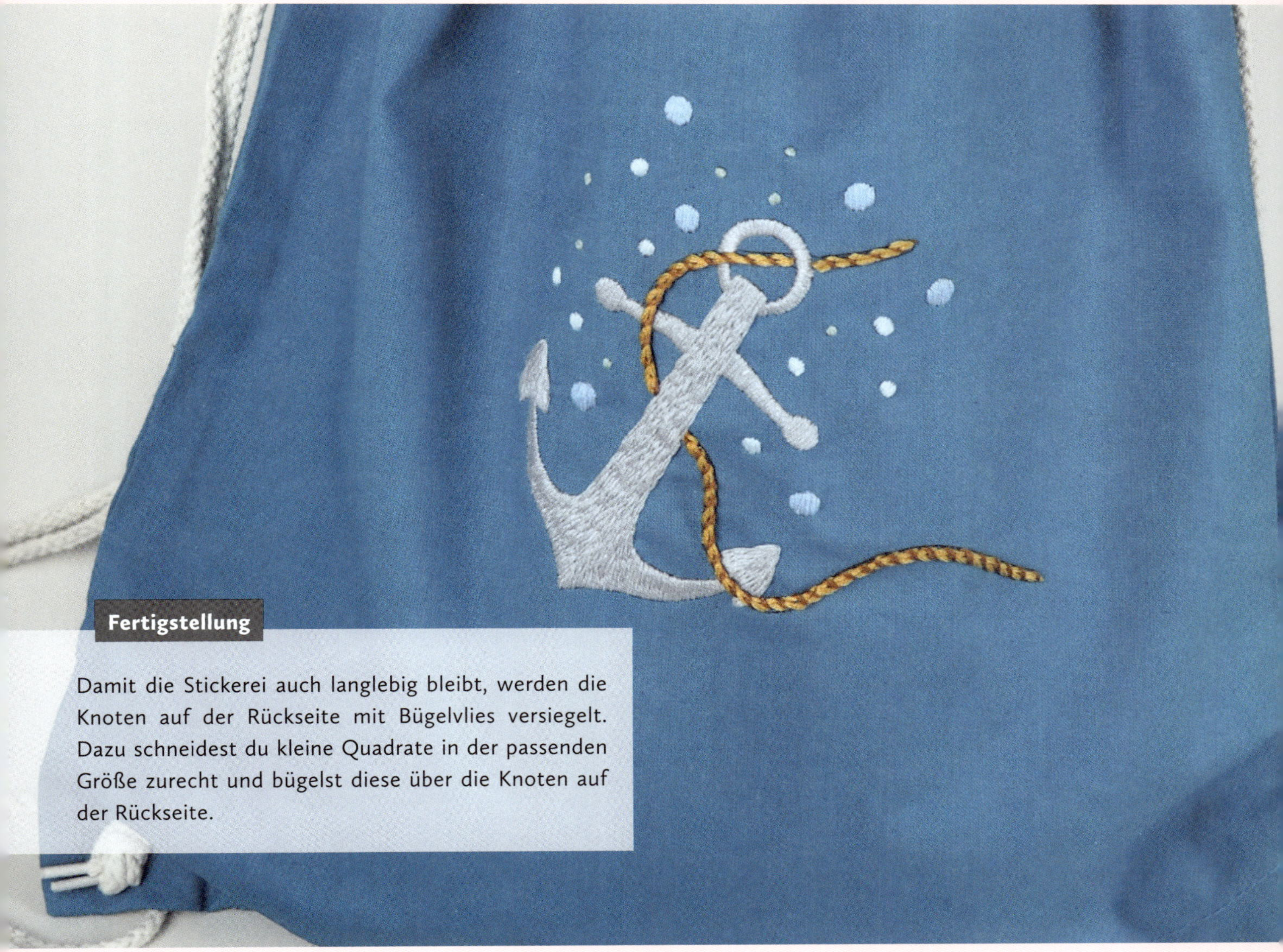

Fertigstellung

Damit die Stickerei auch langlebig bleibt, werden die Knoten auf der Rückseite mit Bügelvlies versiegelt. Dazu schneidest du kleine Quadrate in der passenden Größe zurecht und bügelst diese über die Knoten auf der Rückseite.

FARBKARTE

SCHWIERIGKEITSGRAD

Blumenkappe

Jetzt gibt's was auf die Mütze! Richtig im Trend liegst du mit der Blumenstickerei auf der Kappe. Sie sieht nicht nur gut aus, sondern schützt an heißen Tagen auch vor der Sonne. Die Blumenkappe wird bestimmt ein guter Begleiter auf deinen nächsten Abenteuern, Ausflügen und Urlaubsreisen.

MATERIAL UND ZUBEHÖR

- Dad Cap
- Stickvlies (wasserlöslich, klebend)
- Trickmarker
- Stickgarn in den verschiedenen Farben
- Sticknadel mit größerem Öhr
- Stickschere

VORBEREITUNG

Zunächst wird das Motiv auf die Transferfolie übertragen. Kopiere das Motiv von der Vorlage auf das Stickvlies.

Vorbereitung

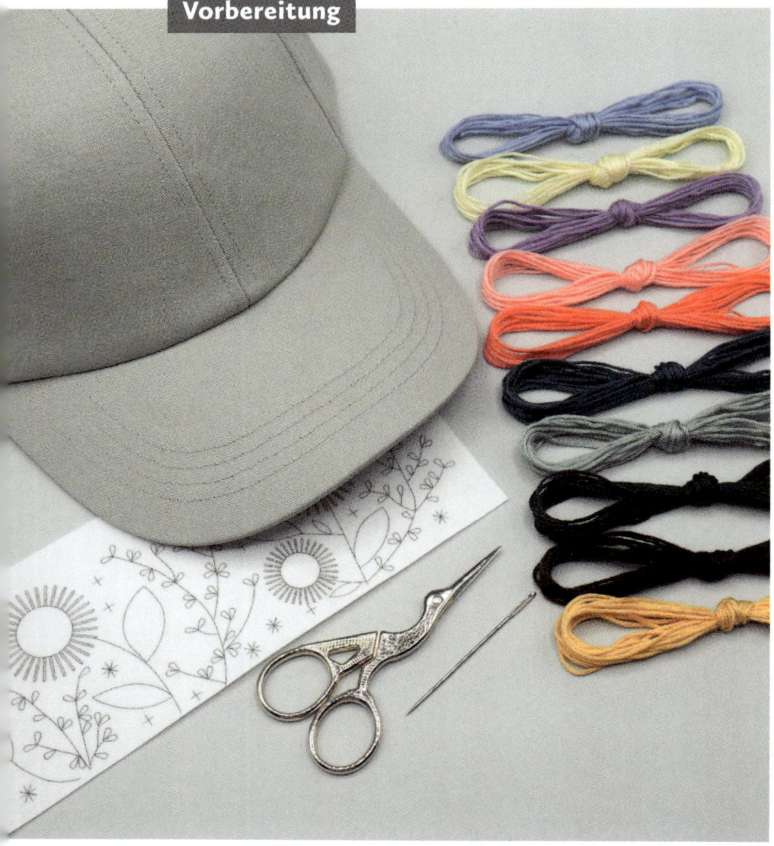

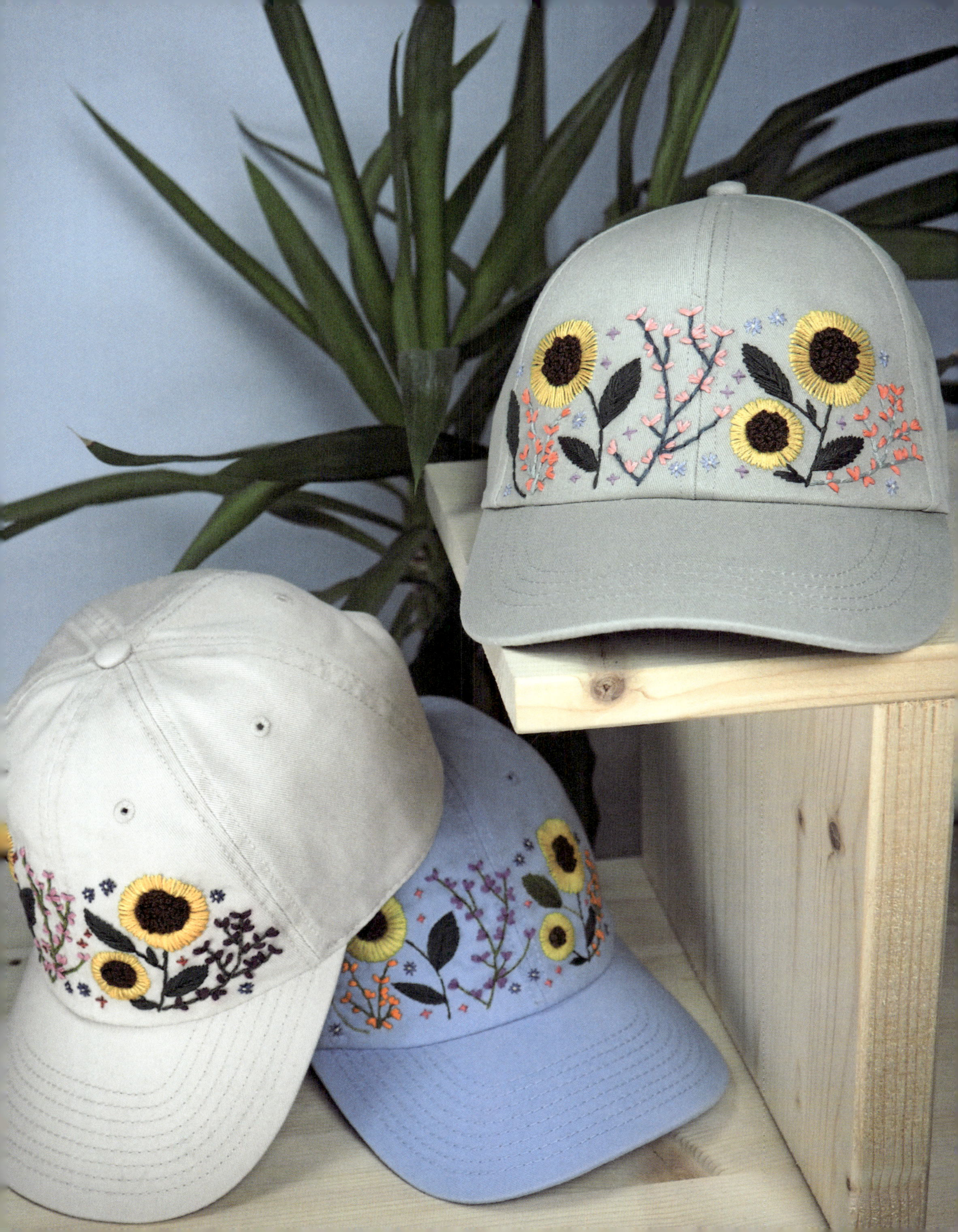

STICKEN

Schritt 1

Platziere das Klebevlies mittig auf der Vorderseite der Kappe.

Schritt 2

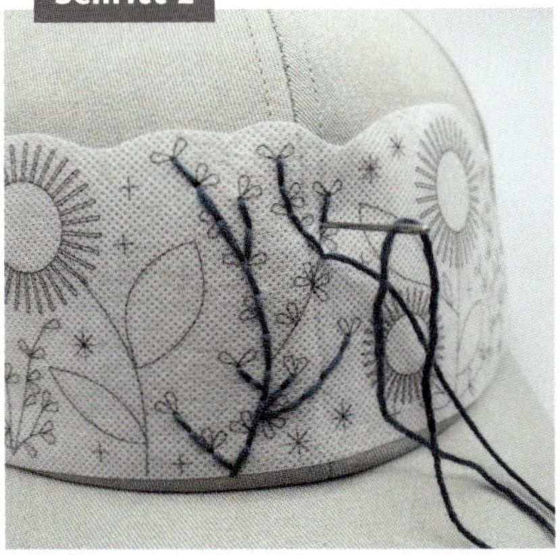

Sticke alle Stängel der Pflanzen mit einem Rückstich (Farben: Hellgrün, Smaragdgrün, Dunkelgrün, jeweils ganzes Garn – 6 Fäden).

Schritt 3

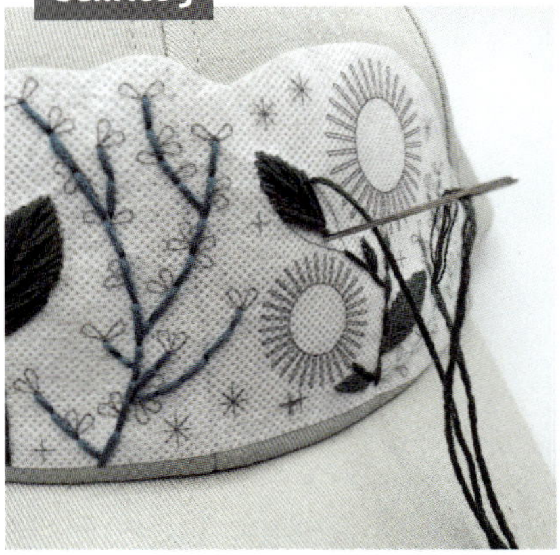

Verwende für die Blätter der Sonnenblumen den Blattstich (Farbe: Dunkelgrün, ganzes Garn – 6 Fäden).

Schritt 4

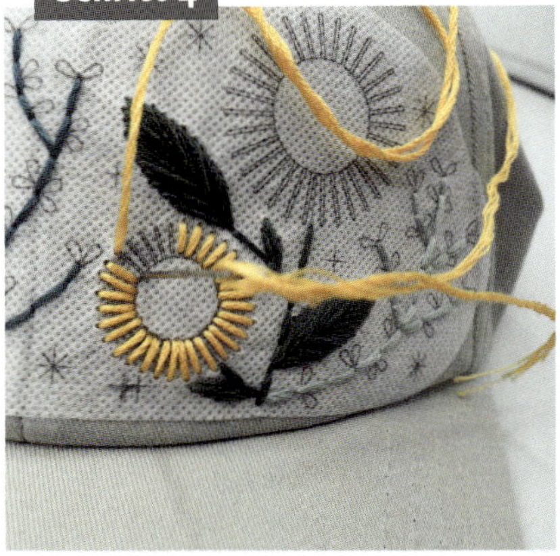

Arbeite die Blütenblätter der Sonnenblumen reihum mit kurzen Spannstichen (Farbe: Gelb, ganzes Garn – 6 Fäden).

EXTRA-TIPP:

Andere Platzierungen

Die Blumen können z. B. auch auf der Tasche einer Latzhose platziert werden. Wenn die Vorlage zu breit ist, dann kannst du die Tasche zuerst vermessen und dementsprechend nur die Teile abzeichnen, die gut auf die Latzhose passen.

Schritt 5

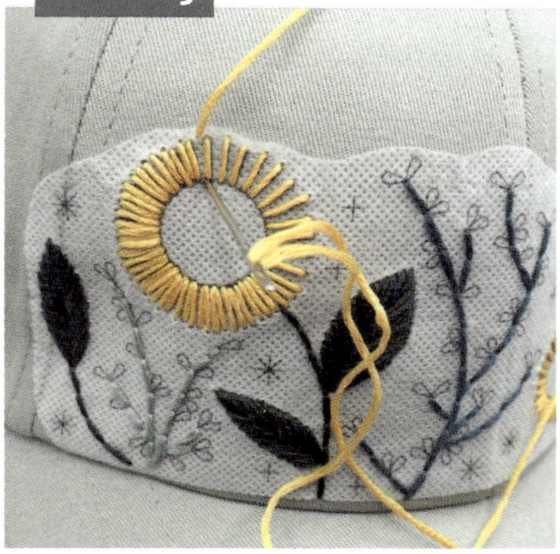

Die großen Blütenblätter bekommen weitere Spannstiche in die Zwischenräume der Blütenblätter, damit die Sonnenblume richtig schön dicht strahlt (Farbe: Gelb, ganzes Garn – 6 Fäden).

Schritt 6

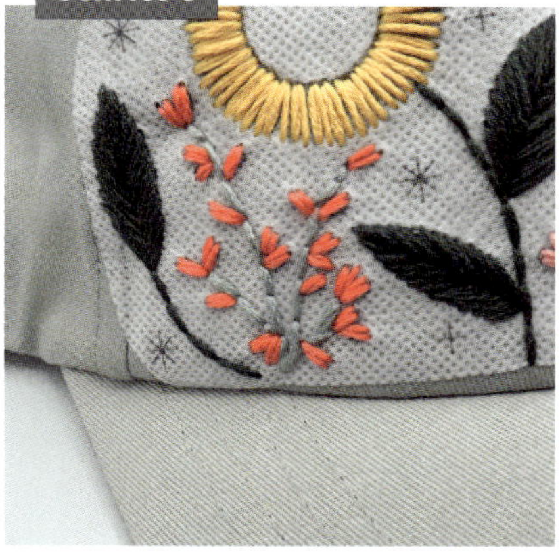

Verwende für die Blüten der anderen Pflanzen in der Mitte, rechts und links jeweils zwei kurze Spannstiche nebeneinander. Setze mit kurzen Spannstichen die kleinen Kreuze und blauen Blumen. Platziere in der Mitte der blauen Blumen kurze gelbe Spannstiche für die Stempel (Farben: Rosa, Koralle, jeweils ganzes Garn – 6 Fäden, Lila, Hellblau, Gelb, jeweils 2 Fäden).

Schritt 7

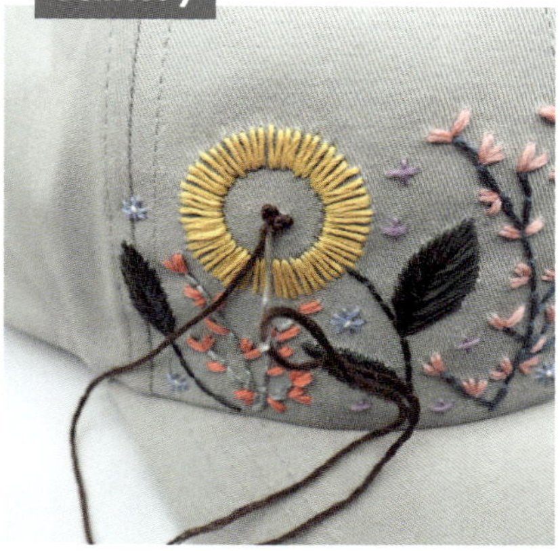

Wasche das Vlies sorgfältig aus, sodass nur mehr die Stickerei auf der Kappe zu sehen bleibt. Platziere anschließend viele Knötchenstiche in der Mitte der Sonnenblume (Farbe: Braun, ganzes Garn – 6 Fäden).

FARBKARTE

SCHWIERIGKEITSGRAD

Serotonin

Serotonin ist eines der wichtigsten Hormone im Körper. Wegen seiner aufhellenden Wirkung auf die menschliche Gemütslage wird es auch Glückshormon genannt. Wodurch das Hormon gebildet wird, ist so unterschiedlich wie die Menschen selbst: Glücklich macht, was dir gefällt! Deswegen gibt es die gute Laune jetzt auch zum Mitnehmen für Unterwegs mit dem kleinen Reminder, worauf es im Leben wirklich ankommt: dass das Herz lacht.

MATERIAL UND ZUBEHÖR

- Basic-Einkaufstasche
- Stickvlies (wasserlöslich, klebend)
- Trickmarker
- Stickgarn in den verschiedenen Farben
- Sticknadel
- Stickschere
- evtl. Lineal

Vorbereitung

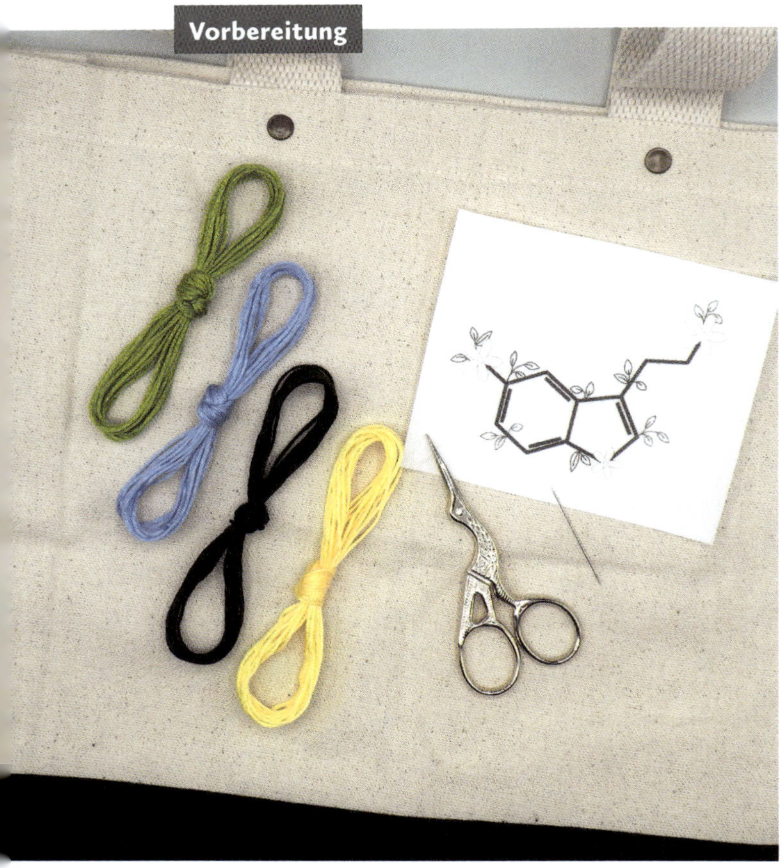

VORBEREITUNG

Zunächst wird das Motiv auf die Transferfolie übertragen. Kopiere das Motiv von der Vorlage auf das Stickvlies. Achte beim Übertragen auf gerade und saubere Linien und verwende gegebenenfalls ein Lineal.

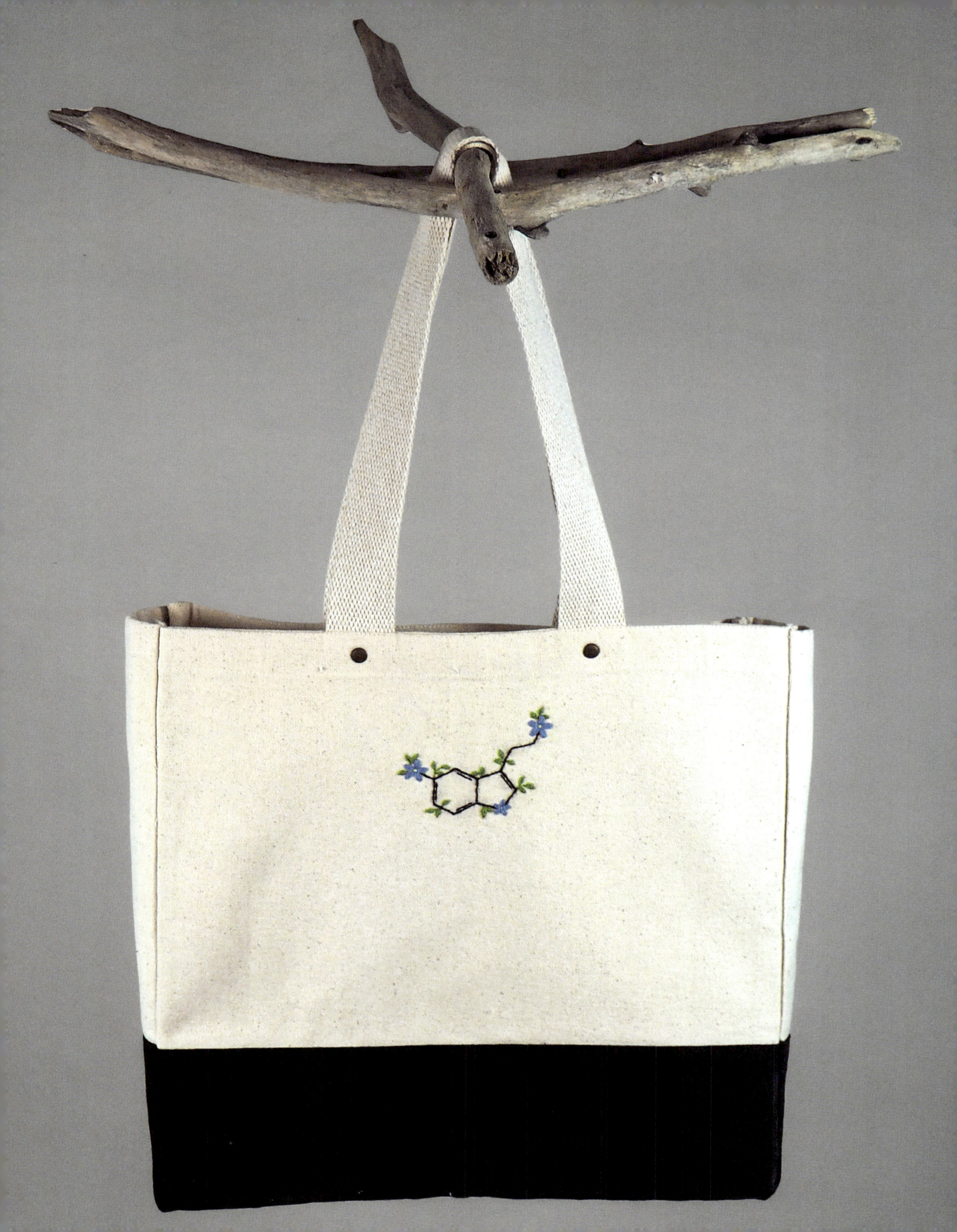

STICKEN

Schritt 1

Platziere das Klebevlies auf der Tasche, in dem Fall ist das Motiv mittig gesetzt.

Schritt 2

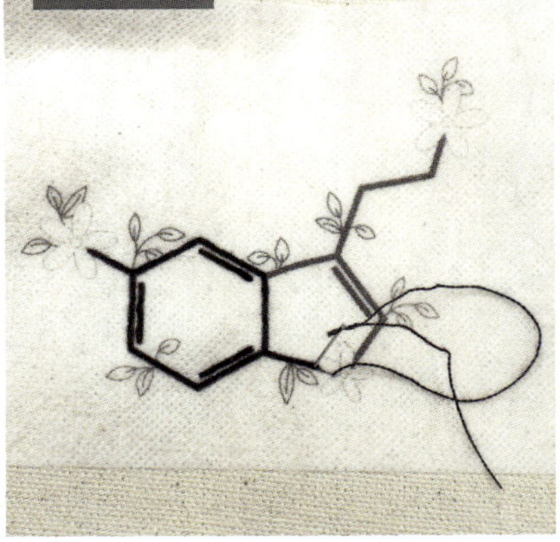

Beginne mit den geraden Linien des chemischen Zeichens. Achte darauf, besonders sorgfältig zu arbeiten, damit die gestickten Linien gerade sind. Sticke die Linien mit einem Outline-Stich (Farbe: Schwarz, 2 Fäden).

Schritt 3

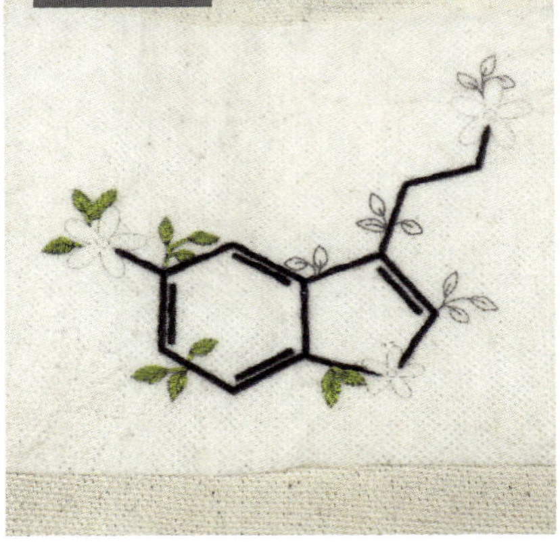

Jetzt ist das Blattwerk an der Reihe! Nimm für die Stiele ebenfalls den Outline-Stich und für die Blätter den Blattstich (Farbe: Grün, 2 Fäden).

Schritt 4

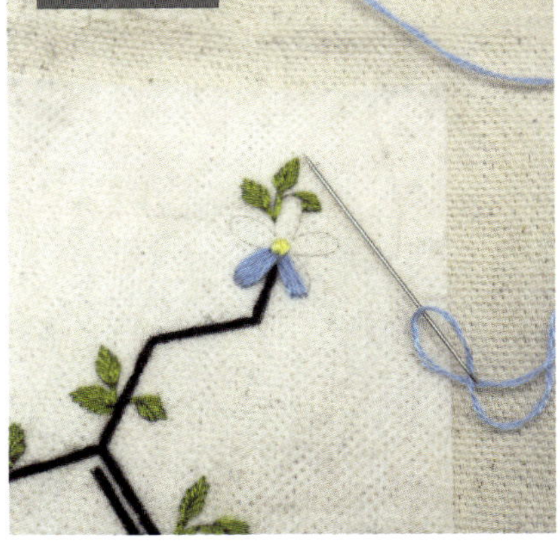

Zum Schluss machst du die Blumen. Sticke sowohl die Mitte als auch die Blütenblätter mit einem Blattstich (Farben: Gelb, Blau, jeweils 2 Fäden).

Schritt 5

Wasche das Vlies sorgfältig aus, sodass nur mehr die Stickerei auf der Tasche zu sehen bleibt. Nach dem Trocknen ist die Tasche einsatzbereit.

EXTRA-TIPP:

Verschiedene Sticharten für gerade Linien

Auch andere Stiche sind für gerade Linien möglich! Du kannst z. B. einen Rückstich, einen Outline-Stich oder einen Kettenstich (mit 2 Fäden) verwenden.

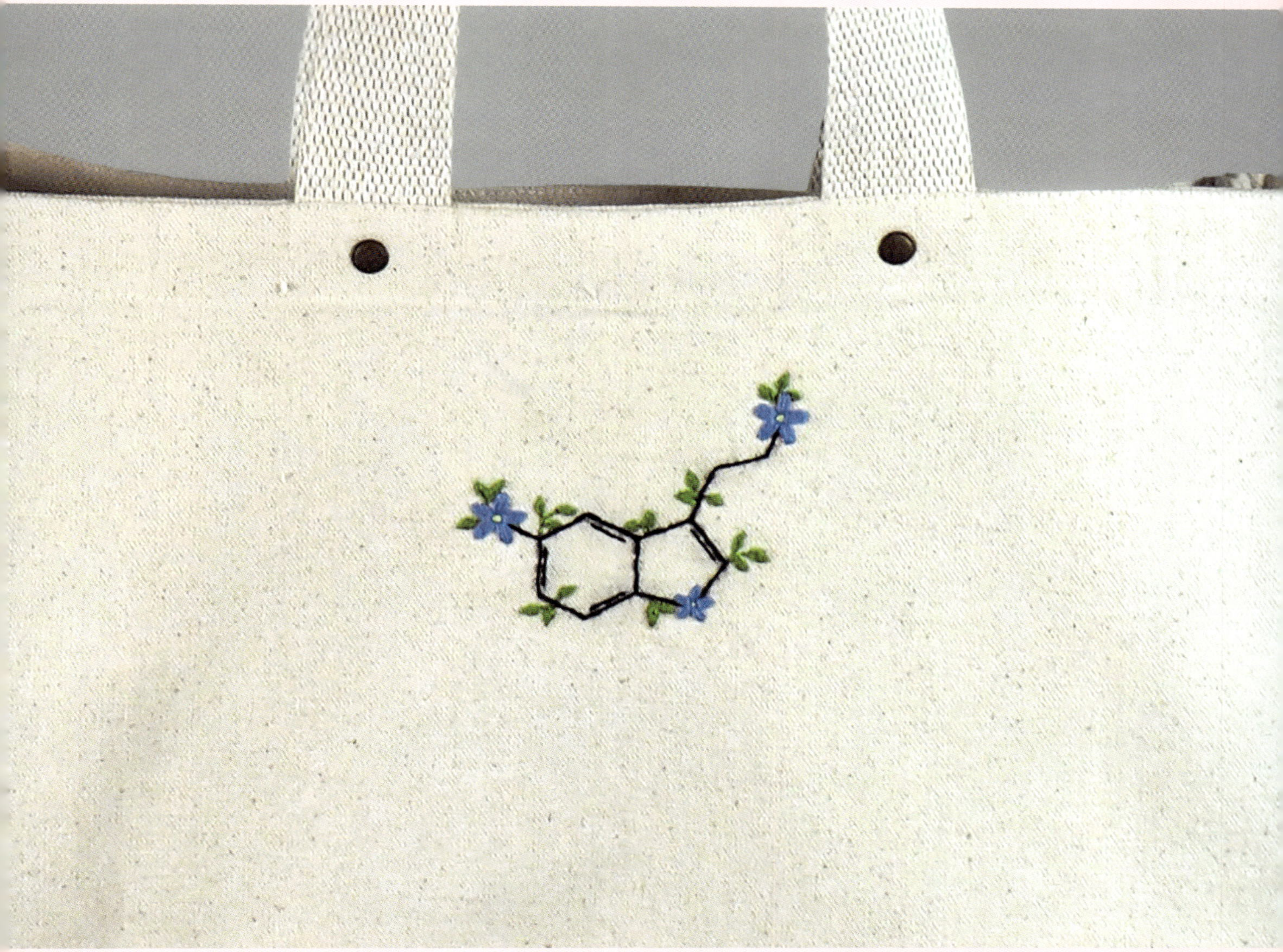

Was tust du, wenn …

Wie wird der Faden am Stoff befestigt?
Unter erfahrenen Sticker:innen gibt es die klare Empfehlung, dass man auch am Anfang Garn hängen lassen soll, das später vernäht wird. Jetzt ist es aber auch so, dass Stickereien auf Kleidung eng und fest gestickt werden, außerdem langlebig gemacht werden und auch die Waschmaschine überleben sollen. Du kannst einen Stich also auch mit einem Knoten beginnen. Wenn du einen Knoten am Ende des Fadens machst, muss er dick genug sein, um nicht durch den Stoff zu rutschen. Generell gibt es keine Regel, was hier richtig oder falsch ist. Es ist ein Hobby und du musst so arbeiten, dass es dir Spaß und Freude bringt.

Was mache ich, wenn der Faden zu kurz ist, um ihn zu vernähen?
Wenn du mit zwei oder mehr Fäden arbeitest, kannst du auf die Rückseite stechen und die Garne auseinanderzeihen. Verknote die einzelnen Fäden miteinander.

Was mache ich, wenn ich einen Fehler gemacht habe?
Es hilft leider nichts – bei einem Fehler muss aufgetrennt werden. Wenn du noch Anfänger:in bist, kontrolliere lieber öfter, ob die Stiche passen und dir gefallen. Wenn du ein gutes Stück gearbeitet hast und dir dann auffällt, dass es Abstände gibt, die sehr auffallen, ist es schade, wenn du noch einmal zurückarbeiten musst. Aber auch hier gilt: Übung macht Meister:innen! Mit der Zeit werden dir immer weniger Fehler passieren.

Was tun, wenn sich beim Knötchenstich ein »Hasenohr« gebildet hat?
Wenn es ein »Hasenohr« beim Knötchenstich gibt, dann war die Spannung beim Garn-in-den-Stoff-führen nicht konstant bzw. es konnte sich zwischen Nadel und Garn ein Spielraum bilden. Da hilft leider nichts anderes, als abschneiden und neu machen.

Mit welchen Kleidungsstücken beginne ich am besten?
Webware wie Blusen oder Sweatshirts (ohne starken Elastikanteil) eignen sich am Anfang am besten. Auch T-Shirts, die sich nicht zu stark in alle Richtungen stretchen lassen, können schon nach wenigen Übungsstichen aufgewertet werden.

Bezugsquellen

Nadeln

Prym Sticknadeln in den Größen 14–28
(je nach Stoffstärke) mit Spitze
(ohne Spitze bei Wollstoffen)
www.prym.de

Vlies

Vlieseline L11 Näheinlage
(zum Verstärken des Stoffs auf der Rückseite)
Vlieseline dünnes Bügelvlies H 180 oder H 250
(zum Fixieren der Knoten auf der Rückseite)
www.vlieseline.com

Madeira Avalon Wasserlösliche Stickfolie FIX
Madeira Tear Away Cotton Fix
www.madeira.com

Stickrahmen
DMC
www.dmc.com

Prym
www.prym.de

Stickgarn

DMC Stickgarn
www.dmc.com

Anchor Stickgarn
anchorcrafts.com

VBS Sticktwist
www.vbs-hobby.com

Allgemeines Zubehör (Stickschere, Nadeleinfädler & Co.)

Madeira Magic Pen – Wasserlöslicher Stift
www.madeira.com

Prym Trick-Marker Aqua wasserlöslich
Prym Transferpapier, Weiß/Blau
Prym Kreidestifte und Bürste
www.prym.de

Buttinette
buttinette.com

Vorlagen und Sticksets

Verschiedene Vorlagen und Designs zum Download, Stickworkshops (online und vor Ort) sowie ganze Sticksets findest du unter: www.kreampack.com

Glossar

Anfangspunkt

Bildet den Startpunkt einer Stickerei, wird vernäht oder mit einem Knoten gesichert.

Bügeln

Bügeln ist auch beim Sticken essenziell. Gebügelt wird vorzugsweise mit Dampf und am besten mit einem dünnen Tuch zwischen Bügeleisen und Stickerei. Achtung beim Druck! Lieber mit weniger Druck beginnen und gegebenenfalls anpassen, durch zu starken Druck des Bügeleisens könnte die Stickerei platt gedrückt werden.

Einlage

Einlage ist ein anders Wort für Vlies (auch Vlieseline*) und ist z. B. für Stickereien auf dehnbaren Stoffen der perfekte Helfer. Sie bringt Stabilität auf den Stoff.

Endpunkt

Den Abschluss einer Stickerei bildet der Endpunkt, er wird mit einem Knoten geschlossen oder vernäht.

Futter

Die innere Stoffschicht in Jacken, Mänteln und auch Accessoires wie Rucksäcken, Taschen usw. Wenn ein Kleidungsstück oder Accessoire mit einem Futter bestickt werden soll, lohnt es sich, das Futter abzutrennen und nach Fertigung der Stickerei wieder anzunähen. Das sieht nicht nur besser aus, sondern macht auch die Stickerei langlebiger.

French Knot

Andere Bezeichnung für den Knötchenstich.

Garn

Garn oder Stickgarn ist nichts anderes als der Faden, mit dem gestickt wird. Stickgarne bestehen aus sechs Fäden und sind meist aus Baumwolle.

Linke Stoffseite

Die linke Stoffseite eines Kleidungsstücks liegt in der Regel innen. Auf dieser Seite werden auch die Markierungen mit Schneiderkreide oder wasserlöslichen Stiften angezeichnet.

Maschenware

Bezeichnet textile Flächen, bei denen eine mittels Faden gebildete Schleife in eine andere Schleife verschlungen ist. Es ist eine Stoffgruppe, zu der Materialien wie Jersey, Strick und Sweat gehören.

Maßband

Beim Nähen werden oft Maßbänder verwendet, um Körpermaße zu messen. Beim Sticken bietet es sich auch an, ein Maßband zur Hand zu haben, um Größen richtig einzuschätzen oder Motive optimal zu platzieren.

Merzerisieren

Behandlung von Baumwolle unter Spannung mit kalter konzentrierter Natronlauge.

Outline

Wird auch als Kontur bezeichnet. Der Begriff bezeichnet die äußeren Linien einer Grafik.

(Faden-)Spannung

Beschreibt den Zug, der auf das Garn beim Sticken wirkt. Die Spannung des Garns ist beim Sticken sehr wichtig. Sie sollte im richtigen Maß gewählt werden, nicht zu locker, aber auch nicht zu straff.

Rechte Stoffseite

Die »schöne« Seite eines Stoffes, die außen liegt und bei Druckstoffen mit dem Muster versehen ist.

Rippware

Wird der Kategorie Einfaden-Maschenwaren zugeordnet. Die Herstellung findet mit zwei gegenüberstehenden Nadelreihen statt, die versetzt angereiht sind. Rippware zeichnet sich durch besonders hohe Querelastizität aus.

Schneiderkreide

Spezielle Kreide zum Markieren auf Textilien, die meistens wieder ausgebürstet werden kann. Üblicherweise erhältlich in den Farben Weiß, Blau, Rot und Gelb.

Stabilisierungsvlies

Ist eine Art von Vlies (oder Einlage), die auf der Rückseite der Stickerei angebracht ist, um die Stickerei zu unterstützen und Halt zu geben. Die Stiche werden dadurch schöner und genauer.

Sticharten

Als Sticharten werden die verschiedenen Stickstiche bezeichnet. Es gibt beispielsweise einen Rückstich, verschiedene Plattstiche oder einen Vorstich.

Sticknadel

Die Sticknadel ist ein zentrales Element, wenn es ums Sticken geht. Es gibt sie in verschiedenen Stärken und sollte je nach Projekt und Textil ausgesucht werden.

Stickrahmen

Ein Stickrahmen hat eine runde, ovale oder eckige Form, bestehend aus zwei Stücken, die mit einer Schraube festgestellt werden. Dazwischen wird ein Stoff oder Kleidungsstück geklemmt, um eine glatte Oberfläche zu bekommen. Für viele Stickarten ist der Stickrahmen eine Erleichterung beim Arbeiten.

Vernähen

Vernäht wird auf der Rückseite einer Stickerei, am Endpunkt der Arbeit. Es wird eine Schlaufe durch den letzten Stich und die Nadel durch diese hindurch gezogen.

(Stick-)Vlies / Vlieseline

siehe Einlage

Wasserlösliche Stifte

Wasserlösliche Stifte sind Stifte mit einem Flizstiftcharakter. Sie verschwinden allerdings durch wenige Tropfen Wasser. Bevor ein wasserlöslicher Stift auf einem Textil verwendet wird, sollte unbedingt eine Probe der Funktionalität durchgeführt werden.

Alle Vorlagen in Originalgröße zum Abpausen

Anker

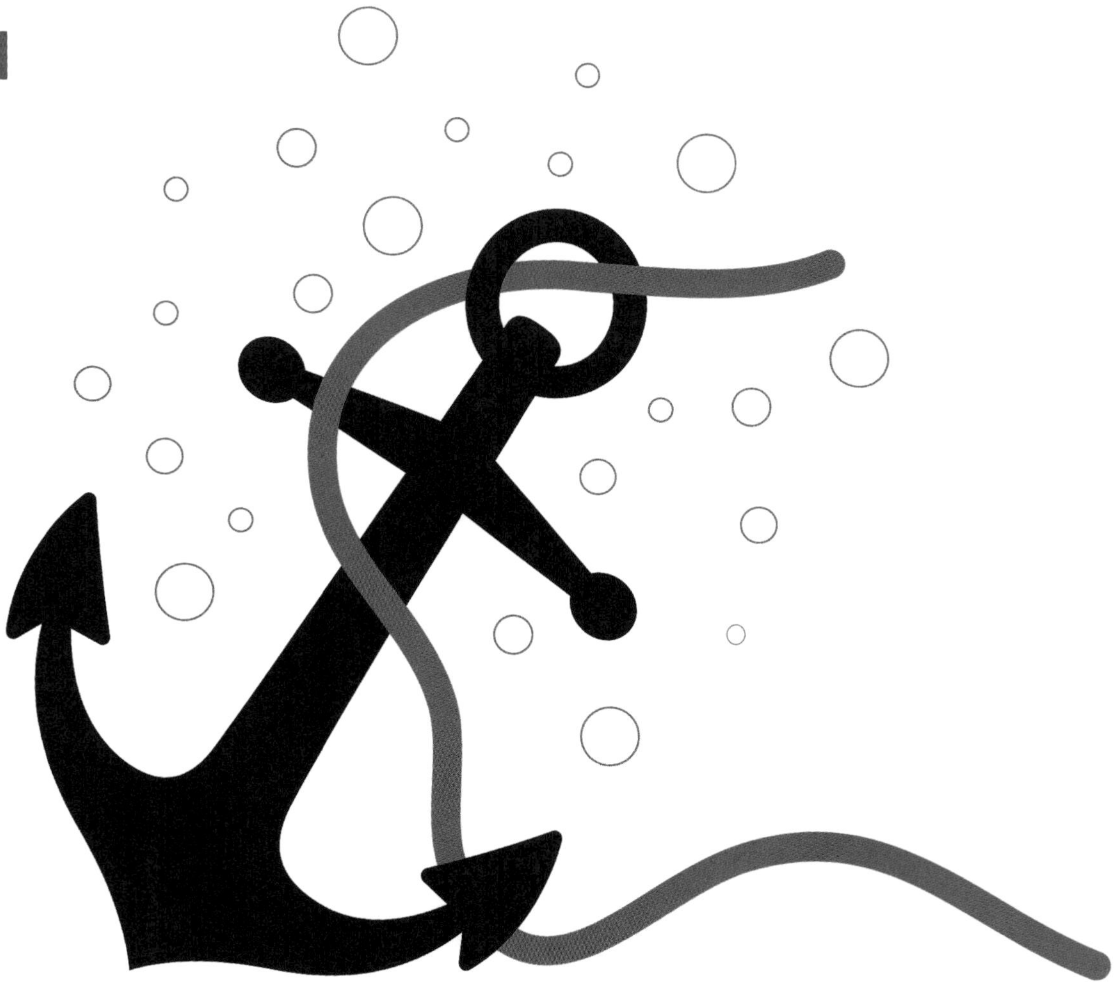

Apfel

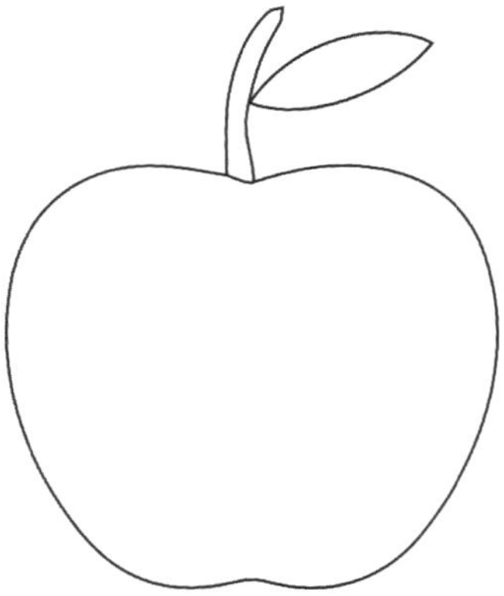

Blütenleiste

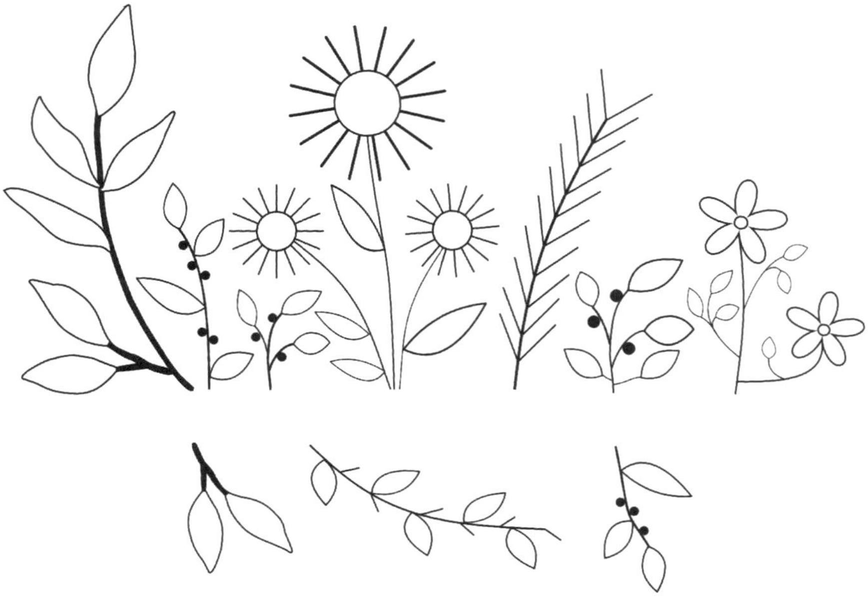

Blumen Sneaker Links

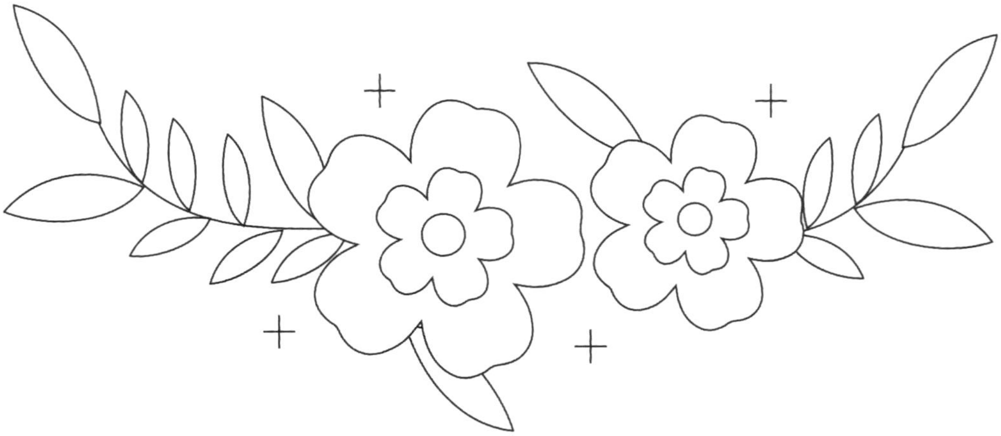

Blumen Sneaker Rechts

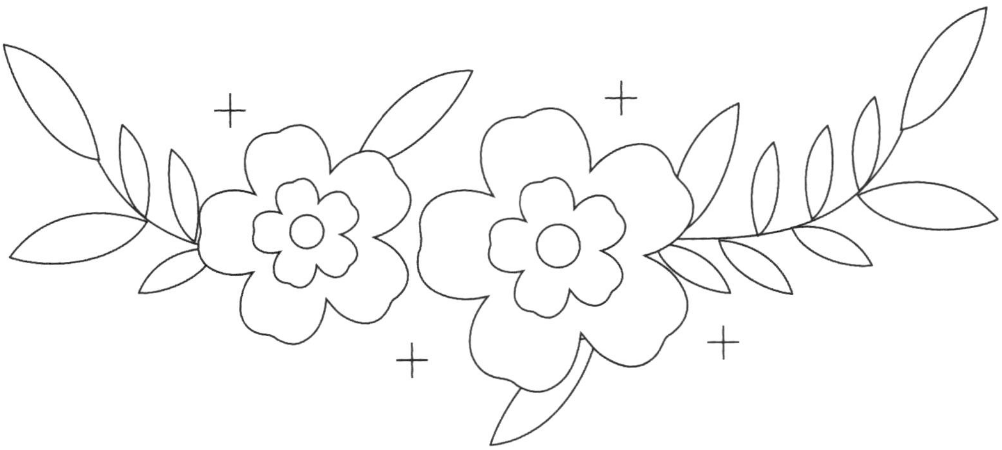

Cookie

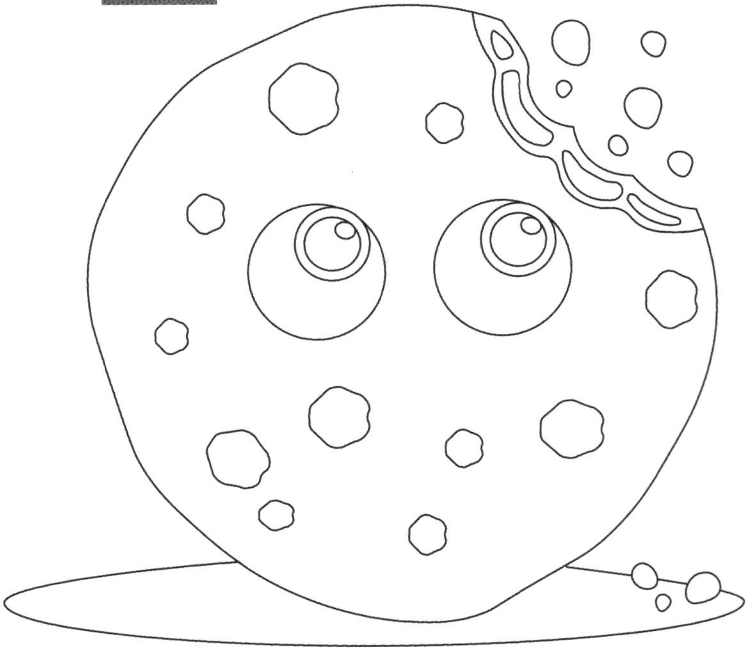

Erdbeere

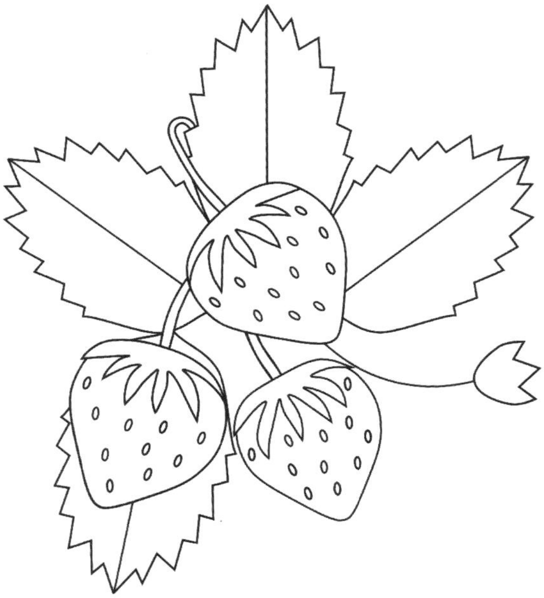

Fahrrad

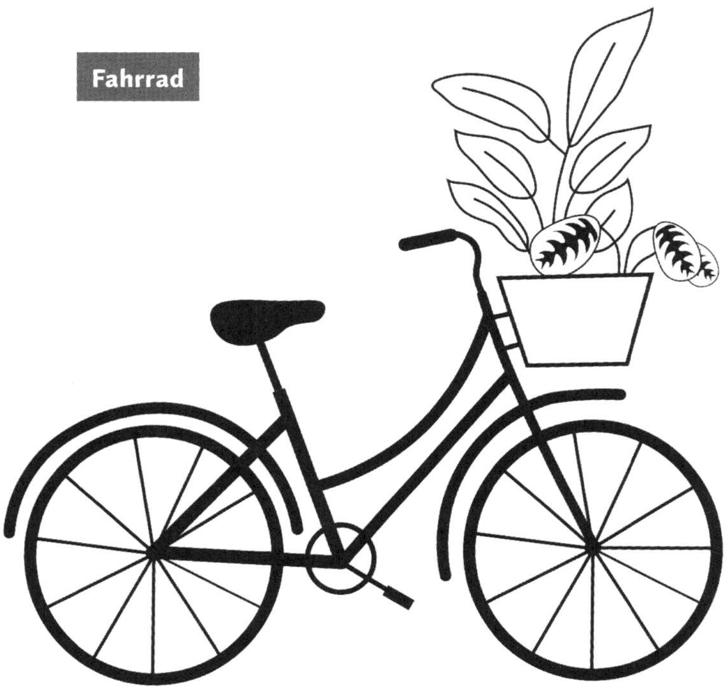

Herz

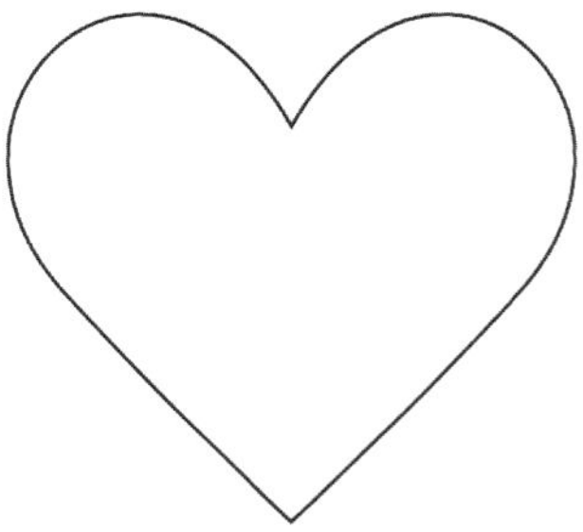

Hufeisen

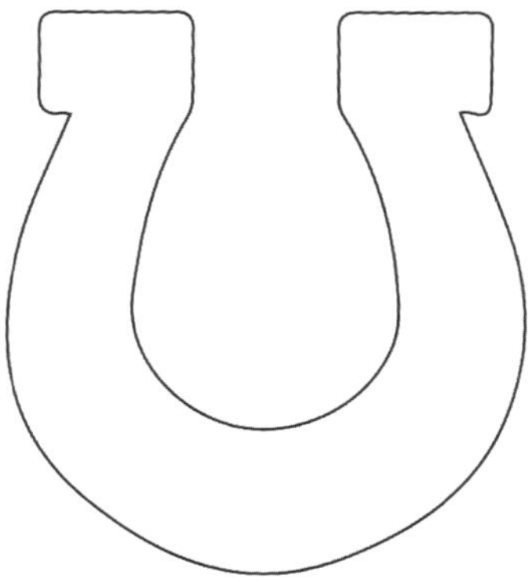

Kaktus

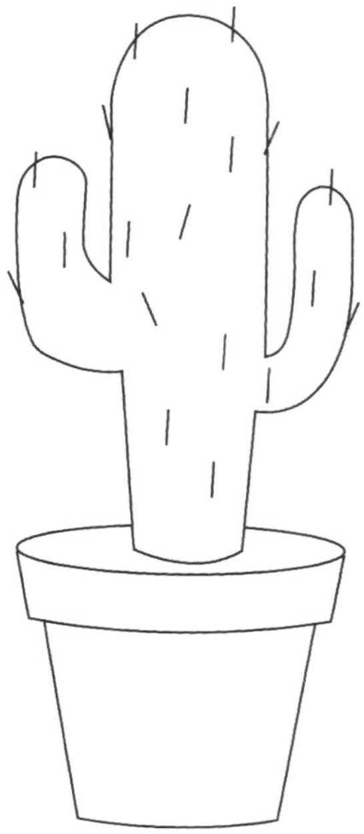

Kakteen-Gruppe

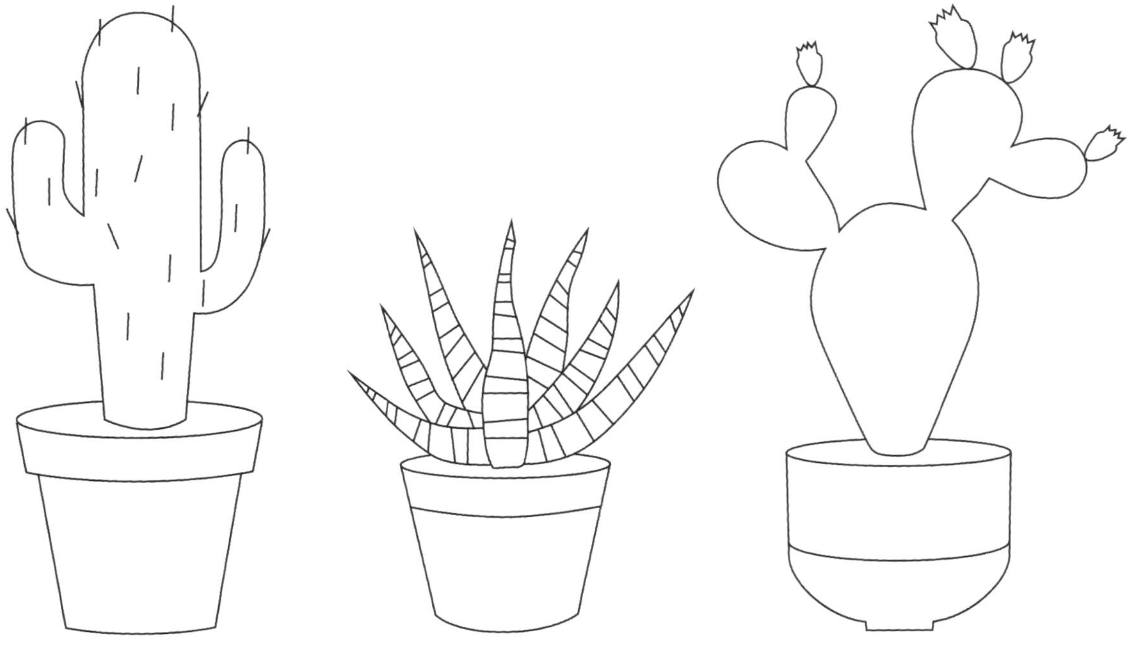

Kappe Blumen

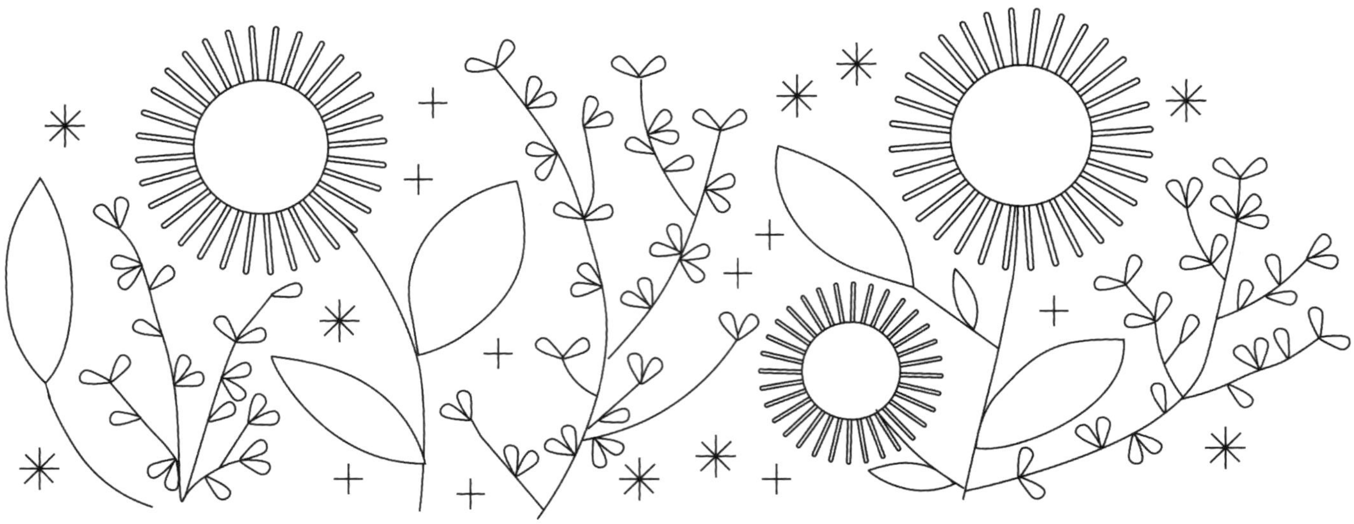

Katzengesicht

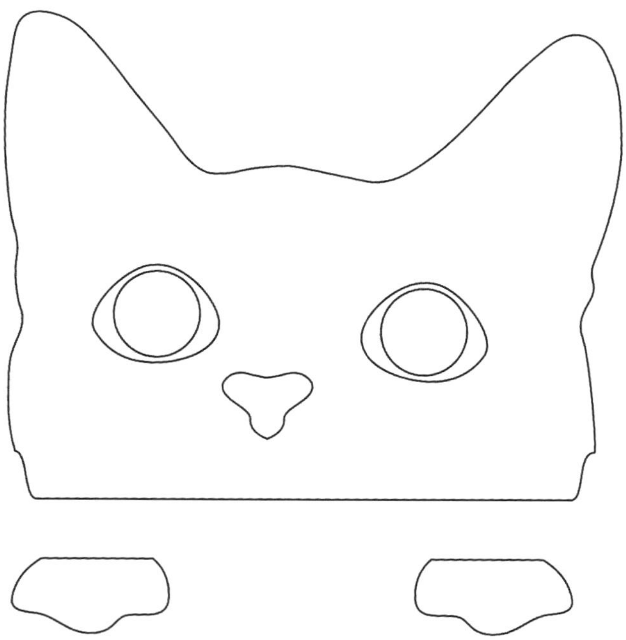

kleine Rosen

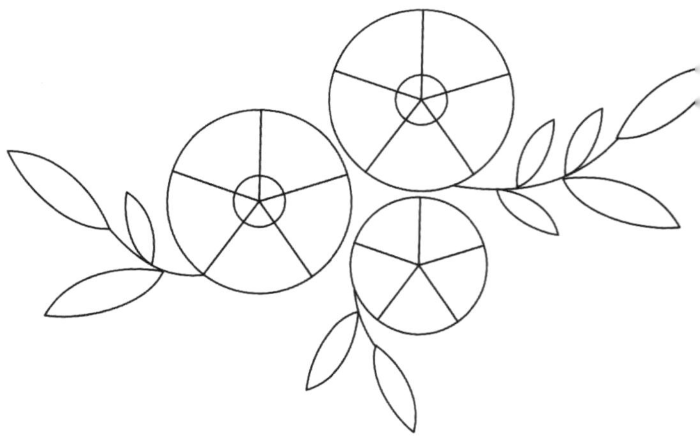

Knoepfe

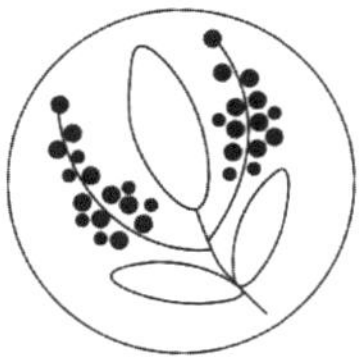

Kussmund

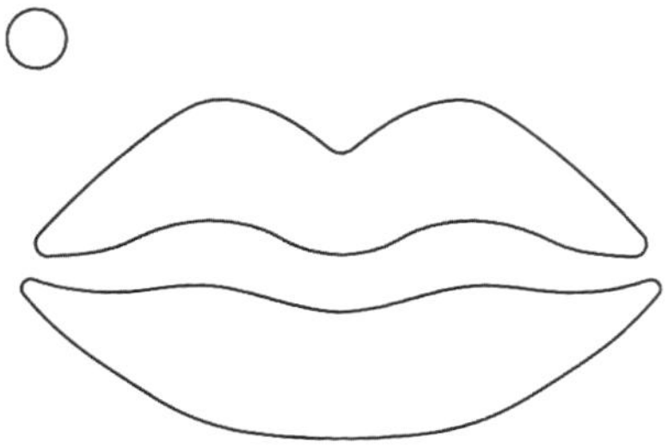

Lollipop

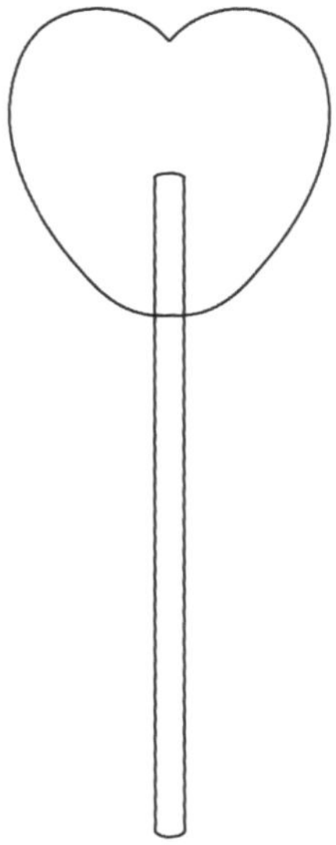

Muschel

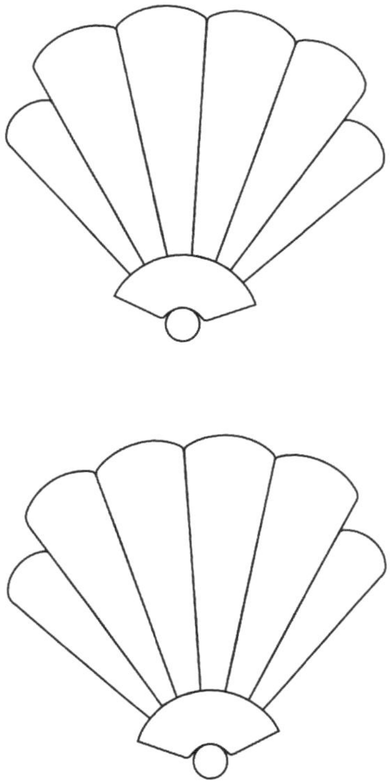

Papierflieger

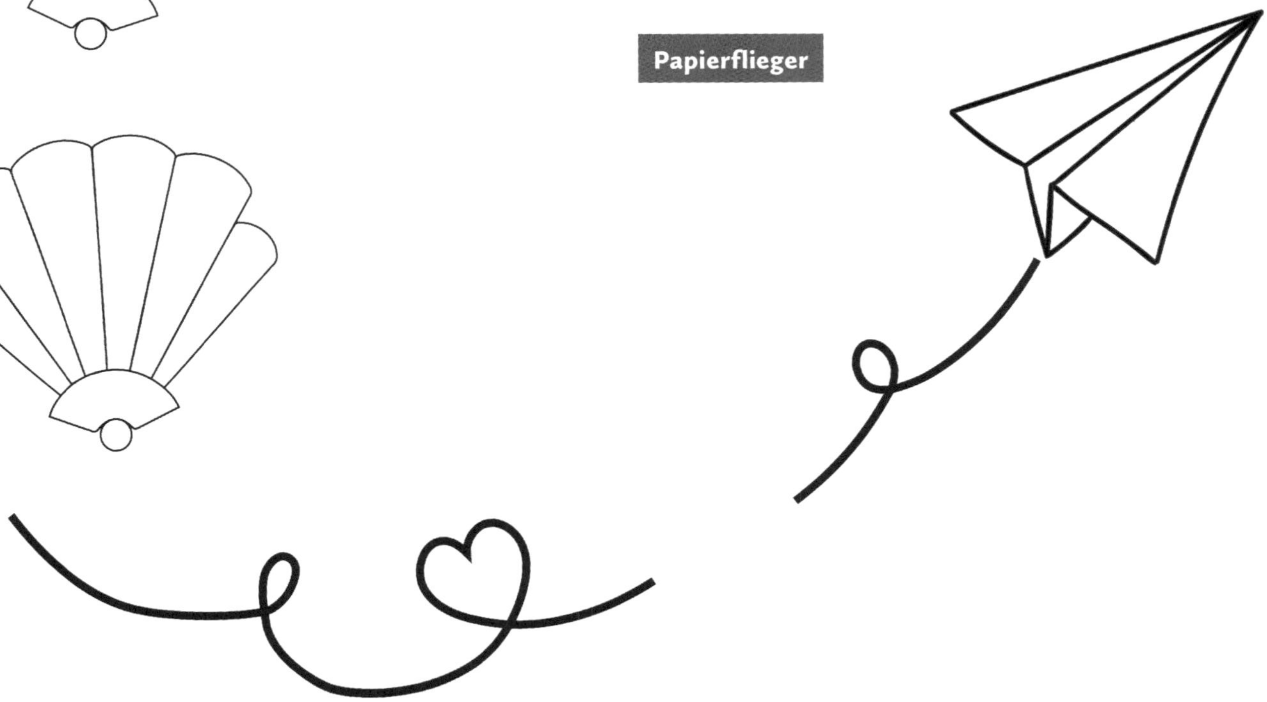

Pfote

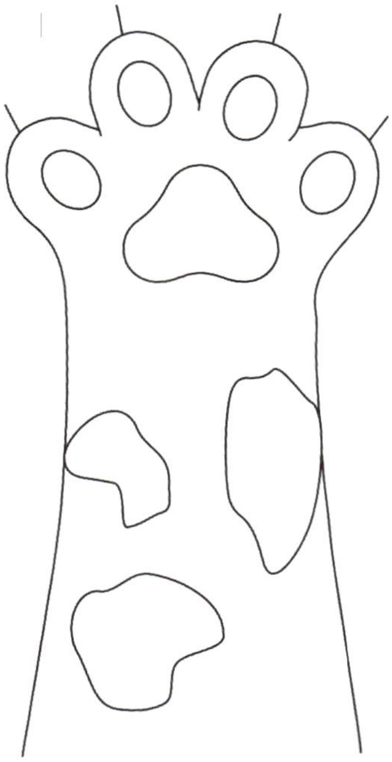

Regenbogen

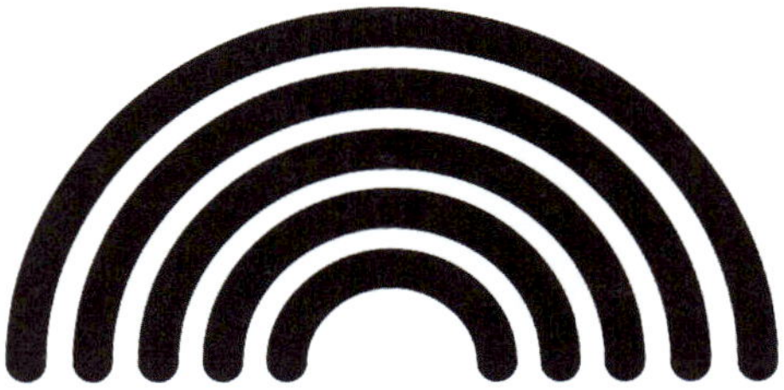

Serotonin

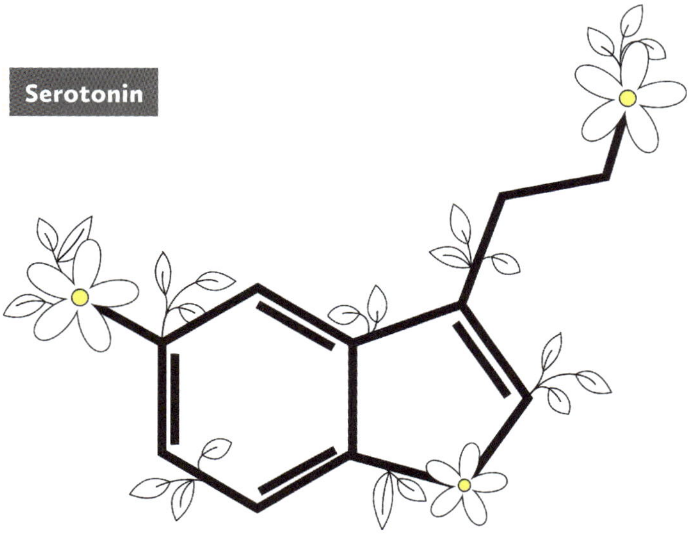

Waldszene

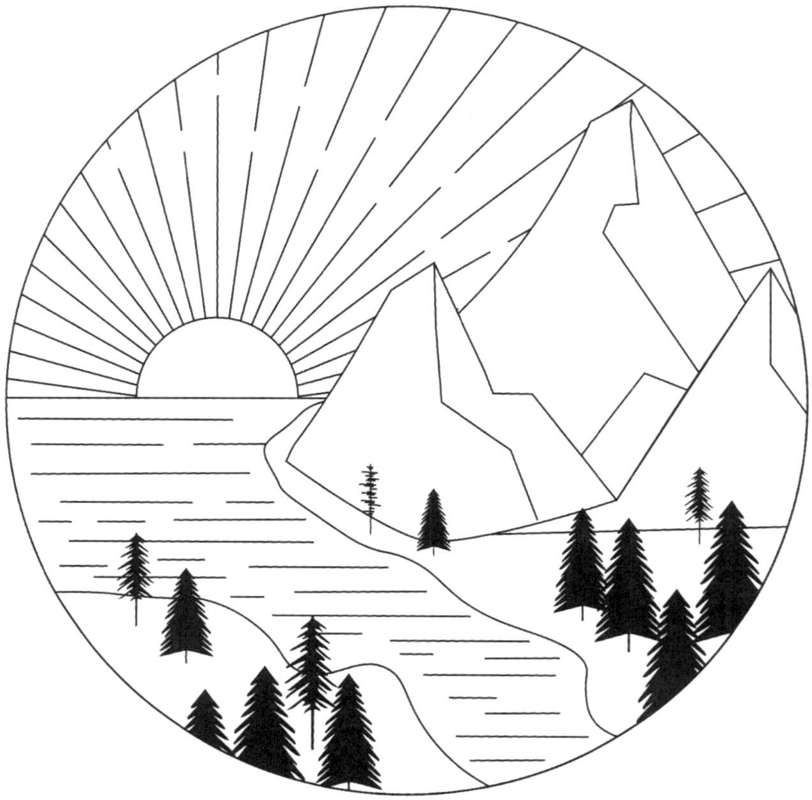

Whatever

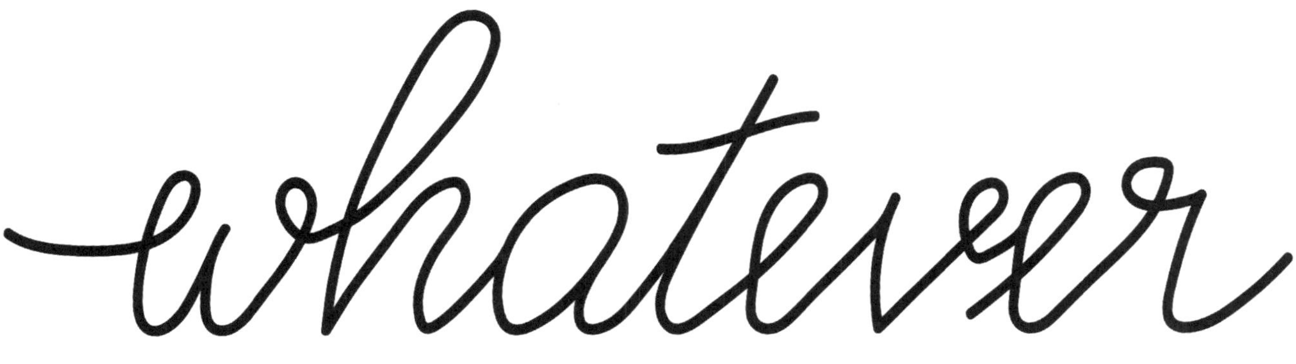

Noch mehr gute Bücher:

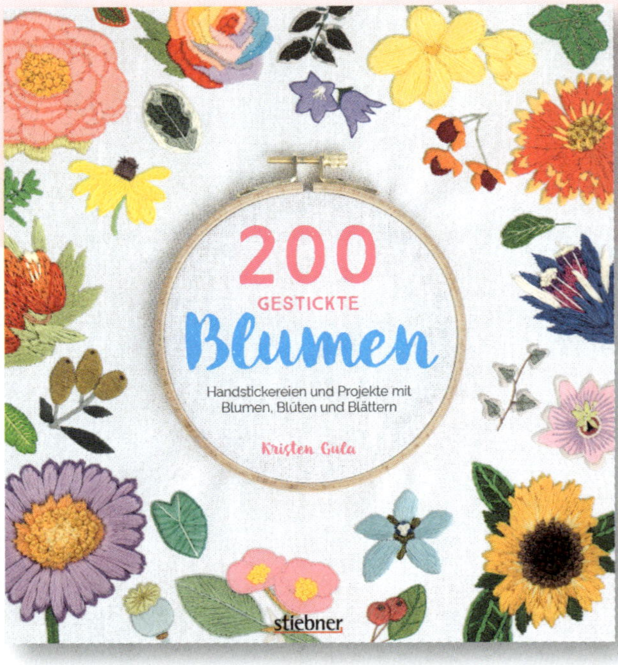

Kristen Gula
200 gestickte Blumen
ISBN 978-3-8307-2060-7

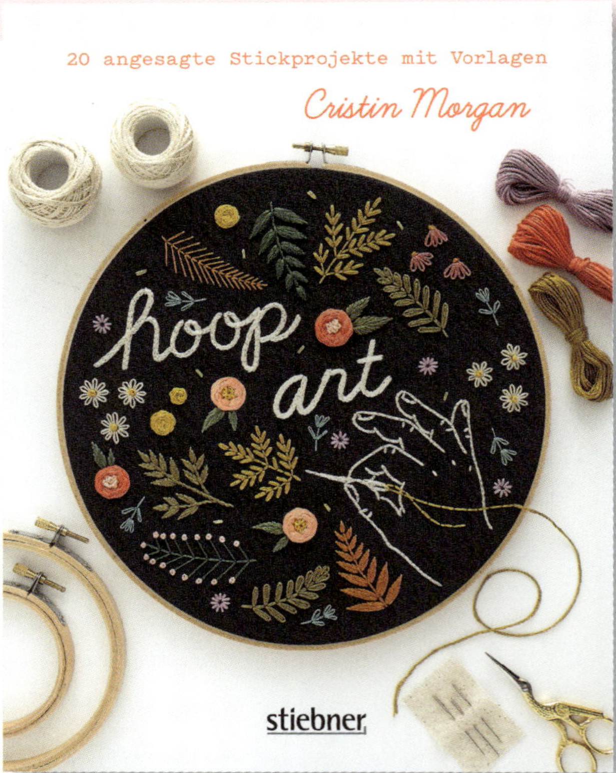

Cristin Morgan
Hoop Art
ISBN 978-3-8307-0996-1

stiebner